Die Stimme des Dalai Lama wird gehört, weil er Integrität und Weisheit verkörpert und der Vertreter einer Religion ist, die seit Jahrzehnten im Westen auf großes Interesse stößt. Gerade in einer Zeit weltpolitischer Unsicherheit suchen Menschen nach dem Sinn des Lebens, fragen sich, ob es egoistisch ist, glücklich und fröhlich zu sein, während so viel tragische Dinge geschehen. Glück, so die Antwort des Dalai Lama auf die Frage eines Teilnehmers, ist nicht egoistisch, wenn wir es mit anderen teilen, wenn ihnen daraus kein Leid oder Unglück entsteht und wir allen empfindenden Wesen zu mehr Glück verhelfen. In den Vorträgen, die diesem Buch zugrunde liegen, geht es ebenfalls darum, sich den Widrigkeiten des Lebens zu stellen, Hass und Vergeltungssucht zu überwinden und sich in Geduld und Mitgefühl zu üben.

Seine Heiligkeit Tenzin Gyatso, der XIV. Dalai Lama, geb. 1935, ist das geistige und politische Oberhaupt der Tibeter. Seit seiner Flucht aus Tibet vor den chinesischen Besatzern 1959 lebt er im Exil in Dharamsala. Für seinen gewaltlosen Kampf für die Rechte seines Volkes wurde er 1989 mit dem Friedensnobelpreis ausgezeichnet. Er ist der heute wohl weltweit bekannteste und am höchsten geachtete religiöse Führer und Friedensaktivist.

Unsere Andresse im Internet: www.fischer-tb.de

Dalai Lama

Was aber ist Glück?

Fragen an den Dalai Lama

Aus dem Englischen
von Michael Wallossek

Diese Ausgabe erschien 1998 unter dem Titel
›*Der Mensch der Zukunft. Meine Vision*‹

Fischer Taschenbuch Verlag

Übersetzung aus dem Tibetischen ins Englischen
von Geshe Thubten Jinpa

Veröffentlicht im Fischer Taschenbuch Verlag,
einem Unternehmen der S. Fischer Verlag GmbH,
Frankfurt am Main, Dezember 2003

Lizenzausgabe mit freundlicher Genehmigung des
Otto Wilhelm Barth Verlages, München
Die Originalausgabe erschien unter dem Titel
›Healing Anger. The Power of Patience From a Buddhist Perspektive‹
bei Snow Lion Publikations, Ithaca, NY, USA

Druck und Bindung: C. H. Beck, Nördlingen
Printed in Germany
ISBN 3-596-16085-5

Inhalt

Vorwort

Am Anfang aller buddhistischen Belehrungen gibt es den Lehrer und einen (oder mehrere) Schüler. So beginnt auch die Geschichte, in deren Verlauf der Dalai Lama im Herbst 1993 für 5 Tage nach Phoenix und Tucson im US-Staat Arizona kam.

Bereits 1986 hatte Dr. Howard C. Cutler die Bitte ausgesprochen, Seine Heiligkeit möge bald einmal nach Arizona kommen. Als Cutler 1990 mitgeteilt wurde, der Dalai Lama werde die Einladung annehmen, bat er Lopön Claude d'Estrée, ihn bei der genauen Terminplanung zu unterstützen. Schließlich konnten sie im Sommer 1992 eine Vereinbarung treffen: Der Dalai Lama sagte zu, er werde im Herbst 1993 in Arizona Belehrungen geben, und fragte an, über welches Thema er sprechen solle. Cutler und d'Estrée antworteten, jedes Thema, über das Seine Heiligkeit sprechen wolle, sei recht. Daraufhin erklärte er: Festzustellen, womit den Zuhörern am besten gedient sei, falle in die Verantwortlichkeit des Gastgebers.

Für seinen Themenvorschlag – Shantidevas Unterweisungen über Geduld – brauchte Cutler keine lange Bedenkzeit. Warum ausgerechnet das Thema Geduld? Erstens wollten wir den Dalai Lama um eine Belehrung bitten, die alle angeht, von der sich Nichtbuddhisten und Buddhisten gleichermaßen angesprochen fühlen. Zweitens sollte es ein Thema mit praktischem Alltagsbezug sein. Drittens leidet, so meinen wir, unsere Zivilisation unter einem eklatanten Mangel an Geduld, und es fehlt ihr jedes tiefere Verständnis dafür. Dies läßt sich daran ablesen, wie sehr die Wut uns beherrscht. Daraus erwächst so viel Leid und Unglück, Streit und Gewalt. In den Massenmedien, vor allem im Fernsehen, kommt dies Tag für Tag hundertfach zum Ausdruck. Und es zeigt sich auch in anderen Bereichen: in der Art, wie wir in unserer überaus prozessierfreudigen Gesellschaft Meinungsverschiedenheiten «beilegen» oder wie sich unsere Spitzenpolitiker in den Parlamenten gebärden; in der Zunahme von innerfamiliärer Gewalt und von Kindesmißbrauch; in jenem Selbsthaß und in jener Abscheu vor uns selbst, die unsere Zivilisation durchsetzen. Höflichkeit, Liebenswürdigkeit, Geduld und Mitgefühl sind Eigenschaften, die uns oft anmuten wie Attribute einer sagenumwobenen Vergangenheit.

Gleich zu Beginn seines Kapitels über Geduld merkt Shantideva an, schon ein einziger Augenblick der Wut könne die Verdienste eines ganzen Lebens zunichte machen. Eine ziemlich drastische Aussage, könnte man zunächst meinen. Denken wir nach, begreifen wir freilich, wie zutreffend sie ist.

Sind wir wütend auf jemanden, beachten wir häufig nicht, welche Auswirkungen unsere Wut auf die betroffene Person hat. Und erst recht nehmen wir dann nicht zur Kenntnis, welche Kreise unser Handeln zieht. Dessenungeachtet verhält es sich jedoch so: Die betreffende Person behält die Wut nicht bei sich, sondern gibt sie weiter, womöglich gar verstärkt. Geduld ist das Gegenmittel, sie kann Wut heilen. Dieser Umstand macht deutlich, warum wir heutzutage so dringend einen Zugang zu Shantidevas tiefem Wissen über die Geduld benötigen.

Im Zuge unserer Vorbereitungen auf diesen Zyklus von Belehrungen Seiner Heiligkeit wurde die – zunächst von Cutler, Lopön d'Estrée und Ken Bacher geleitete – «Arizona Teachings, Incorporated» gegründet. Wir beschlossen, die Lehrvorträge Seiner Heiligkeit in einem neuen Rahmen zu präsentieren. Bis dahin wurde Seine Heiligkeit bei derartigen Gelegenheiten üblicherweise in einem guten Hotel untergebracht, man mietete einen großen Vortragssaal, und die Teilnehmer übernachteten in den Hotels und Pensionen der Umgebung. Uns schwebte etwas anderes vor: Ein geeignetes Domizil für den Dalai Lama, der Vortragssaal und die Unterkunftsmöglichkeiten für sämtliche Anwesenden – das alles sollte an ein und demselben Ort sein. Im Grunde wollten wir für fünf Tage eine Art Hochschule einrichten. Alle Beteiligten sollten auf möglichst entspannte und unkomplizierte Weise die Veranstaltung besuchen und sich angenehmer Gesellschaft erfreuen können. Dies alles sollte in einem ästhetischen und friedvollen Rahmen stattfinden; an einem Ort, an dem Seine Heiligkeit, seine Begleiter und die Laienschüler mit ihren Familien die Schönheit der natürlichen Umgebung als Bereicherung empfinden würden. Unsere Wahl fiel auf die «Sheraton El Conquistador Resort»-Hotelanlage in Oro Valley, gleich nördlich von Tucson gelegen, ringsum das Panorama der Sonorawüste und im Hintergrund die Catalinaberge.

Der Himmel wies an dem Morgen, an dem Seine Heiligkeit in Tucson ankam, besondere Merkmale auf: Als wir uns dem Oro Valley näherten, zeichnete sich im tiefen Blau des Wüstenhimmels ein doppelter Regenbogen ab. Angesichts all der Naturschönheit, die den Rahmen für die Belehrungen abgeben würde, äußerte Seine Heiligkeit voll Freude, er fühle sich stark an Lhasa erinnert.

Unter diesen günstigen Vorzeichen versammelten sich also am 11. September 1993 – im Jahr des Wasservogels – in Pusch Ridge, Arizona, zahllose Götter und Halbgötter, 1600 Menschen und Bodhisattvas, Asuras und Gandharvas. Sie alle kamen, um Seiner Heiligkeit zuzuhören: Tenzin Gyatso, der Vierzehnte Dalai Lama aus Tibet und die leibhaftige Verkörperung des Bodhisattva Avalokiteshvara, erklärte und kommentierte für uns die Unterweisungen des Acharya Shantideva die Geduld und die Lebensführung eines Bodhisattvas betreffend – begleitet von unseren Wunschgebeten, daß diese Unterweisungen allen empfindenden Wesen Nutzen bringen mögen.

Lopön Claude d'Estrée, Ken Bacher, Arizona Teachings, Inc.

Geduld – die große Herausforderung

Eine Einführung von Geshe Thubten Jinpa

Tibetische Lehrer erzählen ihren Schülern gern die Geschichte von der Begegnung eines Einsiedlers und eines Hirten. Eines Tages kommt an der Höhle des Einsiedlers im Gebirge ein Hirte vorüber. Verwundert ruft der Hirte ihm zu: «Was tust du hier so allein in der Wildnis?»

Der Einsiedler antwortet: «Ich meditiere.»

«Worüber meditierst du denn?» will der Hirte wissen.

«Über Geduld», sagt der Einsiedler.

Eine Zeitlang herrscht Schweigen. Dann schickt sich der Hirte zum Aufbruch an. Bevor er weitergeht, schaut er sich noch einmal um und ruft dem Einsiedler zu: «Übrigens, zur Hölle mit dir!»

«Was fällt dir ein? Zur Hölle mit *dir*!» kommt es wütend zurück.

Der Hirte lacht und erinnert den Einsiedler an seine erklärte Absicht – sich in Geduld zu üben.

Diese einfache Geschichte macht sehr schön deutlich, vor welcher Herausforderung man steht, wenn man sich in Geduld üben will: Wie können wir in einer Situation, in der wir normalerweise in Wut geraten würden, spontan bleiben und trotzdem ruhig reagieren? Nicht nur derjenige, der eine Religion ausübt, steht vor dieser Herausforderung, sondern jeder von uns, der ein Leben in menschlicher Würde und Anstand führen will. Beinahe auf Schritt und Tritt werden wir mit Situationen konfrontiert, die zeigen, wo unsere Geduld und unsere Nachsicht an ihre Grenzen stoßen. Häufig erreichen wir im Familienleben, am Arbeitsplatz oder im alltäglichen Umgang mit anderen Menschen einen Punkt, an dem unsere Vorurteile zutage treten, unsere Überzeugungen in Frage gestellt werden und wir uns in unserem Selbstverständnis bedroht fühlen. Besonders bei solchen Gelegenheiten benötigen wir inneren Rückhalt. Shantideva würde derartige Situationen als charakterliche Bewährungsproben bezeichnen: Sie bringen ans Licht, wie weit wir unsere Fähigkeit, Geduld und Nachsicht zu üben, entwickelt haben.

Geduld läßt sich, wie wir der obigen Geschichte ebenfalls entnehmen können, nicht dadurch entwickeln, daß wir uns von anderen absondern. Diese Eigenschaft können wir nur im Umgang mit anderen Wesen entwickeln, insbesondere beim Zusammentreffen mit unseren Mitmenschen. Die spontane Reaktion des Einsiedlers zeigt, daß er ebenso leicht zu erschüttern ist wie die Sandburg eines Kindes. Sich im Rahmen eines Eremitendaseins in liebevolle Vorstellungen von Mitgefühl und Toleranz zu vertiefen ist eine Sache – diese Ideen in die Tat umzusetzen, wenn wir es im Alltag mit realen Personen zu tun haben, ist etwas ganz anderes.

Hierdurch soll selbstverständlich nicht die Bedeutung der stillen Meditation in Abrede gestellt werden. Indem wir zurückgezogen unseren Übungen nachgehen, verinnerlichen wir Einsichten, die ansonsten auf eine Ebene rein verstandesmäßigen Wissens beschränkt bleiben würden. Und wie bei den meisten religiösen Überlieferungen, deren Ursprung in Indien liegt, ist auch im Buddhismus die Meditation der Schlüssel zum spirituellen Weg. Nichtsdestoweniger erweist sich erst im Umgang mit anderen, wieviel unsere Geduld wirklich wert ist.

Noch etwas wird aus der kurzen Begegnung des Einsiedlers und des Hirten ersichtlich: Wahre Geduld kann nur entwickeln, wer seine Wut einigermaßen unter Kontrolle bekommt. Gewiß – reagiert man auf eine grundlose Beschimpfung mit einem heftigen Gefühlsausbruch, so ist dies eine natürliche menschliche Reaktion. Ein wahrhaft spiritueller Mensch sollte allerdings in der Lage sein, über derart vorhersehbare Reaktionsmuster hinauszugelangen. Das Kapitel über die Geduld in Shantidevas «Eintritt in den Weg zum Erwachen»* bietet Anleitungen dazu. Und in seinem leicht verständlichen Kommentar erläutert Seine Heiligkeit, der Dalai Lama, die Ideale und die Übungen, mit deren Hilfe wir diese unentbehrliche Geistesqualität entwickeln und vervollkommnen können.

Die in diesem Buch vorgestellten Lehren über die Geduld gehören zum unverzichtbaren Bestand des für den Mahayana-Buddhismus grundlegenden Bodhisattva-Ideals – der selbstlosen Leitvorstellung all der Menschen auf dem spirituellen Weg, die ihr ganzes Leben dem Wohlergehen anderer Wesen widmen.

Beinhaltet das Bodhisattva-Ideal eine Aufwertung von Nachgiebigkeit und die Unterwerfung unter hehre geistige Grundsätze? Befürwortet es, daß man Mißstände bereitwillig hinnimmt? Wie steht es mit gerechtfertigtem Zorn und Haß? Verlangt das Bodhisattva-Ideal etwas Unmögliches von uns, da es doch der menschlichen Natur zuwiderläuft? Dies sind einige Fragen, die Shantidevas Lesern heutzutage sogleich in den Sinn kommen.

Eintritt in den Weg zum Erwachen

Vor weitergehenden Überlegungen zum Thema Geduld sind ein paar Worte über Shantidevas Schrift «Eintritt in den Weg zum Erwachen» angebracht, deren sechstes Kapitel den Kern der hier vom Dalai Lama gegebenen Unterweisungen bildet. Im achten

* Die einzige vollständige deutsche Übersetzung stammt von Ernst Steinkellner und trägt den Titel *Śāntideva: Eintritt in das Leben zur Erleuchtung* (München [3]1997).

Jahrhundert nach Christus geschrieben, wurde Shantidevas Werk schon bald zu einem Klassiker des Mahayana-Buddhismus. Der Legende zufolge trug Shantideva den gesamten Text aus dem Stegreif vor, als die Mönchsversammlung der berühmten indischen Klosteruniversität Nalanda ihn aufforderte, einen Lehrvortrag zu halten. Es heißt, ursprünglich hätten die Mönche Shantideva auf diese Weise demütigen wollen. Denn nach ihrem Dafürhalten beschränkten sich seine Aktivitäten auf «Essen, Schlafen und den Gang zur Toilette». Sie bemerkten herzlich wenig davon, daß er ungeachtet seiner augenscheinlichen Faulheit ein an inneren Erfahrungen reiches Leben führte und über tiefgründiges Wissen verfügte. In den tibetischen Fassungen dieser Geschichte heißt es, beim schwierigen neunten Kapitel über die Weisheit sei Shantideva in den Himmel aufgestiegen, und während er allmählich den Blicken entschwand, habe man seine Stimme weiterhin hören können.

Unabhängig davon, welchen Stellenwert man dieser Legende einräumen mag: Die Bedeutung von «Eintritt in den Weg zum Erwachen» im kulturellen und zeitgeschichtlichen Kontext der indischen Literatur kann kaum hoch genug eingestuft werden. Shantidevas Text wurde zu einem der berühmtesten buddhistischen Werke. Er war und ist für praktizierende Buddhisten von allergrößter Wichtigkeit. Denn er bietet einen Überblick über jene Übungen, die auf dem Erleuchtungsweg des Mahayana-Buddhismus unentbehrlich sind. Man kann sagen, daß unter all den religiösen Schriften in der Überlieferung des Mahayana-Buddhismus, die den edlen und selbstlosen Entwicklungsweg eines Bodhisattva skizzieren, Shantidevas «Eintritt in den Weg zum Erwachen» und Nagarjunas «Kostbarer Kranz» die beiden Basistexte sind. Für Gelehrte und Philosophen markiert das neunte Kapitel einen wichtigen Beitrag zur Entwicklung der buddhistischen Philosophie vom «Mittleren Weg». Und für gewöhnliche Buddhisten wurde der Text zu einer Quelle tiefer Inspiration. Bis heute gilt das – zehnte und letzte – Kapitel über die Hingabe als besonders glühender Ausdruck tiefreligiösen Empfindens in der Literatur des Mahayana-Buddhismus.

In Tibet hatte Shantidevas «Eintritt in den Weg zum Erwachen» eine wohl unübertroffene Wirkung. Seit seiner Übersetzung ins Tibetische im elften Jahrhundert ging von dem Werk ein entscheidender Einfluß auf das religiöse Leben des tibetischen Volkes aus. Wie allgegenwärtig dieser ist, zeigt sich in den Lehren aller vier großen Schulen des tibetischen Buddhismus: Nyingma, Sakya, Kagyü und Gelug. Dieses Werk veranlaßte die Gelehrten, sich ausführlich mit den hier dargelegten Mahayana-Idealen und -Übungen zu befassen. Darüber hinaus führte der Text zur Entwicklung eines ganz neuen literarischen Genres. Man kennt es unter dem Sammelbegriff Lodjong, Geistesschulung. Diese religiösen Schriften beschäftigen sich in erster Linie mit zwei Hauptanliegen von Shantidevas Werk: wie man zum einen den altruistischen Erleuchtungsgeist und zum anderen volle Einsicht in die Natur der Wirklichkeit entwickeln kann. Eine Bestätigung für die überaus inspirierende Kraft dieses Textes mag man auch in dem Umstand sehen, daß der Dalai Lama jederzeit frei und spontan daraus zitieren kann. Wer schon einmal an einer Vortrags- oder Gesprächsveranstaltung mit dem Dalai Lama teilgenommen hat, wird sich daran erinnern.

Die folgende Strophe ist mittlerweile dadurch, daß der Dalai Lama sie immer wieder als seine größte Inspirationsquelle bezeichnet, zu fast schon unsterblichem Ruhm gelangt:

> Solange der unermeßliche Raum Bestand hat
> und solange noch empfindende Wesen da sind,
> möge auch ich ausharren,
> um das Elend der Welt zu verringern.
> («Eintritt in den Weg zum Erwachen», X, 55)

In Tibet lernten ehrgeizige junge Novizen üblicherweise den gesamten Wortlaut von Shantidevas «Eintritt in den Weg zum Erwachen» auswendig, so daß man die Verse in der Gruppe rezitieren konnte. In der gänzlich in Versen abgefaßten tibetischen Übersetzung besteht jede Strophe aus vier vollkommen metrischen Zeilen. Bis zum heutigen Tag denke ich gern an die

Abende im südindischen Kloster Ganden zurück. Dort erhielt ich meine Mönchsausbildung, und wir verbrachten viele Abende mit der Gruppenrezitation von Shantidevas Versen. Ihre poetische Schönheit und ihr Tiefsinn bereiteten mir große Freude.

Vorhin haben wir kurz einige Fragen angesprochen, die der moderne Leser an den Text richten könnte. Zu ihrer Beantwortung möchte ich Shantidevas Verse und den klaren Kommentar des Dalai Lama für sich selbst sprechen lassen. Allerdings will ich versuchen, einige Hintergründe zu erklären, durch die vielleicht die Einsichten Shantidevas wie auch des Dalai Lama besser verständlich werden. Außerdem hoffe ich, dadurch die in diesem Buch wiedergegebenen Lehren in einen größeren Zusammenhang stellen zu können.

Das hier mit «Geduld» übersetzte tibetische Wort *sö-pa* hat einige weitere Bedeutungen. Als Substantiv bedeutet *sö-pa* wörtlich «Enthaltung», als Verb «widerstehen» oder «etwas ertragen», beispielsweise «Entbehrungen ertragen». Wenn *sö-pa* allerdings eine Eigenschaft beschreibt, etwa des menschlichen Charakters, läßt sich seine Bedeutung am besten mit «Nachsicht» oder «Duldsamkeit» wiedergeben. Im Tibetischen sagt man von einem sehr nachsichtigen Menschen, er habe «großes *sö-pa*». Andererseits kann «Nachsicht» die Bedeutung von *sö-pa* nur bedingt erfassen; denn ein sehr nachsichtiger Mensch kann trotzdem ziemlich ungeduldig sein. Im Unterschied dazu hat ein Mensch mit «großem *sö-pa*» auch ein geduldiges Naturell. Selbstverständlich will ich damit nicht sagen, man solle den tibetischen Ausdruck mit «Geduld/Nachsicht/Enthaltung» übersetzen, denn das wäre nicht regelgerecht. Jedoch möchte ich die Aufmerksamkeit auf die vielen Bedeutungsfacetten dieses tibetischen Wortes lenken, damit der Leser versteht, wie komplex die zur Debatte stehenden Begriffe sind.

Indem Shantideva dafür eintritt, sich in Geduld zu üben, meint er nicht, wir sollten uns von anderen mißbrauchen und ausbeuten lassen. Auch sollen wir nicht Leid und Schmerz fraglos hinnehmen. Vielmehr befürwortet er eine Haltung, die sich von Widrigkeiten nicht beirren läßt. In seinem Kommentar unterscheidet der Dalai Lama zwischen Nachgiebigkeit und Nachsicht. Wahre Nachsicht, so legt er uns ans Herz, kann nur daraus erwachsen, daß wir «bewußt eine bestimmte Haltung einnehmen». Diese beinhaltet, angesichts eines tatsächlich oder vermeintlich erlittenen Leids keine Vergeltung zu üben.

Zwar liefert uns weder Shantideva noch der Dalai Lama eine eindeutige Definition von Geduld, aber wir können folgende Definition als Arbeitsgrundlage verwenden: «Geduld» (*sö-pa*) ist nach buddhistischem Verständnis «eine entschiedene Reaktion auf Widrigkeiten, die von einem zur Ruhe gekommenen, durch äußere oder innere Aufregung nicht zu erschütternden Gemüt ausgeht.» Von passiver Ergebenheit ist hier gewiß nicht die Rede; vielmehr davon, Widrigkeiten aktiv anzugehen. Shantidevas Erörterung dieses Themas orientiert sich an den drei charakteristischen Merkmalen von Geduld: 1. Duldsamkeit als bewußtes Hinnehmen von Schmerz und Entbehrungen; 2. Nachsicht oder Duldsamkeit, die aus der Besinnung auf die Natur der Wirklichkeit erwächst; und 3. Nachsicht gegenüber Verletzungen durch andere.

Den ersten Aspekt von Geduld erörtert Shantideva in den Strophen 12 bis 21. Er beginnt mit der Feststellung, daß Schmerz und Leid naturgegebene Fakten unseres Daseins sind und jedes Leugnen dieser Wahrheit uns nur in um so größere Bedrängnis bringen wird. Weiterhin führt er aus, daß es unserem Lebensalltag außerordentlich zugute käme, wenn wir uns diese Grundwahrheit unseres Daseins zu Herzen nähmen. Zum einen durch die Erkenntnis, daß Leid unser spirituelles Wachstum beschleunigt: Vermag ein Mensch dem Leid auf diese Weise zu begegnen, dann kann er, so Shantideva, aus freien Stücken die Schmerzen und Entbehrungen auf sich nehmen, die mit dem Versuch, ein höheres Ziel zu erreichen, einhergehen. Theoretisch ist dieses Prinzip uns allen wohlbekannt. So unterziehen wir uns beispielsweise zum Schutz gegen Tropenkrankheiten bereitwillig einer schmerzhaften Schutzimpfung. Um darzulegen, daß wir uns darin üben können, größeren Schmerz hinzunehmen, als wir dies gegenwärtig vermögen, schreibt Shantideva folgende bemerkenswerten Zeilen:

> Durch vertrauten Umgang
> wird ausnahmslos alles leichter.
> Indem ich mich mit kleinem Leid vertraut mache,
> sollte ich daher lernen, größeres Leid geduldig
> hinzunehmen.
> («Eintritt in den Weg zum Erwachen», VI, 14)

Shantideva beschließt die Erörterung des ersten Merkmals von Geduld, indem er uns auf die positiven Aspekte von Leid aufmerksam macht – falls man denn bei Schmerz und Leid überhaupt etwas als «positiv» bezeichnen kann. Er führt an, daß ebendiese Leiderfahrung uns aus unserem spirituellen Schlummer erwachen läßt. Außerdem verleiht uns diese Erfahrung die Fähigkeit zur Identifikation mit dem Schmerz der anderen; und dadurch sind wir imstande, echtes Mitgefühl zu entwickeln. Darüber hinaus flößt das Leid uns die – für den religiösen Menschen so bedeutsame – Furcht vor eigenen Verfehlungen ein. Schließlich verstärkt gerade die Einsicht in das Leid unser Verlangen nach geistiger Freiheit. Natürlich kann man geltend machen, hier handele es sich zum Großteil um religiöse Gedanken, die nach Einschätzung moderner Leser nur für wirklich religiöse Menschen von Belang sind. Dessenungeachtet behält Shantidevas Grundeinsicht ihre Gültigkeit: Sofern wir uns die richtige Einstellung zu eigen machen, können wir selbst bei Schmerz und Leid unser Augenmerk auf die positiven Auswirkungen richten.

Die Strophen 22 bis 34 erörtern den zweiten Aspekt von Geduld – auf Einsicht in die Natur der Wirklichkeit beruhende Nachsicht. Hier will Shantideva vor allem aufzeigen, in welch hohem Maß die Geschehnisse wie auch die menschlichen Handlungen von einem Geflecht aus zahllosen Faktoren bestimmt sind. Dies soll den entscheidenden Punkt verdeutlichen:

Viele Umstände, die andere Menschen zu – für uns leidvollen – Handlungen veranlassen, unterliegen keineswegs deren Kontrolle. Wir werden, mit Shantidevas Worten, krank, ohne daß wir dies wollen. Ebensowenig entspricht es unserer Absicht, in Wut zu geraten. Nichtsdestoweniger haben wir häufig damit zu schaffen.

Daher läßt sich folgendermaßen argumentieren: In gewisser Weise ist es unlogisch, aus dem komplexen Bedingungsgeflecht lediglich den betreffenden Menschen herauszugreifen, um einzig und allein sie oder ihn für die leidvolle Handlung verantwortlich zu machen. Diese Argumentation verdeutlicht Shantideva anhand einer einfachen Handlung: Ein Mensch schlägt einen anderen mit einem Stock. Shantideva zeigt, inwiefern beide – der Stock und derjenige, dessen Hand ihn führt – für den hervorgerufenen Schmerz verantwortlich sind. Auf einer weniger ersichtlichen Ebene, so macht er geltend, ist darüber hinaus auch schon die bloße Tatsache, daß wir einen Körper haben, ein wichtiger Faktor für das Auftreten des Schmerzes. Eine weitere Bedingung erweist sich als die tatsächlich ausschlaggebende Ursache: die negative Emotion, die den betreffenden Menschen überhaupt erst dazu veranlaßt hat, dem anderen Leid zuzufügen.

Grundlage des zweiten Aspekts von Geduld ist offensichtlich nichts anderes als das zentrale buddhistische Prinzip des bedingten Entstehens. Aus dieser Sicht entsteht nichts für sich allein, denn alles kommt durch das Zusammentreffen vielfältiger Ursachen und Bedingungen zustande. Dieses Prinzip kann man auf vielen Ebenen erkennen, sei es im Sinn von kausaler Bedingtheit, im Sinn von wechselseitig sich bedingenden Gegenbegriffen oder im Sinn der wechselseitigen Bedingtheit, die zwischen unseren Wahrnehmungen und der Welt besteht. Daher können auch die Einsichten in die Wirklichkeit, die zu größerer Nachsicht gegenüber Geschehnissen und den Handlungen der anderen Menschen führen, unterschiedlich tief reichen. Shantideva gibt uns ein Beispiel: Wenn wir die Welt wie eine Sinnestäuschung betrachten, kann sich dies unmittelbar dahingehend auswirken, daß Wut und ähnlich heftige emotionale Reaktionen ihre Heftigkeit verlieren:

> Alles ist also durch weitere Umstände bedingt, die
> (wiederum anderweitig) bedingt sind,
> und demzufolge bedingt nichts sich selbst.
> Habe ich dies begriffen, sollte ich nicht wütend werden
> angesichts von phantomartigen Erscheinungen.
> («Eintritt in den Weg zum Erwachen», VI, 31)

In diesen Zeilen finden sich Anklänge an Beobachtungen, die Shantideva im neunten Kapitel anspricht. Dort führt er Gründe für jene Anschauung in der buddhistischen Philosophie ins Feld, die von der nicht substantiellen Natur der Erscheinungen ausgeht. Anschließend stellt er vier rhetorische Fragen: Was gibt es zu gewinnen oder zu verlieren? Wo gibt es jemanden, den man loben oder beleidigen könnte? Woraus entstehen Freude und Schmerz? Wo gibt es etwas, worüber man froh oder traurig sein könnte?

Bei oberflächlicher Betrachtung mag es so scheinen, als rede Shantideva hier einer Art empfindungslosem Gleichmut das Wort. Seine Verse so zu verstehen hieße jedoch, ihren Sinn vollständig zu verfehlen. Wie jeder begabte buddhistische Lehrer lenkt er unser Augenmerk darauf, daß Anhaftung mit Wut und anderen heftigen Emotionen eng verknüpft ist. Je mehr wir an etwas hängen, mit desto größerer Wahrscheinlichkeit wird es uns wütend machen, wenn wir bemerken, daß der Gegenstand unseres Anhaftens einer Bedrohung ausgesetzt ist. Zwar stellt Shantideva seine Erörterung von Nachsicht, die auf Einsicht in die Natur der Wirklichkeit beruht, im Rahmen von Überlegungen zur buddhistischen Philosophie an. Dennoch ist, so meine ich, seine Grundargumentation davon unabhängig, ob die buddhistischen Theorien über die Wirklichkeit zutreffen oder nicht. Anhand unserer eigenen Erfahrungen können wir erkennen: Je gründlicher wir uns vor Augen führen, daß das Eintreten eines Geschehnisses von vielen komplexen Bedingungen abhängt, um so größer ist unsere Fähigkeit, auf dieses Geschehnis mit einer gewissen Ruhe und Nachsicht zu reagieren.

Wir sind nun beim letzten Merkmal von Geduld angelangt, der Nachsicht gegenüber Verletzungen durch andere. Vielleicht geht Shantideva auf diesen Aspekt deshalb zum Schluß ein (in den Strophen 34 bis 63), weil er von solch überwältigend großer Bedeutung ist – was seinen Grund wohl darin hat, daß es hier ausschließlich um unseren unmittelbaren Umgang mit anderen Menschen geht. Kein Zweifel, Wut oder Frustration richten sich bei den meisten von uns vor allem gegen Mitmenschen. Solange wir aber nicht lernen, unbelastet von Wut und anderen heftigen Emotionen mit anderen Menschen umzugehen, kann sich unmöglich wirkliche Geduld entwickeln. Ganz besonders gilt dies, wenn man sich dem Bodhisattva-Ideal verpflichtet und sich zum Ziel gesetzt hat, sämtlichen Wesen zur Befreiung aus ihrem unerleuchteten Daseinszustand zu verhelfen. Wenn solch ein Mensch genau auf denjenigen mit Wut reagiert, für dessen Wohl sich einzusetzen er feierlich gelobt hat, so ist dies selbstverständlich vollkommen verfehlt.

Eher sei es angebracht, so Shantideva, mit Mitgefühl statt mit Wut zu reagieren, wenn uns jemand Leid zufügt: Fügt nämlich jemand anderen Wesen Leid zu, so sei er in gewisser Weise besessen. Mit anderen Worten entspringen derartige Handlungen einem Zustand der Unwissenheit. Dies erinnert an das Gebot aus den Evangelien, denen zu vergeben, die Böses tun, «denn sie wissen nicht, was sie tun». Shantideva fordert uns auf, noch einen Schritt weiter zu gehen und diejenigen, die uns Leid zufügen, unsere Feinde, als etwas Kostbares zu betrachten. Denn sie allein verschaffen uns die Möglichkeit, Geduld zu üben:

> Bettler gibt es viele auf der Welt;
> rar hingegen sind jene, die einem Leid zufügen.
> Habe ich nämlich andere nicht verletzt,
> werden wenige Wesen mir etwas zuleide tun.
>
> Wie bei einem Schatz, auf den ich im eigenen Haus stoße,

ohne daß ich mir Mühe geben muß, ihn zu erwerben,
sollte ich daher froh sein, einen Feind zu haben.
Denn er verhilft mir zur Befreiung.
(«Eintritt in den Weg zum Erwachen», VI, 106f.)

Auf Verse wie diese bezieht sich der so häufig zitierte Satz des Dalai Lama, daß unser Feind unser größter Lehrer ist. Zweifellos hat er diese Grundsätze im Umgang mit der chinesischen Regierung angewandt, die soviel Leid und Verderben über sein Volk und sein Heimatland brachte. Sobald man verstanden hat, daß das Denken des Dalai Lama auf dieser Art von Geistesschulung beruht, schenkt man seiner Aussage, er und sein Volk empfänden auf die Chinesen keinen Haß, ohne weiteres Glauben.

Mit gewissen Argumenten, die Shantideva mitunter ins Spiel bringt, scheint er ein rein rationales Denken auf die Spitze zu treiben. Zum Beispiel liefert er eine verblüffende Begründung dafür, daß wütende Reaktionen darauf, daß andere uns etwas zuleide tun, sinnlos sind: Er fordert uns auf, eingehend darüber nachzudenken, ob darin, daß Menschen einander Leid zufügen, ein grundlegender menschlicher Wesenszug oder lediglich eine akzidentelle Eigenschaft zu sehen sei. Träfe der erste Fall zu, sei es unsinnig, wütend zu werden, argumentiert Shantideva. Das wäre ja gerade so, als wolle man dem Feuer das Recht auf seine ureigene Aktivität absprechen – zu brennen. Handele es sich hingegen nicht um einen grundlegenden Wesenszug, sei eine wütende Reaktion ebensowenig angemessen. Denn das wäre ja so, als würde man es dem Himmel verübeln, wenn Wolken über ihn hinwegziehen. In beiden Fällen, so Shantidevas Schlußfolgerung, besteht kein logischer Grund, wütend zu sein.

Man mag diese Argumentation für tragfähig halten oder auch nicht, unbestreitbar ist sie scharfsinnig und einfallsreich. Doch stellt sich die Frage, wie ernst wir eine solche Beweisführung nehmen sollen. Der Durchschnittsleser wird Argumente dieses Zuschnitts wohl bestenfalls als «Gedankenexperiment» ansehen. Allerdings wissen wir nur zu gut, daß wir häufig zu noch stärkerer Wut und Empörung neigen, wenn wir fest daran glauben, im Recht zu sein. Insofern kann selbst der moderne Leser den Wert eines derartigen Gedankenexperiments anerkennen, das uns eindringlich vor Augen führt, wie wenig Sinn es macht, wenn wir auf Geschehnisse mit heftigen Emotionen reagieren.

Über den Umgang mit Wut

Shantideva und der Dalai Lama führen uns außerordentlich klar und deutlich vor Augen, wie wir mit Wut und Haß umgehen sollten. Shantideva beginnt das Kapitel über Geduld mit der drastischen Feststellung, in einem einzigen Augenblick der Wut könnten all unsere – «im Laufe von tausend Äonen» hervorgerufenen – positiven Prägungen zunichte gemacht werden. Ferner erklärt er, kein Übel komme dem Haß und keine innere Kraft komme der Geduld gleich. Folglich rät er, wir alle sollten danach trachten, Geduld zu entwickeln. Aus Shantidevas Sicht ist Wut dabei das Haupthindernis. Um auf den wohlbekannten medizinischen Vergleich zurückzugreifen: Haß ist das Gift und Geduld das Heilmittel, das die schädlichen Geistesgifte beseitigt.

Der Dalai Lama macht es in seinem Kommentar zu Shantidevas Text deutlich: Zwei Dinge spielen eine entscheidende Rolle, wenn es uns gelingen soll, unsere Neigung zu wutentbrannten Reaktionen abzulegen. Zuerst und vor allem müssen wir uns voll und ganz darüber im klaren sein, wie negativ Wut ist. Zu diesem Zweck sollten wir besonders ihre destruktiven Auswirkungen bedenken. Zweitens ist es unbedingt notwendig, genau zu verstehen, im Rahmen welcher Kausalzusammenhänge Wut in uns aufkommt. Für den heutigen Leser ist dieser Punkt von besonderem Interesse. Denn sein Zugang zu Shantidevas Text ist unweigerlich auch von vielen – Allgemeingut gewordenen – Hypothesen geprägt, die die moderne Psychologie in bezug auf die menschlichen Emotionen geltend macht.

In der siebten Strophe des einschlägigen Kapitels gibt Shantideva den bedeutsamen Hinweis, daß die Wut durch etwas «genährt» wird, das er «geistiges Unwohlsein» nennt – ein außerordentlich interessanter Begriff. Das entsprechende tibetische Wort heißt *yi mi-dewa*, was sich mit «Niedergeschlagenheit», «Elend» oder einfach mit «Unzufriedenheit» übersetzen läßt – ein alles durchdringendes, unter der Oberfläche liegendes Gefühl der Unzufriedenheit, das man womöglich auf der Ebene des Bewußtseins gar nicht wahrnimmt; jenes nagende Gefühl, daß etwas nicht in Ordnung ist. Shantideva deutet offenbar an, dieses unter der Oberfläche liegende Gefühl der Unzufriedenheit lasse Frustration aufkommen. Geschieht dies, so sind die Voraussetzungen für einen Wutausbruch gegeben, wenn die Dinge nicht nach Wunsch laufen.

Wenn wir diesen Kausalzusammenhang zwischen Unzufriedenheit, Frustration und Wut begriffen haben, können wir den besonderen Vorzug von Shantidevas Ansatz, mit Wut umzugehen, ermessen. Wir sehen dann, daß es viel mehr darum geht, dieses unter der Oberfläche liegende Gefühl der Unzufriedenheit zu beseitigen, als der ausgewachsenen Wut die Stirn zu bieten. Aus diesem Grund legt Shantideva solches Gewicht auf Betrachtungen, die der Stabilisierung des Geistes dienen sollen. Was die konkreten Übungen angeht, kann der Leser sich an den ausführlichen Kommentaren des Dalai Lama in den entsprechenden Abschnitten des Buches orientieren.

Auf einen Punkt möchte ich noch gern hinweisen: Shantideva macht hier offenbar keinen Unterschied zwischen Wut und Haß. Hingegen hebt der Dalai Lama in seinem Kommentar ausdrücklich hervor, daß da eine beträchtliche Diskrepanz besteht. Er merkt an, grundsätzlich sei es durchaus akzeptabel, von «positiver Wut» zu sprechen: Wut im Sinn von Empörung darüber, daß anderen Menschen Unrecht geschieht, kann oft ein wichtiger Auslöser für kraftvolle altruistische Handlungen sein. Allerdings verwirft er, daß es in bezug auf Haß eine derartige Möglichkeit geben könnte. Haß hat aus Sicht des Dalai Lama niemals etwas Positives, sondern zehrt lediglich den Menschen innerlich auf und vergiftet den Umgang mit seinen Mitmenschen. In seinen eigenen Worten: «Haß ist unser wirklicher Feind; er ist unser innerer Feind.»

Vielleicht besteht der entscheidende Unterschied zwischen Wut und Haß darin, daß sich eine Empfindung von Groll, von Feindseligkeit regt oder nicht. Man kann wütend sein, ohne Groll oder Feindseligkeit gegen jemanden oder etwas zu empfinden. Der Dalai Lama fordert uns auf, wenn schon Wut in uns aufkommt, immerhin dafür zu sorgen, daß sie sich niemals zu Haß auswächst. Ich meine, es ist von größter ethischer Bedeutung, daß wir dies lernen.

Ein paar Worte über die maßgeblichen Prinzipien des hier gewiesenen Weges, wie wir mit unseren Emotionen umgehen und Geduld entwickeln können, dürften wohl für manchen Leser hilfreich sein. Ganz entscheidend ist die Überzeugung, daß der Geist formbar ist; die Annahme, daß er über grenzenlose positive Entwicklungsmöglichkeiten verfügt. Diese Überzeugung stützt sich auf ein außerordentlich differenziertes psychologisches Verständnis der unterschiedlichen Geisteszustände. Shantideva steht ebenso wie der Dalai Lama im Kontext einer langen Geschichte der buddhistischen Psychologie und Philosophie des Geistes, die auf eine detaillierte Analyse der menschlichen Emotionen besonderen Wert legt. Im großen und ganzen faßt man hier den Geist als ein komplexes, dynamisches System auf, in dem die verstandes- wie auch die gefühlsbezogenen Dimensionen der Psyche als Einheit, als ein Ganzes, zu begreifen sind.

Wenn beide Meister uns also Möglichkeiten vor Augen führen, wie wir mit Wut und anderen Emotionen umgehen können, legen sie uns nicht nahe, diese zu verdrängen. Die buddhistische und die moderne Psychologie stimmen darin überein, daß bloßes Verdrängen Schaden anrichtet. Der buddhistische Ansatz zielt auf die Wurzel der Emotionen, um von hier aus der Wut die Nahrung zu entziehen. Mit anderen Worten: Shantideva zeigt uns ebenso wie der Dalai Lama Wege zu einer charakterlichen Neuorientierung auf, damit wir für Wut und andere heftige emotionale Reaktionen weniger anfällig sind. In diesem Licht sollte man die meisten in diesem Buch angestellten Überlegungen verstehen – nach der einfachen Devise: Übe dich in geistiger Disziplin!

Um hervorzuheben, welch ausschlaggebende Bedeutung dieser inneren Disziplin zukommt, greift Shantideva zu einem schönen Gleichnis:

> Wo fände ich wohl genügend Leder,
> um mit ihm die Erde überziehen zu können?
> Doch Leder an meinen Schuhsohlen allein (zu tragen)
> ist gleichviel wert, wie den Erdball damit auszukleiden.
>
> Ebensowenig ist es mir möglich,
> den Lauf der äußeren Welt unter Kontrolle zu bekommen.
> Könnte ich jedoch meinen Geist unter Kontrolle
> bekommen,
> wozu müßte ich dann noch alles übrige unter Kontrolle
> bringen?
> («Eintritt in den Weg zum Erwachen», V, 13 f.)

Dies erinnert an eine bemerkenswerte Passage des *Dhammapada*. Dort sagt der Buddha:

> Wechselhaft und flüchtig ist der Geist,
> er folgt seinen Eingebungen, ganz wie es ihm gefällt.
> Der Verständige übt ihn in Disziplin,
> denn ein wohldisziplinierter Geist bereitet große Freude.
> (35)

Shantideva nennt diese grundlegende buddhistische Übung «den Geist hüten» und erörtert sie ausführlich im fünften Kapitel von «Eintritt in den Weg zum Erwachen».

Ein weiteres maßgebliches Prinzip in den Belehrungen Shantidevas ist die von Grund auf pragmatische Haltung. Er vertritt offenbar nicht die Meinung, daß es *eine* Abhilfe- oder Lösungsmöglichkeit für jedes erdenkliche Problem gibt. Seine Strategie besteht vielmehr darin, tunlichst auf das gesamte Spektrum der uns innewohnenden Möglichkeiten zurückzugreifen. Viele seiner Argumente sprechen die menschliche Vernunft an. Andere wiederum zielen auf unsere elementaren Empfindungen in punkto Nächstenliebe ab. Häufig macht er sich auch unsere Empfänglichkeit für moralische Empörung zunutze. Der gemeinsame Nenner könnte lauten: «Alles, was wirklich weiterhilft.»

Letzten Endes beruhen viele Einsichten dieses Buches auf dem «gesunden Menschenverstand». Was sollte man zum Beispiel der schieren praktischen Überzeugungskraft der folgenden Zeilen, die der Dalai Lama sehr gerne zitiert, entgegensetzen?

> Warum über etwas bekümmert sein,
> dem man abhelfen kann?
> Und gibt es keine Abhilfe,
> was nutzt es da, sich zu bekümmern?
> («Eintritt in den Weg zum Erwachen», VI, 10)

Insbesondere der moderne Leser sollte sich darüber im klaren sein, daß weder Shantideva noch der Dalai Lama an «sofortige Erleuchtung» glauben. Eine Grundvoraussetzung dessen, was sie uns lehren, lautet: Innere Disziplin können wir uns nur in einem langwierigen Prozeß aneignen. Ja, der Dalai Lama weist uns geradewegs darauf hin, daß es ein Zeichen von Ungeduld ist, wenn wir unmittelbar eintretende Resultate erwarten. Eben dem wollen die Unterweisungen dieses Buches entgegenwirken. Mit einer gewissen Ironie merkt er an, der moderne Leser ziehe es häufig vor, «den besten, schnellsten, leichtesten und nach Möglichkeit auch noch billigsten Weg» zu gehen.

Wer sich anschickt, ein besserer Mensch zu werden, hat also einen langen und mühevollen Weg vor sich, den man nur mit andauerndem Engagement bewältigen kann. Machen wir uns dennoch auf die Reise, so winkt uns reicher Lohn. Sogar kurzfristig gesehen scheint dies Unterfangen dem Betreffenden bemerkenswerten Nutzen zu bringen. Verkörpert der Dalai Lama den Menschen, der von den Früchten dieser Reise zehren darf, so steht außer Frage, daß sich die Reise lohnt.

Erster Tag

Wut und Haß überwinden

Alle großen Weltreligionen betonen, wie wichtig es ist, daß wir uns in Liebe, Mitgefühl und Geduld üben. Dies gilt im besonderen für sämtliche buddhistischen Überlieferungen – Theravada, Mahayana und Tantrayana (die esoterische Überlieferung des Buddhismus). Sie alle machen deutlich, daß Mitgefühl und Liebe das Fundament jedes spirituellen Weges sind.

Damit wir mehr Mitgefühl aufbringen und die uns innewohnende Fähigkeit, Mitgefühl und Liebe zu empfinden, weiterentwickeln können, ist es unerläßlich, deren Gegenkräfte einzudämmen. Gerade in diesem Zusammenhang wird es wichtig, daß wir uns in Geduld und Nachsicht üben. Denn allein durch Geduld können wir die Kräfte in uns überwinden, die sich unserem Mitgefühl widersetzen.

Wenn wir über Geduld oder Duldsamkeit sprechen, sollten wir uns darüber im klaren sein, daß es zahlreiche Abstufungen gibt. Angefangen bei der Fähigkeit, bestimmte Dinge – etwa ein gewisses Maß an Hitze oder Kälte – ertragen zu können, bis hin zu größter Geduld und Nachsicht: Diese Art von Geduld und Nachsicht findet man bei großen Praktizierenden, den Bodhisattvas auf einer hohen Stufe des buddhistischen Weges zur Erleuchtung. Geduld und Nachsicht beruhen darauf, daß man fest und standhaft zu bleiben vermag und auch angesichts widriger

Situationen und Bedingungen nicht aus der Fassung gerät. Daher sollte man Nachsicht oder Geduld nicht als Zeichen von Schwäche ansehen, vielmehr als Zeichen von Stärke, die in der Fähigkeit besteht, fest und standhaft zu bleiben. Wir können Geduld oder Nachsicht im allgemeinen so definieren.

Auch wenn es darum geht, in gewissem Maß körperliche Unannehmlichkeiten auszuhalten, eine heiße oder kalte Witterung zum Beispiel, ist unsere Einstellung von größter Bedeutung. Das wissen wir aus eigener Erfahrung. Erkennen wir, daß wir auf lange Sicht Vorteile daraus ziehen können, wenn wir zunächst Entbehrungen in Kauf nehmen, werden wir die täglichen Unannehmlichkeiten eher ertragen. In gleicher Weise spielt Einsicht als zusätzliches Element eine sehr wichtige Rolle, wenn man sich auf den Bodhisattva-Stufen des Weges in höchster Geduld und Nachsicht übt.

Nicht nur aus der Sicht des Dharma nützt es uns sehr, wenn wir uns in Nachsicht und Geduld üben. Auch in unserem Alltag erweisen sich diese als vorteilhaft. Durch sie sind wir zum Beispiel in der Lage, unsere Gemütsruhe, unseren inneren Frieden, unsere Geistesgegenwart zu stärken und zu bewahren. Verfügt ein Mensch also über die Fähigkeit zu Nachsicht und Geduld, dann werden seine Gemütsruhe und seine Geistesgegenwart selbst unter sehr angespannten Lebensbedingungen, inmitten von Hektik und Streß, nicht beeinträchtigt.

Das Werk, mit dem ich Sie in diesem Seminar bekannt machen werde, ist ein buddhistischer Text; genauer, ein Text des Mahayana-Buddhismus. Viele der hier skizzierten Übungen sind für diejenigen bestimmt, die dem Weg des Mahayana folgen – die also die Verpflichtung eingegangen sind, Bodhichitta (den Erleuchtungsgeist) zu entwickeln und ein Leben gemäß den Bodhisattva-Idealen zu führen. Dennoch sind viele der hier aufgeführten Techniken und Methoden auch für andere Menschen von praktischem Wert. Um sie anzuwenden, muß man nicht unbedingt den Bodhisattva-Weg beschreiten oder den Buddhismus zu seinem persönlichen Glaubensbekenntnis machen.

Auf sanskrit trägt dieser Text den Titel *Bodhicharyavatara*, was man mit «Eintritt in den Weg zum Erwachen» übersetzen kann. Wenn wir von den Aktivitäten eines Bodhisattva sprechen, sind drei Stufen zu unterscheiden. Auf der ersten betritt man den Bodhisattva-Weg. Dazu gehört grundsätzlich, daß man Bodhichitta entwickelt, das altruistische Streben nach Erleuchtung zum Wohl aller empfindenden Wesen. Das ist die erste Stufe des Bodhisattva-Übungsweges. Ihr folgt die eigentliche Übung: Man übt sich in den Sechs Befreienden Qualitäten. Eine dieser Sechs Befreienden Qualitäten – der wichtigsten Leitlinien zur Entwicklung von Bodhichitta – ist Geduld oder Nachsicht. Auf der dritten Ebene umfassen die Handlungen eines Bodhisattva die aus dieser Praxis erwachsenden Aktivitäten im Zustand der Buddhaschaft.

Im ersten Kapitel von «Eintritt in den Weg zum Erwachen» spricht Shantideva darüber, welches Verdienst und welchen Nutzen es bringt, wenn man Bodhichitta, das altruistische Streben nach Erleuchtung zum Wohl aller empfindenden Wesen, entwickelt. Da heißt es:

> Vor seinem Körper verneige ich mich,
> in dem der verehrungswürdige, kostbare Geist zur Welt kommt.
> Ich suche Zuflucht bei diesem Quell der Freude,
> der selbst jenen Glückseligkeit bringt, die ihm Leid zufügen.

Aus dem uneigennützigen Streben nach Erleuchtung erwächst die uneingeschränkte Fähigkeit, allen übrigen empfindenden Wesen behilflich zu sein. Daher, so erklärt Shantideva in dieser Strophe, verdient ein Mensch, der solch grenzenlose Selbstlosigkeit an den Tag legt, wahrhaftig Respekt und Verehrung. Diese grenzenlose Selbstlosigkeit ist nicht nur für den Betreffenden, sondern auch für zahllose andere empfindende Wesen ein Quell der Freude und Glückseligkeit. In welcher Weise auch immer andere mit diesem Menschen zu tun haben mögen –

sogar wenn sie negativ gehandelt haben, wird dies in jedem Fall ihrem Leben eine starke positive Prägung geben. Wenn sie ihm gegenüber also negative Handlungen begangen beziehungsweise sich negativ verhalten haben, mögen zwar die unmittelbaren Konsequenzen gleichfalls negativ sein; dennoch wird auf lange Sicht die bloße Tatsache, mit solch einem Menschen in Berührung gekommen zu sein, positive Auswirkungen haben und Nutzen für die Zukunft bringen. Derartige Kraft besitzt die grenzenlose Selbstlosigkeit.

Die wahre Grundlage dieser grenzenlosen Selbstlosigkeit ist Mitgefühl. Und weil die grenzenlose Selbstlosigkeit aus dem Mitgefühl erwächst, huldigt Chandrakirti – im Unterschied zu anderen Autoren, die zu Beginn ihres Textes dem Buddha, einem Bodhisattva oder einer Meditationsgottheit ihre Ehrerbietung bezeugen – in seiner Schrift mit dem Titel «Eintritt in den Mittleren Weg» dem Mitgefühl. Und er legt dar, daß der Wert und die Bedeutung von Mitgefühl für alle Zeit bestehen bleiben werden.

Auf der ersten Stufe des Bodhisattva-Weges kann man den Wert des Mitgefühls gar nicht hoch genug einschätzen. Während man auf dem Weg weiter voranschreitet, kann man seinen Wert und seine Bedeutung ebenfalls gar nicht hoch genug einschätzen. Selbst wenn man daraufhin die Stufe der Buddhaschaft erreicht, behält es seine Bedeutung und seinen Wert.

Die großen Weltreligionen mögen ihre jeweils eigene Art haben, uns Mitgefühl zu lehren; und sie mögen auf ihre jeweils eigene Weise erläutern, warum es wichtig ist, daß wir unser Mitgefühl stärken und vergrößern. Doch übereinstimmend messen sie dem Mitgefühl größte Wichtigkeit bei. Es ist unverzichtbar.

Mitgefühl läßt sich in etwa als gewaltloser, nicht verletzender oder nicht aggressiver Geisteszustand definieren. Von daher besteht die Gefahr, daß man Mitgefühl mit Anhaftung oder Verbundenheit verwechselt.

Wir stellen also fest, daß es zwei Arten von Liebe oder Mitgefühl gibt. Einerseits kann Liebe oder Mitgefühl auf Anhaftung beruhen beziehungsweise einen Beigeschmack von Anhaftung haben. Diese Art von Liebe oder Mitgefühl und einem Gefühl der Verbundenheit ist recht parteiisch und voreingenommen; und sie beruht großenteils auf der Überlegung, daß diejenigen, denen unsere Zuneigung gilt oder an denen wir hängen, uns lieb und teuer sind oder uns nahestehen. Echtes Mitgefühl hingegen ist von solchem Anhaften frei. Seine Motivation besteht nicht so sehr darin, daß der betreffende Mensch mein Freund ist, ich ihn lieb habe oder er mein Verwandter ist. Echtes Mitgefühl beruht vielmehr auf einer rationalen Grundlage: der Einsicht, daß – genau wie mir – auch anderen Wesen das Verlangen innewohnt, glücklich zu sein und Leid zu überwinden. Genau wie ich haben sie ein natürliches Recht auf Erfüllung dieses elementaren Verlangens. Von der Erkenntnis ausgehend, daß diesbezüglich eine grundlegende Gleichheit und Gemeinsamkeit besteht, entwikkeln wir ein Gefühl der Verwandtschaft und Nähe. Dies ist die Grundlage für Liebe und Mitgefühl – echtes Mitgefühl.

Ausschlaggebend für die Intensität und Tiefe unseres Mitgefühls ist darüber hinaus natürlich auch, über wieviel Intelligenz oder Weisheit man verfügt. Im Buddhismus stehen drei Grundformen von Mitgefühl zur Diskussion. Zum einen gibt es ein Mitgefühl, das mit keinerlei Weisheit einhergeht. Auf der zweiten Stufe wird das Mitgefühl durch Einsicht vervollständigt. Man erkennt, wie flüchtig das Dasein der empfindenden Wesen ist. Sie alle unterliegen der Vergänglichkeit. Auf der dritten Stufe – Mitgefühl, das sich auf eine ungegenständliche Wirklichkeit bezieht – kommt Weisheit hinzu, Einsicht in die letztendliche Natur der Wirklichkeit. Auf dieser Stufe sieht man die Natur der empfindenden Wesen – Leerheit –, und diese Einsicht verstärkt die mitfühlende Haltung, die man den empfindenden Wesen entgegenbringt. Zwar muß diese Art von echtem Mitgefühl und grenzenloser Selbstlosigkeit bewußt gefördert und entwickelt werden, aber über die Grundlage, das Potential dazu, verfügt jeder von uns.

Einer meiner Grundüberzeugungen zufolge besitzen wir nicht nur das Potential, Mitgefühl zu empfinden. Vielmehr ist es auch zutiefst in der menschlichen Natur verankert, gütig zu sein. Die ursprüngliche Natur nicht nur des Menschen, sondern aller empfindenden Wesen ist Güte. In meinen Augen stützt sich diese Überzeugung auf gute Gründe. Dazu brauche ich mich nicht einmal auf die Lehre von der Buddha-Natur zu beziehen.

Betrachten wir zum Beispiel den Lauf unseres Lebens, von der frühen Kindheit bis zum Tod, so können wir erkennen, welch elementare Bedeutung Zuneigung für uns hat, wie wir von gegenseitiger Zuneigung zehren und wie wir empfinden, wenn uns die Zuneigung anderer Menschen zuteil wird. Außerdem sehen wir, wenn wir selbst Zuneigung empfinden, wie uns dies ganz spontan von Grund auf beeinflußt. Darüber hinaus können wir beispielsweise aus den Auswirkungen auf unsere Gesundheit und unser körperliches Wohlbefinden ersehen, daß es offenbar der natürlichen Konstitution unseres Körpers viel eher entspricht, wenn wir Zuneigung und ein positives Verhalten an den Tag legen und dementsprechende Gedanken hegen. Ferner kann man feststellen, daß im umgekehrten Fall offenbar unsere Gesundheit Schaden nimmt. Aus diesen Gründen können wir, so glaube ich, davon ausgehen, daß unsere ursprüngliche menschliche Natur gütig ist. Und unter diesen Voraussetzungen macht der Versuch, stärker in Einklang mit unserer grundlegenden Natur zu leben, nur noch mehr Sinn.

Allerdings sehen wir – nicht nur im eigenen Geist, sondern auch innerhalb der Familie, im Umgang mit anderen Menschen, desgleichen auf gesellschaftlicher, nationaler und globaler Ebene –, daß es eine Vielzahl von Konflikten und Spannungen gibt. Wie können wir dem Rechnung tragen?

Ich denke, ein maßgeblicher Umstand für die Entstehung von Konflikten ist unser Vorstellungsvermögen; mit anderen Worten, unser Verstand. Und mit Hilfe des Verstandes können wir auch Mittel und Wege finden, diese Konflikte zu überwinden. Der entscheidende Faktor dafür, daß man den menschlichen Verstand zur Überwindung von Konflikten nutzen kann, die ebendieser menschliche Verstand hervorruft, ist das menschliche Mitgefühl. Ich glaube, wenn wir uns die Welt anschauen, liegt es auf der

Hand, daß eine versöhnliche Geisteshaltung der beste Weg zur Überwindung von Konflikten ist, auch zur Überwindung von inneren Konflikten. Diese Geisteshaltung hat sehr viel mit Mitgefühl zu tun.

Ein Aspekt von Mitgefühl besteht darin, die Rechte und Ansichten der anderen zu respektieren. Auf dieser Basis ist Versöhnung möglich. Meiner Überzeugung nach herrscht tief im Innern jedes Menschen, er mag sich dessen bewußt sein oder nicht, diese versöhnliche Haltung vor. Da wir unserer ursprünglichen Natur gemäß gütig sind, besteht – unabhängig davon, wieviel Gewalt und andere schlimme Dinge wir erlebt haben – letzten Endes die angemessene Lösung darin, auf das menschliche Grundgefühl zurückzukommen: auf die menschliche Zuneigung. Daher ist Zuneigung oder Mitgefühl nicht allein eine religiöse Angelegenheit, sondern auch in unserem alltäglichen Leben unentbehrlich.

Vor diesem Hintergrund lohnt es wirklich, sich in Duldsamkeit zu üben. Wie schwer uns diese Übung auch fallen mag – sie ist die Mühe wert.

Die erste Strophe in Shantidevas Kapitel über Geduld lautet folgendermaßen:

(1) Sämtliche positiven Handlungen,
wie das Verehren der Buddhas und [das Zeigen von] Freigiebigkeit,
die ich im Laufe von tausend Äonen angesammelt habe,
werden in einem einzigen Augenblick voller Wut zunichte gemacht.

Aus dieser ersten Strophe geht hervor, daß wir von großer Begeisterung und einem starken Wunsch beseelt sein müssen, damit es uns gelingt, Geduld und Nachsicht aufzubringen. Denn je größer unsere Begeisterung ist, um so eher werden wir den Schwierigkeiten gewachsen sein, auf die wir dabei stoßen. Mehr noch – wir werden diese Schwierigkeiten, die ein notwendiger Bestandteil des Weges sind, bereitwillig auf uns nehmen.

Auf der ersten Stufe des Bodhisattva-Weges entwickelt man also diese starke Begeisterung. Und das erfordert, sich auf die destruktive Natur von Wut und Haß zu besinnen, und ebenso auf die positiven Wirkungen von Geduld und Nachsicht. In diesem Text ist zu lesen, wir würden womöglich dadurch, daß wir in Wut geraten oder mit Haß reagieren – und sei es auch nur für einen einzigen Augenblick –, die im Laufe von tausend Äonen angesammelten positiven Handlungen zunichte machen. In einem anderen Text, Chandrakirtis «Eintritt in den Mittleren Weg», heißt es, ein einziger Augenblick voller Wut oder Haß werde die im Laufe von hundert Äonen angesammelten positiven Handlungen zunichte machen. Daß diese beiden Textstellen voneinander abweichen, erklärt man mit dem Gegenstand, dem Wut und Haß gelten.

Richten Wut oder Haß sich gegen einen Bodhisattva auf einer hohen Stufe des Weges und ist die haßerfüllte oder wütende Person kein Bodhisattva, werden die positiven Handlungen weitergehend zunichte gemacht. Gerät hingegen ein Bodhisattva einem anderen Bodhisattva gegenüber in Wut, so würden möglicherweise die positiven Handlungen in geringerem Maße zunichte gemacht.

Wenn wir sagen, daß die im Laufe von Äonen angesammelten positiven Handlungen durch einen einzigen Augenblick voller Wut zunichte gemacht werden, so müssen wir allerdings ermitteln, um welche positiven Handlungen es sich dabei handelt. Der vorliegende Text und der «Eintritt in den Mittleren Weg» besagen übereinstimmend, daß allein die verdienstvollen Handlungen zunichte gemacht werden – nicht der Weisheitsaspekt, sondern der Methodenaspekt des Weges. Dazu gehören insbesondere positive Handlungen, die auf Freigebigkeit oder Großzügigkeit, und solche, die auf einer ethisch disziplinierten Lebensführung beruhen. Völlig unberührt davon bleiben hingegen alle positiven Prägungen, die auf Weisheit, etwa auf der Einsicht in die letztendliche Natur der Wirklichkeit, und auf Meditationspraxis, mit Hilfe von Meditation erlangter Weisheit, beruhen.

Hier ist von «Äonen» die Rede, einer spezifisch buddhistischen Form der Zeitbemessung, die auf der Lehre des *Abhidharma* beruht. Mit «Äonen» sind im vorliegenden Fall «große Äonen» gemeint, die je 20 mittellange Äonen umfassen. Dies steht mit der buddhistischen Kosmologie in Zusammenhang – der Theorie, die den gesamten Evolutionsprozeß des Universums darlegt. Gemäß der *Abhidharma*-Kosmologie unterteilen wir die Zeitspanne der Evolution in vier Phasen: die Zeit des leeren Raums, die Zeit der Evolution, die Zeit des Verweilens und die Zeit des Untergangs. Und sie alle werden diesem System entsprechend weiter untergliedert. Interessant wäre ein Vergleich mit der derzeitigen kosmologischen Theorie, die vom «Big Bang» ausgeht und für die Evolution des Weltalls einen Zeitraum von 15 bis 20 Milliarden Jahren ansetzt.

Der zitierten Stelle zufolge können positive Handlungen, die durch Weisheit ergänzt werden – insbesondere durch Einsicht in die letztendliche Natur der Wirklichkeit (das wirkliche Erkennen der Leerheit) –, von Wut und Haß nicht mehr zunichte gemacht werden. Und ebensowenig all jene positiven Handlungen, die auf dem wirklichen Erreichen von Shamata (dem ruhigen Verweilen des Geistes, der einsgerichteten Geisteshaltung) beruhen. Daraus ersehen wir, welchen Wert es hat, Shamata und Einsicht in die Leerheit zu entwickeln.

Die zweite Strophe lautet:

(2) Kein Übel kommt dem Haß gleich,
und keine innere Kraft der Geduld.
Darum sollte ich mich auf vielfältige Weise darum
bemühen,
über Geduld zu meditieren.

Es gibt ja eine Vielzahl von Emotionen, die uns zu schaffen machen, zum Beispiel Selbstgefälligkeit, Überheblichkeit, Eifersucht, Gier, Wollust, unnachsichtige Engstirnigkeit und so weiter. Haß beziehungsweise Wut jedoch gilt als das schlimmste von all diesen Übeln.

Das hat zwei Gründe: Zum einen ist Haß oder Wut der größte Stolperstein, wenn Praktizierende sich darin üben, ihr Bodhichitta – das uneigennützige Streben nach Erleuchtung – und die Herzensgüte zu steigern. Wut oder Haß erweist sich dabei als ärgstes Hindernis. Zum anderen können dadurch, daß man mit Haß reagiert oder in Wut gerät, die positiven Handlungen und die Geistesruhe, die man erreicht hat, zunichte gemacht werden. Aus diesen Gründen wird Haß als das schlimmste Übel angesehen.

Gemäß der buddhistischen Psychologie gehört Haß zu den sechs Geistesgiften, den sechs hauptsächlichen emotionalen Störfaktoren, *she dang* (tib.: *zhe sdang*). Ins Deutsche läßt sich das entweder mit «Wut» oder mit «Haß» übersetzen. Allerdings halte ich das Wort «Haß» für angemessener. Denn «Wut» kann im deutschen Sprachgebrauch unter ganz speziellen Umständen etwas Positives sein – dann nämlich, wenn Wut von Mitgefühl motiviert ist oder wenn sie den Anstoß zu positivem Handeln gibt. Unter solch seltenen Umständen kann Wut positiv sein, während dies bei Haß niemals möglich ist. Er ist voll und ganz negativ.

Aufgrund dieser vollständigen Negativität sollte man «Haß» niemals zur Übersetzung von *she dang* in einem tantrischen Kontext verwenden. Manchmal hören wir die Redewendung «Haß in den Weg mit einbeziehen». Hier liegt ein Übersetzungsfehler vor. In diesem Zusammenhang ist «Haß» fehl am Platz. Es müßte «Wut» heißen, «Wut in den Weg mit einbeziehen», denn Wut kann, wie gesagt, positiv sein.

Die beiden letzten Zeilen der zweiten Strophe lauten:

> Darum sollte ich mich auf vielerlei Weise darum bemühen,
> über Geduld zu meditieren.

Unser Ziel vor Augen, zu mehr Nachsicht fähig zu sein und uns stärker in Geduld zu üben, müssen wir unbedingt den Kräften von Wut und Haß entgegenwirken, ganz besonders dem Haß. Wir sollten uns alle nur möglichen Techniken zunutze machen, damit es uns immer mehr zur vertrauten Gewohnheit wird, Geduld zu üben. Dies nicht nur im Umgang mit realen Lebenssituationen, sondern auch unter Einbeziehung unserer Phantasie: indem wir uns eine Situation vor Augen führen, sie visualisieren, und uns dann unsere Reaktionen anschauen. Immer wieder aufs neue sollte man versuchen, den Haß zu bezwingen und die Fähigkeit zu Nachsicht und Geduld weiterzuentwickeln.

(3) Mein Geist wird keinen Frieden erfahren,
wenn er bohrende Gedanken des Hasses nährt.
Ich werde keine Freude finden und kein Glück,
nicht schlafen können und mich unausgeglichen fühlen.

Diese Strophe – die dritte – umreißt die zerstörerischen Wirkungen des Hasses, die leicht ersichtlich sind, ganz offenkundig und unmittelbar zutage treten. Kommt ein starker, eindringlicher Haßgedanke auf, so wird man im selben Augenblick vollständig davon überwältigt, der innere Friede wird zunichte gemacht, und man verliert seine Geistesgegenwart. Wenn man diesen haßerfüllten Gedanken weiterhin hegt, macht er einen angespannt und nervös, er kann Appetitlosigkeit bewirken, zu Schlaflosigkeit führen, und so weiter.

Nach meiner Überzeugung besteht der Sinn unseres Daseins darin, Glück und Erfüllung zu finden. Sprechen wir aus buddhistischer Sicht von den vier Glücksfaktoren, von den vier Faktoren, die uns Erfüllung bringen, so beziehen sich selbst hier die beiden ersten Faktoren auf das Erreichen von Freude und Glück nach weltlichen Maßstäben. Letzte religiöse oder spirituelle Ziele wie Befreiung und Erleuchtung lassen sie beiseite.

Der Schlüssel, um diese Art von Freude und Glück voll und ganz erfahren zu können, ist die eigene Geistesverfassung. Allerdings tragen verschiedene Faktoren dazu bei, diese Art von Freude und Glück zu erlangen, die man auch nach herkömmlichem Verständnis als Glücksquell ansieht – gute körperliche Gesundheit etwa hält man für notwendig, um glücklich leben zu können. Ein weiterer Faktor ist der Wohlstand, den man zusammenträgt. Herkömmlicherweise betrachtet man dies als Quell von Freude und Glück. Der dritte Faktor besteht darin, Freunde oder Gefährten zu haben. Herkömmlicherweise gilt für uns, daß wir für ein glückliches und erfülltes Leben auch einen Kreis von Freunden brauchen, denen wir vertrauen und zu denen wir eine gefühlsmäßige Beziehung haben.

All dies kann uns tatsächlich als Glücksquell dienen. Soll es jedoch voll und ganz dem Ziel zugute kommen, ein glückliches und erfülltes Leben führen zu können, so ist die eigene Geistesverfassung von ausschlaggebender Bedeutung. Hegt man haßerfüllte Gedanken, hat man tief im Innern eine unbändig starke Wut, so ruiniert dies die Gesundheit, macht also einen der Glücksfaktoren zunichte. Man mag über wunderschöne Besitztümer verfügen – in einem von starker Wut oder Haß bestimmten Moment ist einem danach zumute, alles hinzuschmeißen, diese Dinge zu zertrümmern oder fortzuwerfen. Wohlstand allein kann uns also die erstrebte Freude oder Erfüllung nicht gewähren. Ebenso erscheint uns andererseits, wenn wir außerordentlich wütend oder haßerfüllt sind, selbst ein sehr enger Freund irgendwie «frostig», kühl und distanziert oder ziemlich lästig.

Dies verdeutlicht, wie sehr unsere Geistesverfassung darüber entscheidet, ob uns Freude und Glück zuteil werden oder nicht. Lassen wir also zunächst die dharmische Sicht außer Betracht. Selbst nach weltlichen Maßstäben, wenn wir nur freudig in den Tag hineinleben wollen, gilt: Je höher die Stufe der Geistesruhe, um so größer der innere Friede; und um so größer unsere Fähigkeit, uns in Freude und Glück am Leben zu erfreuen.

Wenn wir allerdings von einem ruhigen Geisteszustand oder innerem Frieden sprechen, sollten wir diesen nicht mit einem ganz und gar unempfänglichen, apathischen Zustand verwechseln, in dem man nichts mehr empfindet – als sei man in einem «abgehobenen» Zustand oder völlig leer. Das meinen wir nicht, wenn wir von einem ruhigen Geisteszustand oder von innerem Frieden sprechen.

Wahrer innerer Friede erwächst aus Zuneigung und Mitgefühl. Empfindsamkeit und Gefühl spielen dabei eine sehr große Rolle. Solange es uns an innerer Disziplin mangelt, an Geistesruhe, können wir über alle erdenklichen äußeren Möglichkeiten und Bedingungen verfügen: Die Freude und das Glück, die wir zu erlangen suchen, werden wir ihnen dann niemals abgewinnen können. Und selbst wenn wir andererseits über manch äußere Annehmlichkeit nicht verfügen, die man normalerweise als unerläßlich für ein glückliches und freudvolles Leben ansieht – haben wir in uns diese Qualitäten entwickelt, Geistesruhe und eine gewisse innere Stabilität, sind wir in der Lage, glücklich und voller Freude zu leben.

Gehen wir der Frage nach, wie Wut und haßerfüllte Gedanken in uns entstehen, so werden wir herausfinden, daß sie im allgemeinen auftreten, wenn wir uns verletzt fühlen, wenn wir den Eindruck haben, jemand habe uns wider Erwarten unfair behandelt. Untersuchen wir in diesem Moment sorgfältig, auf welche Weise Wut aufkommt, so haben wir das Gefühl, sie komme als Beschützer, als Freund, der uns in der Schlacht zur Seite stehen oder uns helfen wird, Vergeltung an demjenigen zu üben, der uns Leid zugefügt hat. Die aufkommende Wut oder der haßerfüllte Gedanke scheint also als Schutzschild oder Beschützer zu uns zu kommen. Doch in Wahrheit ist dies eine Illusion, ein vollkommen trügerischer Geisteszustand.

Chandrakirti sagt in «Eintritt in den Mittleren Weg», daß es dann eine gewisse Rechtfertigung dafür geben könnte, auf Gewalt mit Gewalt zu antworten, wenn Vergeltung uns in irgendeiner Weise weiterhelfen würde oder das bereits zugefügte Leid abwenden oder verringern könnte. Doch dem ist nicht so. Denn hat man uns Leid, eine physische Verletzung oder was auch immer zugefügt, so ist dies bereits geschehen. Vergeltung dafür zu üben kann das Leid oder die Verletzung also in keiner Weise verringern oder verhindern, denn alles ist ja längst passiert.

Im Gegenteil, wenn man auf eine Situation nicht nachsichtig, sondern negativ reagiert, bringt dies nicht nur keinen unmittelbaren Nutzen. Man erzeugt dadurch auch eine negative Einstellung und Empfindung – den Samen, aus dem späteres Verhängnis erwächst. Aus buddhistischer Sicht muß allein die betreffende Person selbst in ihrem künftigen Leben die Konsequenzen der Vergeltung tragen. Reaktionen dieser Art bringen daher nicht bloß keinen unmittelbaren Nutzen, sondern sind für den Betreffenden auf lange Sicht sogar schädlich.

Hat man hingegen trotz unfairer Behandlung die Situation auf sich beruhen lassen, so hat sie möglicherweise höchst negative Konsequenzen für den Missetäter. Solch eine Situation verlangt danach, daß man ein wirkungsvolles Gegenmittel einsetzt. Ohne wütend oder haßerfüllt zu reagieren, wird man unter solchen Umständen aus Mitgefühl für den Missetäter womöglich eine klare Position beziehen und zu energischen Gegenmaßnahmen greifen. In der Tat besteht einer der Verhaltensgrundsätze im Rahmen der Bodhisattva-Gelübde darin, energische Gegenmaßnahmen zu ergreifen, wenn die Situation danach verlangt. Ergreift ein Bodhisattva keine energischen Gegenmaßnahmen, wenn die Situation dies erfordert, so bricht er eines seiner Gelübde.

Noch auf einen weiteren Punkt werden wir in «Eintritt in den Mittleren Weg» aufmerksam gemacht: Wenn wir haßerfüllte Gedanken hervorbringen, führt dies nicht nur zu unerwünschten Daseinsformen in künftigen Leben, sondern man zeigt auch, sobald man sehr wütend wird, ein ziemlich häßliches Gesicht – mag man sich auch noch so sehr bemühen, einen Anschein von Würde zu wahren. Auf dem Gesicht liegt ein unangenehmer Ausdruck, und die Ausstrahlung der betreffenden Person ist sehr feindselig. Andere Menschen empfinden dies, und beinahe ist es so, als sei da eine körperliche Ausdünstung wahrnehmbar. Zwar können nicht alle Menschen dies empfinden. Aber (Haus-)Tiere versuchen die betreffende Person zu dieser Zeit zu meiden.

Dies sind die unmittelbaren Auswirkungen von Haß. Er ruft bei der betreffenden Person eine sehr «häßliche» und unangenehme körperliche Veränderung hervor. Wenn heftige Wut- und Haßgefühle aufkommen, setzen sie außerdem den besten Teil unseres Gehirns außer Kraft. Die Fähigkeit, zwischen Recht und Unrecht zu unterscheiden und die langfristigen wie die kurzfristigen Konsequenzen einzuschätzen, geht verloren. Beinahe scheint es so, als sei die betreffende Person verrückt geworden. Wenn wir diese negativen und zerstörerischen Auswirkungen von Wut und Haß bedenken, wird uns klar, daß wir von derartigen Gefühlsausbrüchen Abstand nehmen müssen.

Reichtum bietet gegen die zerstörerischen Auswirkungen von wütenden und haßerfüllten Gedanken keinen Schutz. Auch ein Millionär unterliegt ihnen. Ebensowenig ist man durch Bildung gegen diese Folgen gefeit. Und auch die Rechtsordnung kann uns keinen Schutz garantieren. Dasselbe gilt für Atomwaffen mit einem noch so raffinierten Abwehrsystem.

Das einzige, was uns Zuflucht und Schutz vor den zerstörerischen Auswirkungen von Wut und Haß gewährt, ist: uns in Nachsicht und Geduld zu üben.

Meditation
Wir wollen nun eine fünfminütige Pause einlegen, um in stiller Meditation nachzusinnen, worüber wir bis jetzt gesprochen haben.

Fragen an den Dalai Lama

Frage: Sie sagten, glaube ich, es liege in unserer Natur, mitfühlend und gütig zu sein.

Dalai Lama: Ja.

Frage: Woher kommt dann der Haß?

Dalai Lama: Diese Frage bedarf eigentlich einer langwierigen Erörterung. Doch die schlichte Antwort aus buddhistischer Sicht lautet, daß es da keinen Anfang gibt. Eine weitere Erklärung: Nach buddhistischer Überzeugung existieren viele verschiedene Bewußtseinsstufen. Im subtilsten Bewußtsein sehen wir den Ausgangspunkt für das vorausgehende Leben, für dieses

Leben und für künftige Leben. Dieses subtile Bewußtsein ist eine vergängliche Erscheinung, die infolge von Ursachen und Bedingungen entsteht. Die Buddhisten sind zu dem Schluß gekommen, daß die Materie kein Bewußtsein hervorbringen kann. Daher bleibt nur die Annahme, daß das Bewußtsein fortdauert. Darauf also beruht die Theorie der Wiedergeburt.

Wo es Bewußtsein gibt, entstehen notwendigerweise auch Unwissenheit und Haß. Ebenso wie die positiven zeigen sich die negativen Emotionen seit anfangloser Zeit. All diese negativen Emotionen sind Bestandteil unseres Geistes. Tatsächlich beruhen sie allerdings auf Unwissenheit, die keine haltbare Grundlage hat. Keine der negativen Emotionen, wie stark sie auch sein mag, hat ein solides Fundament. Positive Emotionen wie Mitgefühl und Weisheit hingegen verfügen über eine solche Grundlage. In gewisser Weise haben sie ihren Ursprung in der Vernunft und im Verstand, was bei störenden Emotionen wie Wut und Haß nicht der Fall ist.

Die grundlegende Natur des subtilen Bewußtseins ist neutral. Daher ist es uns möglich, all diese negativen Emotionen zu läutern und zu beseitigen. Diese grundlegende Natur bezeichnen wir als Buddha-Natur. Haß und negative Emotionen haben keinen Anfang, doch sie können ein Ende finden. Das Bewußtsein selbst hat keinen Anfang und kein Ende. Dessen sind wir gewiß.

Frage: Wie können wir beurteilen, wann eine energische Gegenmaßnahme notwendig ist, und worin wird sie bestehen? Bitte erläutern Sie uns doch, was wir aus der Art, wie Sie auf den Völkermord an den Tibetern reagieren, darüber lernen können.

Dalai Lama: Einer der Gründe für die Notwendigkeit, energische Gegenmaßnahmen zu ergreifen, wenn uns jemand Leid zufügt, ist folgender: Läßt man die betreffende Person gewähren, so besteht die Gefahr, daß sie es sich zur Gewohnheit macht, äußerst negativ zu handeln – was sich wiederum sehr destruktiv für sie selbst auswirken wird. Auf diese Weise wird sie ihren eigenen Untergang herbeiführen. Daher ist es notwendig, aus Mitgefühl oder Anteilnahme dem entgegenzuwirken. Wenn diese Einsicht Sie motiviert, wird Ihre Anteilnahme zu einem Beweggrund für die energischen Gegenmaßnahmen, die Sie ergreifen.

Bei unserem Umgang mit der chinesischen Staatsführung waren wir immer bestrebt, negative Emotionen zu vermeiden. Ganz bewußt legen wir großen Nachdruck darauf, uns nicht von unseren Emotionen übermannen zu lassen. Stellt sich auch nur das geringste Anzeichen dafür ein, daß ein Gefühl von Wut aufkommt, halten wir daher bewußt inne und versuchen es zu überwinden, um dann den Chinesen bewußt Mitgefühl entgegenzubringen.

Einer unserer Beweggründe, mit einem Menschen, der ein Verbrechen begeht, beziehungsweise mit einem Aggressor Mitgefühl zu empfinden, ist hierin zu suchen: Da der Aggressor ein Verbrechen begeht, steht die betreffende Person im Begriff, die Ursachen und Bedingungen anzusammeln, die später zu unerwünschten Konsequenzen führen. Unter diesem Gesichtspunkt gibt es Veranlassung genug, dem Aggressor Mitgefühl entgegenzubringen.

In unserem Umgang mit den Chinesen versuchen wir uns von solchen Erwägungen leiten zu lassen. Und Sie haben recht, man kann dies als Beispiel dafür anführen, wie man mit Haß und Aggression umgehen sollte. Zugleich verlieren wir niemals aus den Augen, wie wichtig es ist, fest zu unseren Grundsätzen zu stehen und energisch die Gegenmaßnahmen zu ergreifen, die notwendig sind.

Frage: Gehe ich gegen Haß an, so scheint dies, selbst wenn ich keinen Haß empfinde, den Haß des anderen zu vergrößern. Was kann ich da tun?

Dalai Lama: Ich denke, das ist eine sehr gute Frage. In solchen Fällen müssen wir je nach Situation aus dem Augenblick heraus entscheiden. Dies erfordert Sensibilität für die jeweiligen Begleitumstände, die jeweilige Situation. In manchen Fällen, da haben Sie recht, bewirkt man möglicherweise durch energische Gegenmaßnahmen nur, daß die andere Person noch stärkere Wut und stärkeren Haß empfindet – mag man auch selbst keinen Haß empfinden. In diesem Fall ist es vielleicht möglich, die Dinge geschehen zu lassen, ohne eine energische Gegenmaßnahme zu ergreifen.

Allerdings müssen Sie hier in Betracht ziehen, welche Konsequenzen Ihre Reaktion nach sich zieht. Besteht die Gefahr, daß die andere Person die schlechte Gewohnheit entwickelt, künftig dasselbe – auf lange Sicht destruktive – Verhaltensmuster zu wiederholen, dann mag eine energische Gegenmaßnahme angebracht sein. Würde hingegen eine energische Gegenmaßnahme die Situation weiter zuspitzen und die Wut und den Haß der anderen Person noch vergrößern, so verlangt die Situation vielleicht danach, daß man losläßt, sie geschehen läßt und keine energische Gegenmaßnahme ergreift. Man benötigt also eine Sensibilität für die jeweilige Situation.

Das steht voll und ganz im Einklang mit einem buddhistischen Grundsatz: In eigener Sache sollte man nur wenige Verpflichtungen übernehmen. In jenen Dingen, die für das Gemeinwohl von Belang sind, sollte man hingegen möglichst stark engagiert sein.

Frage: Warum macht Wut so viele positive Handlungen zunichte? Warum macht nicht ein Augenblick der Wut einen dementsprechenden Augenblick positiven Verhaltens zunichte? Vielleicht deshalb, weil man für jenen Augenblick des Glücks über Äonen hinweg positives Verhalten an den Tag gelegt haben muß und die Wut es nicht zuläßt, daß man sich an jenem Augenblick erfreut?

Dalai Lama: Die Frage, warum sich dies so verhält, ist sehr schwer zu beantworten. Bei diesen Dingen würden Buddhisten wahrscheinlich von «zutiefst verborgenen Erscheinungen» sprechen. Gewöhnlich unterteilt man im Buddhismus, wenn von der Natur der Wirklichkeit und der Gegenstände, die wir untersuchen, die Rede ist, sämtliche Erscheinungen in drei Kategorien. Die eine Kategorie umfaßt all die Dinge und Geschehnisse, die klar ersichtlich sind, für unsere Sinneswahrnehmung offen zutage liegen. Dann gibt es eine zweite Ebene der Erscheinungswelt, auf der die Dinge und Geschehnisse nicht so klar ersichtlich und offenkundig zu sein scheinen; doch kann man sie auf dieser Ebene mittels Schlußfolgerung verstehen beziehungsweise erkennen. Ein Beispiel dafür ist die Einsicht in die Natur der Leerheit: Sie ist keineswegs klar ersichtlich; indem Sie von Ihren analytischen Fähigkeiten Gebrauch machen, können Sie jedoch den Schluß ziehen, daß die Erscheinungswelt ihrer Natur nach Leerheit ist. Ebenso können Sie die flüchtige oder unbeständige, von Augenblick zu Augenblick sich verändernde Natur der Erscheinungen durch Schlußfolgerungen verstehen. Die dritte Ebene der Erscheinungswelt bezeichnet man mit dem Ausdruck «zutiefst verborgene Erscheinungen».

Nun zu der eben gestellten Frage: Wenn man einem Bodhisattva gegenüber Wut und Haß an den Tag legt, können durch einen einzigen Augenblick voller Wut oder Haß die positiven Handlungen, die man im Laufe von Äonen angesammelt hat, zunichte gemacht werden. Derartige Phänomene lassen sich nicht logisch beziehungsweise durch Schlußfolgerung verstehen. Sie sind nicht klar ersichtlich oder offenkundig. Wir können lediglich im Vertrauen auf das, was die Schriften bezeugen, akzeptieren, daß sie so beschaffen sind. Wenn wir hier davon sprechen, auf das Zeugnis der Schriften oder deren Autorität zu vertrauen, so ist damit nicht irgendeine Schrift gemeint. Damit Schriften Autorität beanspruchen können, müssen sie ganz bestimmte Merkmale aufweisen.

An dieser Stelle ist es wichtig zu verstehen, welches Verhältnis Buddhisten zu den verschiedenartigen Schriften und zu deren Autorität haben. Innerhalb der buddhistischen Überlieferung gibt es etwa die Lehrmeinung der Vaibhashika-Schule. Sie vertritt den Standpunkt, bei den Schriften handele es sich um die gültigen Lehren von Buddha Shakyamuni, dem historischen Buddha, und man könne sie unbesehen akzeptieren. Folglich läßt sich nach Auffassung der Vaibhashikas keine Unterscheidung treffen zwischen maßgeblichen Schriften, die man unbesehen akzeptieren kann, und anderen Schriften, für die das nicht gilt. Sämtliche Mahayana-Schulen hingegen vertreten die Auffassung, man müsse zwischen verschiedenen Arten von Schriften unterscheiden können: Bestimmte Schriften könne man buchstäblich verstehen, unbesehen akzeptieren und als maßgeblich ansehen. Andere Schriften hingegen könne man nicht buchstäblich verstehen, sie seien vielmehr auslegungsbedürftig.

So erhebt sich nun die Frage, wie wir feststellen können, ob eine bestimmte Schrift als maßgeblich anzusehen und buchstäblich zu verstehen ist. Müssen wir uns dazu auf eine andere Schrift stützen, so ist dies ein Prozeß *ad infinitum*. Denn dann wäre wiederum eine andere Schrift erforderlich, die ihrerseits einer weiteren Autorität bedürfte, und so weiter.

Letzten Endes fällt diese Autorität der menschlichen Vernunft und Urteilskraft zu. Den Unterschied zwischen einer maßgeblichen Schrift und einer nicht buchstäblich zu verstehenden, auslegungsbedürftigen Schrift ermittelt man durch Überlegung und durch den Gebrauch der Urteilskraft.

Wie können wir dann aber die Zuverlässigkeit einer Schrift feststellen, in der von Phänomenen aus der Kategorie der zutiefst verborgenen Erscheinungen die Rede ist?

Ich habe bereits darauf hingewiesen, daß man lediglich im Vertrauen auf die Autorität der Schrift oder das Zeugnis des Buddha ihre Verbindlichkeit akzeptieren kann. Dazu muß man ermitteln, wie zuverlässig der betreffende Lehrer ist, in diesem Fall der Buddha. Erneut tun wir dies nicht durch Bezugnahme auf eine Schrift, sondern dadurch, daß wir die Worte des Buddha überprüfen: seine Lehren in bezug auf jene Erscheinungen, die man durch Vernunftgebrauch, durch Schlußfolgerung verstehen kann – etwa seine Darlegung des Weges, seine Darlegung der letztendlichen Natur der Wirklichkeit, und so weiter.

Indem Sie die Stichhaltigkeit seiner Darlegung in diesen Punkten feststellen, können Sie sich davon überzeugen, daß er ein zuverlässiger Lehrer ist. Ferner sollte man die betreffende Schrift auch auf eventuelle innere Unstimmigkeiten oder Widersprüche überprüfen. Danach können Sie dann die Aussage des Buddha in dem Punkt, um den es hier geht, beherzigen.

Frage: Wie können wir unseren Kindern Geduld beibringen? Wie sollten wir bei ihnen auf Wut reagieren?

Dalai Lama: Zu der Frage, wie wir unseren Kindern Geduld beibringen können: Welchen Wert und welche Bedeutung Geduld hat, läßt sich einem Kind mit Worten nur schwer vermitteln. Entscheidend ist hier, daß wir mit gutem Beispiel vorangehen. Verlieren Sie selbst schon bei der leisesten Herausforderung die Geduld und versuchen sich dann Kindern gegenüber als Lehrer, indem Sie sagen: «Du mußt geduldig sein, Geduld ist wichtig«, so werden Sie nichts ausrichten können.

Wie Sie auf Wut bei Kindern reagieren sollten, kann ich nur schwer sagen. Doch viele allgemeingültige Grundsätze, die in diesem Text umrissen werden und die Ihnen nahebringen, wie man Geduld entwickelt, lassen sich auch unter solchen Umständen anwenden.

Frage: Welche Techniken kann man benutzen, um Wut oder Haß zu zerstreuen, wenn sie aufkommen?

Dalai Lama: Hierfür ist es erforderlich herauszufinden, welche Umstände in dem besonderen Fall Wut oder Haß entstehen ließen. Davon machen Sie Ihre Reaktion abhängig und gehen mit diesen Emotionen entsprechend um. Allerdings besteht auch ein Bezug zu den Übungen, mit denen sich die betreffende Person im täglichen Leben befaßt. Doch darauf werde ich später noch zu sprechen kommen.

Frage: Wie kann ein Bodhisattva eine energische Gegenmaßnahme ergreifen, wenn doch Geduld im Extremfall eine Schwäche ist?

Dalai Lama: Hier liegt womöglich ein Mißverständnis vor. Man sollte nicht meinen, ein Bodhisattva sei ein schwacher Mensch. Tatsächlich kann man sehen, daß Bodhisattvas höchst mutige Wesen sind. Überaus entschlossen halten sie an ihren

Grundsätzen fest. Auch nach herkömmlichen Maßstäben betrachten wir Menschen, die wissen, was sie wollen, und sich nicht brüskieren lassen, die stets sogleich die Initiative ergreifen und standhaft sind, als mutig und energisch, als charakterstark. Bodhisattvas sind also Wesen, die das Gelübde abgelegt beziehungsweise die feste Absicht entwickelt haben, gegen die Übel anzugehen, die im Geist aller empfindenden Wesen anzutreffen sind. Dieses Ansinnen ist in gewisser Weise eine Vermessenheit; es beruht jedoch auf einer sehr vernünftigen Überlegung. Und es ist zwar vermessen, aber nicht in einer negativen Weise.

Wenn wir die von Bodhisattvas verfaßten Wunschgebete lesen – beispielsweise das zehnte Kapitel von «Eintritt in den Weg zum Erwachen», das «Widmungs»-Kapitel –, so stellen wir fest, daß Bodhisattvas zahlreiche Zielsetzungen haben, die sie nicht alle wirklich in die Tat umsetzen können. Dessenungeachtet behalten sie diese Ziele im Auge und streben sie weiter an. Deshalb sind sie für mich Helden. Meiner Meinung nach sind sie empfindende Wesen mit sehr, sehr großem Mut. Ich sehe darin ganz und gar keine Schwäche. Von solcher Art ist die Haltung der Bodhisattvas, und sie sind ganz bestimmt dazu imstande, energische Gegenmaßnahmen zu ergreifen, falls dies notwendig wird.

Frage: Wenn wir das durch unsere Übungen erworbene Verdienst den anderen Wesen gewidmet haben, kann es dann noch dadurch zunichte gemacht werden, daß wir in Wut geraten oder Haß empfinden?

Dalai Lama: Kommt zu dieser Widmung als zusätzlicher Faktor ein starkes Streben nach Erleuchtung hinzu, wird sie also durch Bodhichitta ergänzt, durch selbstloses Streben und durch die wirkliche Einsicht in die leere Natur der Erscheinungen, dann wird das Verdienst natürlich nicht mehr in jenem Bereich bleiben, in dem es zunichte gemacht werden könnte, und so wird es geschützt sein.

Die Widmung ist ein sehr wichtiges Element der Praxis auf dem buddhistischen Weg. Wenn Maitreya im «Schmuck der klaren Erkenntnis» darlegt, wie man die Widmung angemessen vornimmt, betont er die Bedeutung einer starken Bodhichitta-Motivation. Bei der Widmung des Verdienstes muß man sehr stark von Bodhichitta motiviert sein, und man widmet sein Verdienst dem Wohlergehen aller empfindenden Wesen. Außerdem sollte man sich während der Widmung über die leere Natur der Erscheinungen, über ihre illusionsgleiche Natur im klaren sein. Nach dem Widmen des Verdienstes sollte es durch die Erkenntnis «versiegelt» werden, daß derjenige, der diese Widmung vornimmt, seinem Wesen nach leer ist und daß auch der eigentliche Vorgang der Widmung ebenso wie ihr Gegenstand ihrem Wesen nach leer sind. Dies nennt man «durch die drei Sphären versiegelt sein». Mit dieser Praxis des Widmens kann man also das Verdienst schützen.

Damit die Dharmapraxis wirksam und kraftvoll ist, genügt es nicht, sich nur auf einen einzigen Aspekt zu konzentrieren. Zur Ergänzung benötigt man zahlreiche weitere Elemente – die Elemente der Weisheit, der Widmungen und so weiter. Dies gilt insbesondere für den Weg des Mahayana.

Die Entstehung und die Überwindung von Leid

Sprechen wir über Freundschaft, so können wir grundsätzlich zwei Arten unterscheiden. Manche Freundschaften sind keine echten Freundschaften – diejenigen beispielsweise, die auf dem Reichtum, der Macht oder der gesellschaftlichen Stellung eines Menschen basieren. In diesem Fall bleibt man nur so lange befreundet, wie auch die Basis, auf der die Freundschaft beruht, Bestand hat – eben Reichtum, Macht oder gesellschaftliche Stellung. Entfallen diese Grundlagen, so beginnt auch die Freundschaft brüchig zu werden.

Auf der anderen Seite haben wir die wahre Freundschaft, die auf wahrhaft menschlichem Empfinden beruht, einer Empfindung von Nähe, in der man Anteilnahme und Verbundenheit spürt. Diese Art von Freundschaft möchte ich als wahre Freundschaft bezeichnen, weil sie unberührt davon bleibt, ob der Reichtum, der gesellschaftliche Status oder die Macht der betreffenden Person zu- oder abnimmt. Entscheidend für die Aufrechterhaltung dieser Freundschaft ist die Frage, ob die beiden Menschen einander Gefühle der Liebe und Zuneigung entgegenbringen oder nicht. Fehlt es an Liebe und Zuneigung, wird sich keine wahre Freundschaft aufrechterhalten lassen. Das liegt auf der Hand.

(4) Ein Herr, der Haß in sich trägt,
läuft Gefahr, sogar von jenen getötet zu werden,
deren Wohlstand und Glück
von seiner Güte abhängen.

(5) Durch Wut werden Freunde und Verwandte entmutigt.
Meine Großzügigkeit zieht sie an, gleichwohl werden sie
mir nicht trauen.
Kurzum, es gibt niemanden,
der mit Wut glücklich leben kann.

(6) Unser Feind, die Wut,
ruft also solches Leid hervor.
Wer sie jedoch beharrlich überwindet,
wird jetzt und dereinst Glück finden.

Die sechste Strophe stellt den Wert und die Vorzüge von Nachsicht und Geduld heraus. Je intensiver man sich auf die zerstörerischen Wirkungen von Wut und Haß sowie auf die vorteilhaften Wirkungen von Nachsicht und Geduld besinnt und je größere Klarheit man über beides gewinnt, um so mehr wird man wütenden und haßerfüllten Gedanken gegenüber auf der Hut sein und sich von ihnen distanzieren. Infolgedessen wird man eine Neigung entwickeln, Nachsicht und Geduld zu empfinden. Dies allein schon wird eine bedeutsame Auswirkung auf den eigenen Geist haben. Mit wachsender Begeisterung wird man daran arbeiten, zu mehr Nachsicht und Geduld fähig zu sein, und wird sich auch tatsächlich stärker in Geduld üben.

Sobald die Begeisterung für die Praxis diese Stufe erreicht hat, sollte man sich bemühen, sie auch wirklich in die Tat umzusetzen, das heißt, Nachsicht und Geduld zu stärken. Die hierbei angewandte Technik besteht darin, zunächst die ursächlichen Umstände und Bedingungen, die Wut und Haß aufkommen lassen, ausfindig zu machen und zu untersuchen. Dies entspricht weitestgehend dem Vorgehen, wie man gemeinhin im Buddhismus Probleme und schwierige Situationen handhabt.

Zum Beispiel sieht man im Buddhismus das Kausalitätsprinzip als Naturgesetz an. Um der Realität gerecht zu werden, muß man diesem Gesetz Rechnung tragen. Vielleicht machen wir im Alltag bestimmte, für uns unliebsame Erfahrungen und wollen sicherstellen, daß sie sich nicht wiederholen. Dies können wir am besten erreichen, indem wir die Bedingungen, durch die sie normalerweise hervorgerufen werden, nicht mehr entstehen lassen. Das gleiche gilt im umgekehrten Fall, wenn man wünscht, ein bestimmtes Ereignis oder Erlebnis möge eintreten. Logischerweise sollte man dann am besten herausfinden, durch welche Ursachen und Bedingungen man es bewirken könnte, und diese dann herbeiführen.

Für geistige Zustände und Erfahrungen gilt dies ebenso. Wünscht man sich eine bestimmte Erfahrung, so sollte man herausfinden, durch welche Ursachen sie zustande kommt. Und wenn man eine bestimmte Erfahrung, Schmerz oder Leid etwa, nicht zu machen wünscht, sollte man dafür Sorge tragen, daß die Bedingungen, durch die sie zustande kommt, nicht mehr eintreten.

Es ist sehr wichtig, sich über dieses Kausalprinzip im klaren zu sein. Hat man den Wunsch entwickelt, Wut und Haß bei sich zu verringern und zu überwinden, so genügt es nicht, lediglich zu wünschen oder zu beten, daß keine Wut und kein Haß mehr aufkommen, oder einfach zu beten, daß sie verschwinden mögen. Auf diese Weise schafft man es nicht. Versucht man außerdem erst dann, etwas zu unternehmen, wenn Wut und Haß sich schon breitgemacht haben, so wird dies kaum viel bewirken können. Denn in diesem Augenblick wird der Geist aufgrund der Wut oder des Hasses ja bereits von heftiger Erregung erfaßt. In dem Augenblick, in dem man beinahe schon außer Kontrolle geraten ist, noch etwas gegen das Aufsteigen dieser Emotionen unternehmen zu wollen ist ein wenig töricht.

Die allerbeste Methode besteht also darin, herauszufinden, welche Umstände normalerweise Wut und Haß aufkommen lassen.

(7) Genährt von der Bekümmerung darüber,
daß mir verwehrt ist, was ich mir wünsche,
und daß ich tue, was ich nicht will,
wächst der Haß an, um mich dann zu zerstören.

Diese Strophe besagt, der Umstand, durch den Wut oder Haß genährt werden, sei – in dieser Übersetzung – ein bekümmerter Geisteszustand. Ich meine allerdings, ein «unzufriedener» Geisteszustand, Unzufriedenheit, wäre hier vielleicht ein zutreffenderer Ausdruck. Ein nagendes Empfinden der Unzufriedenheit, des Mißbehagens, das Gefühl, daß etwas nicht in Ordnung ist – dies ist der Nährstoff von Wut und Haß. Man sollte zu verhindern suchen, daß dieser Nährstoff zur Verfügung steht, daß dieses Gefühl der Unzufriedenheit und des Mißbehagens aufkommt. Im allgemeinen entsteht diese Unzufriedenheit bei uns dann, wenn wir das Gefühl haben, daß entweder wir selbst, jemand, den wir lieben, oder ein guter Freund von uns unfair behandelt oder bedroht wird, daß andere Menschen uns oder guten Freunden gegenüber ungerecht sind. In dem Augenblick kommt dieses Gefühl der Unzufriedenheit oder des Mißbehagens auf. Auch wenn andere uns daran hindern, etwas zu erreichen, haben wir das Gefühl, gedemütigt zu werden, und das macht uns wütend.

Man setzt hier also an der Wurzel an: Man macht sich den kausalen Zusammenhang klar, die Kausalkette, an deren Ende die Entladung in einem emotionalen Zustand wie Wut oder Haß steht. Der Leitgedanke dabei ist, diesem Vorgang frühzeitig Einhalt zu gebieten, statt zu warten, bis die Wut oder der Haß vollauf in Erscheinung treten. Will man zum Beispiel, daß ein Fluß nicht mehr fließt, so begibt man sich am besten an die Quelle, um diesbezüglich etwas zu unternehmen, ihn zum Beispiel umzuleiten oder etwas Ähnliches.

(8) Darum sollte ich diesem Feind
voll und ganz jede Nahrung entziehen.
Denn nichts anderes tut dieser Feind,
als mir Leid zuzufügen.

«Feind» meint hier den inneren Feind, der unser wirklicher und größter Feind ist – Haß. Dieses Haßempfinden macht nicht nur unsere unmittelbar zuvor noch vorhandene Gelassenheit und Geistesruhe zunichte, sondern stürzt uns auch in einen Zustand der Verwirrung. Er bringt uns in eine äußerst verzwickte Situation, in der wir unablässig mit Verwirrung, Problemen und Hindernissen konfrontiert sind.

Hier wird also gesagt, daß dieser innere Feind nichts anderes tut, als uns Leid zuzufügen. Er richtet uns zugrunde, jetzt und in Zukunft.

Bei einem gewöhnlichen Feind ist das durchaus nicht so. Zwar mag ein Mensch, den wir als Feind betrachten, uns durch seine Handlungen Leid zufügen. Doch zumindest hat sie oder er noch etwas anderes zu tun: Dieser Mensch muß essen, dieser Mensch muß schlafen. Sie oder er hat also noch viele andere Aufgaben zu erledigen und kann sich daher nicht 24 Stunden am Tag damit befassen, uns zugrunde zu richten. Haß hingegen hat nichts anderes zu tun, erfüllt keinen anderen Zweck, als uns zugrunde zu richten. Indem man sich dies klarmacht, sollte man sich mit großer Entschlossenheit darin üben, daß man diesem Feind, dem Haß, niemals eine Chance gibt, sich zu erheben.

Wenn man sich mit dem Haß auseinandersetzt, könnte einem etwa folgender Gedanke kommen: «Haß ist Bestandteil meines Geistes, ein Teil meiner Psyche. Wie ist es dann möglich, daß ich gegen einen Bestandteil meines Geistes anzukämpfen versuche?» Hier ist es gut zu wissen, daß der menschliche Geist nicht nur kompliziert, sondern auch sehr geschickt ist. Er ist in der Lage, vielerlei Möglichkeiten ausfindig zu machen, mit schwierigen Situationen umzugehen, und er kann sich unterschiedliche Standpunkte zu eigen machen.

Zum Beispiel gibt es in dem buddhistischen Text mit dem Titel «Schmuck der klaren Erkenntnis» eine besondere Meditation mit Bezug auf die erste Edle Wahrheit, die Wahrheit vom Leid. In dieser Meditation betrachtet man den eigenen Körper als Feind und läßt sich dann auf eine Art Dialog mit ihm ein. In Zusammenhang mit der Bodhichitta-Praxis, in der man die altruistische Haltung bestärkt, tritt man bei einer Art Meditation ebenfalls in einen Dialog ein: einen Dialog, den man als Praktizierender mit der eigenen Ich-Zentriertheit – einem Ich, das die Ich-Zentriertheit verkörpert – führt. Obgleich Haß und Wut Bestandteile des eigenen Geistes sind, kann man sich in ähnlicher Weise auf ein Unterfangen einlassen, bei dem man Wut und Haß als Objekte behandelt, die man bekämpft.

Auch im Alltag befinden wir uns häufig in Situationen, in denen wir uns selbst Vorwürfe machen. Wir sagen etwa: «Oh, an dem und dem Tag habe ich mich aber gehenlassen.» Dann ist man auf sich selbst wütend. In Wirklichkeit gibt es aber gar keine zwei voneinander unterscheidbare Ichs. Es existiert nur das Kontinuum des einen Individuums. Dessenungeachtet macht es Sinn, Selbstkritik zu üben. Dabei findet ebenfalls eine Art Dialog statt. So etwas kennen wir alle aus eigener Erfahrung. Obgleich es in Wirklichkeit nur das eine Kontinuum des betreffenden Individuums gibt, nimmt man zwei unterschiedliche Standpunkte ein. Man übt Selbstkritik, indem man etwa sagt: «Da habe ich unrecht getan.» Und: «Das war nicht gut.» Das Ich, das Kritik gibt, tut dies vom Standpunkt der Gesamtperson aus. Und das kritisierte Ich ist ein Ich aus dem Gesichtswinkel eines speziellen Erlebnisses oder Geschehnisses. Daraus wird ersichtlich, daß wir die Möglichkeit haben, uns auf uns selbst – von Ich zu Ich – zu beziehen.

An dieser Stelle hilft es vielleicht, sich auf die unterschiedlichen Aspekte zu besinnen, die unsere persönliche Identität ausmachen. Nehmen wir zum Beispiel einen tibetischen Mönch. Dieser Mönch kann eine sehr persönliche Identität daraus beziehen, daß er Mönch ist: «Ich, ein Mönch.» Darüber hinaus kann er auf einer anderen Ebene für diese persönliche Identität weniger sein Mönchsdasein in Betracht ziehen, sondern eher seine ethnische Herkunft aus Tibet. Insofern kann er sagen: «Ich, ein Tibeter.» Abermals auf einer anderen Ebene kann diese Person eine weitere Identität haben, für die sein Mönchsdasein und seine ethnische Herkunft vielleicht gar keine Rolle spielen. Er kann denken: «Ich, ein Mensch.»

Man kann also die persönliche Identität jedes Menschen aus unterschiedlichen Perspektiven betrachten. Dies zeigt, daß wir ein und dasselbe Phänomen, auf das wir begrifflich Bezug nehmen, aus vielen verschiedenen Gesichtswinkeln erfassen können. Doch normalerweise gehen wir da eher ziemlich selektiv vor. Wir konzentrieren uns auf einen bestimmten Gesichtspunkt, auf einen bestimmten Aspekt des Phänomens und erfassen es unter einem bestimmten Blickwinkel.

(9) Was auch immer mich heimsuchen mag,
meinen freudvollen Geisteszustand soll es nicht trüben.
Bin ich nämlich bekümmert, werde ich nicht erreichen,
 was ich mir wünsche,
und meine Verdienste werden zur Neige gehen.

Da wir uns in Geduld üben, legen wir – wie die neunte Strophe zum Ausdruck bringt – ein Gelöbnis ab: «Was auch immer mich heimsuchen mag, meinen freudvollen Geisteszustand soll es nicht trüben.»

Mit dem freudvollen Geisteszustand ist ein Zustand der Gelassenheit und Stabilität gemeint, das Gegenteil von Unzufriedenheit, einem bekümmerten Geisteszustand. Ist der Geist bekümmert und unzufrieden, wird man nicht erreichen können, was man sich wünscht. Aus diesem Grund faßt man den Vorsatz, den freudvollen Geisteszustand durch nichts trüben zu lassen. In gewisser Weise ist es also ziemlich sinnlos, bekümmert und unglücklich zu sein. Außerdem ist es destruktiv: Büßen wir nämlich den freudvollen Geisteszustand und die Geistesstabilität ein, so bringen uns die daraus erwachsenden Situationen, in denen Wut und Haß entstehen, um das angesammelte Verdienst.

(10) Warum über etwas bekümmert sein,
dem man abhelfen kann?
Und gibt es keine Abhilfe,
was nutzt es da, sich zu bekümmern?

Hier nennt Shantideva einen weiteren Grund dafür, daß man es vermeiden sollte, bekümmert zu sein: Ist die Situation beziehungsweise die Natur des Problems so beschaffen, daß man für Abhilfe sorgen kann, dann besteht keine Notwendigkeit, ärgerlich oder bekümmert zu sein. Ist die Situation hingegen von der Art, daß sich gegen das Problem oder die Schwierigkeit nichts ausrichten, daß sich keine Lösung herbeiführen läßt, dann macht es ebensowenig Sinn, ärgerlich oder bekümmert zu sein.
In der elften Strophe sagt Shantideva, durch welche Umstände normalerweise ein Empfinden der Unzufriedenheit und der Bekümmerung entsteht. Sie lautet:

> (11) Mir und meinen Freunden
> soll kein Leid widerfahren, keine Geringschätzigkeit,
> keine groben Worte und nichts Unerfreuliches.
> Wenn es um meine Feinde geht, verhält es sich hingegen gerade umgekehrt.

Diese Strophe sagt etwas über die acht weltlichen Belange aus. Eine weltliche Haltung bringt es in der Regel mit sich, daß man sich beglückt fühlt, wenn gewisse angenehme Dinge eintreten, und bekümmert, wenn etwas fehlschlägt. Wir fühlen uns beglückt, wenn man uns lobt, und bekümmert oder unglücklich, wenn man uns beleidigt oder uns üble Dinge nachsagt. Ebenso fühlen wir uns beglückt, wenn wir die materiellen Dinge erhalten, die wir haben möchten, und bekümmert, wenn wir sie nicht erhalten. Auch fühlen wir uns beglückt, wenn wir berühmt werden, und bekümmert, wenn unser Ruf Schaden nimmt. Das sind unsere natürlichen Empfindungen in bezug auf diese acht weltlichen Belange. Und entsprechend empfinden wir auch, wenn diese Dinge unseren guten Freunden, Familienmitgliedern oder jemandem, den wir lieben, widerfahren.

Hingegen gilt das nicht, wenn diese Dinge einem Feind widerfahren. In dem Fall verhält es sich genau umgekehrt. Wir sind gar nicht glücklich, wenn solch ein Mensch im Leben Erfolg hat, und wir sind beglückt, wenn seine Glückssträhne endet. Wir sind gar nicht glücklich, wenn sie oder er berühmt wird, und beglückt, wenn ihr oder sein Stern sinkt. So ist gewöhnlich unsere Einstellung.

Dies macht unsere natürliche Tendenz deutlich, an Leid, Unglück und Problemen keinen Gefallen zu finden und ganz selbstverständlich nach Freude, Vergnügen und Glück zu streben. Da aber gerade in Zusammenhang mit dieser natürlichen Tendenz jenes Empfinden von Unzufriedenheit und Bekümmerung zutage tritt, weist Shantideva darauf hin, daß unsere Einstellung dem Leid gegenüber vielleicht der Veränderung bedarf. Leid ist möglicherweise gar nicht so schlimm, wie wir glauben.

Infolgedessen ist es wichtig, die buddhistische Grundhaltung bezüglich dieser gesamten Frage nach dem Stellenwert von Leid zu verstehen. Als erstes hat Buddha in seinen öffentlichen Belehrungen vier Grundsätze erläutert: die Vier Edlen Wahrheiten. Deren erste ist die Wahrheit vom Leid. Bei dieser Belehrung macht er uns mit großem Nachdruck die leidvolle Natur des Daseins einsichtig. Über das Leid nachzudenken ist deshalb so wichtig, weil uns ein Ausweg offensteht. Wir haben eine Alternative, denn wir können von Leid frei sein. Eben deshalb ist es von so grundlegender Bedeutung, uns über die leidhafte Natur des Daseins klarzuwerden. Bestünde hingegen keine Hoffnung, gäbe es nicht diese Möglichkeit, von Leid frei zu sein, so wäre das bloße Nachdenken über das Leid lediglich ein Art morbides und ziemlich negatives Gedankenspiel.

Diesbezüglich macht Shantideva uns Mut: Damit wir uns künftig von heftigem Leid befreien können, legt er uns nahe, eine Haltung einzunehmen, die uns in die Lage versetzt, diesem höheren Ziel zuliebe momentane Entbehrungen auf uns zu nehmen.

In der zwölften Strophe heißt es dazu:

(12) Nur gelegentlich bietet sich Veranlassung, Glück zu empfinden,
die Anlässe für Leid hingegen sind äußerst zahlreich.

Wir können feststellen, daß im Leben durch eine Vielzahl von Umständen und Bedingungen Schmerz und Leid hervorgerufen werden. Vergleichsweise wenige Bedingungen hingegen lassen Empfindungen von Freude und Glück aufkommen. Da unsere Daseinswirklichkeit so beschaffen ist, tun wir gut daran, eine Haltung einzunehmen, durch die wir mehr Geduld und Nachsicht aufbringen können. Leid ist ein Bestandteil unserer Wirklichkeit, ein naturgegebenes Faktum unseres Daseins: Wir müssen es ertragen, ob wir nun wollen oder nicht. Allerdings können wir uns eine Haltung aneignen, die unser Leid erträglich macht. Es beeinträchtigt uns dann nicht so stark. Sind wir nicht imstande, dieses Maß an Leidensfähigkeit aufzubringen, wird unser Leben beschwerlich sein. Es ist dann wie eine schlimme Nacht, die gar kein Ende zu nehmen scheint.

Wächst ein Mensch in einem ausgesprochen privilegierten Umfeld auf, in materiellem Überfluß und ohne Entbehrungen, wird er vielfach derart verwöhnt, daß er nur in ganz geringem Maß Schwierigkeiten oder Entbehrungen ertragen kann. Taucht auch nur das geringste Problem auf, so weiß die betreffende Person damit nicht umzugehen. Mein nächstältester Bruder Lobsang Samten hat viele Jahre lang in den Vereinigten Staaten gelebt. Eines Tages erzählte er mir, infolge der so weitreichenden Abhängigkeit von der Elektrizität würden bei einem länger andauernden Stromausfall womöglich zahlreiche Menschen verhungern. Tiefkühltruhen, Kühlschränke, Elektroherde und so weiter machen das Leben sehr bequem. Viele Hochhäuser in den Städten verfügen über Aufzüge, und bei einem Ausfall der Stromversorgung bleiben die Aufzüge stehen. Die Bewohner der oberen Stockwerke müssen sich dann auf eine lange Meditation einrichten. Im Winter könnte es sogar sein, daß sie erfrieren. Die letzten beiden Zeilen der zwölften Strophe lauten:

> Ohne Leid gibt es keine Entsagung.
> Darum, Geist, sei fest und standhaft.

Wie wir diesen beiden Zeilen entnehmen können, ist es nicht

einfach nur wichtig, über das Leid nachzudenken. Sondern dies zu tun bringt auch großen Nutzen. Daß wir über das Leid nachdenken, ist von großer Bedeutung. Denn nur indem wir die Natur des Leids erkennen, können wir einen wirklichen Sinn für Entsagung entwickeln: ein wirkliches Verlangen, uns von dieser Fessel zu befreien.

Als praktizierender Buddhist zum Beispiel besinnt man sich nicht nur auf das Leid, das einem durch unmittelbare und offensichtliche Schmerzen widerfährt. Vielmehr auch darauf, daß die Natur des Daseins insgesamt leidvoll und unbefriedigend ist. Solange man sich unter dem Einfluß von Karma und trügerischen Vorstellungen befindet, verbleibt man in einem leidvollen und unbefriedigten Zustand. Daher können wir die offenkundigen Leiderfahrungen wie Schmerz, Entbehrungen, Verletzungen und so weiter als deutlichen Fingerzeig auf die fundamental unbefriedigende Natur unseres Daseins ansehen. Sie sind gleichsam die Wegweiser zu dieser grundlegenden Natur, unsere Gedächtnisstützen.

Wenn ich buddhistische Freunde treffe, die sich über Entbehrungen, Schmerz und Leid beklagen, sage ich hin und wieder augenzwinkernd, in gewissem Sinn müßten sie eigentlich dankbar dafür sein. Wohl ist es im Idealfall so, daß wir diese Erfahrung auch aus unseren Meditationen über das Leid beziehen könnten. Da dies aber nicht wirklich gelingen will, macht uns schließlich unser Körper darauf aufmerksam, daß wir an dieser unbefriedigenden Daseinsnatur teilhaben. Darum sollte man für diese schmerzlichen und leidvollen Erfahrungen dankbar sein.

(13) Wenn einige Asketen und Menschen aus Karnata
grundlos den Schmerz von Schnitt- und Brandwunden
aushalten,
warum bringe ich dann der Befreiung zuliebe
keine Tapferkeit auf?

Manche Menschen sind bereit, sich Entbehrungen, Schmerzen und Schwierigkeiten auszusetzen – und es geht ihnen dabei noch nicht einmal um das Erreichen letztendlicher Ziele. Warum also sollte ich, da ich doch die Befreiung von Leid erreichen will, nicht ein gewisses Maß an Entbehrung und Schmerz aushalten können?

Diese Unterweisung ist noch in zahlreichen anderen buddhistischen Texten zu finden: Einem Weisen stünde es schlecht an, etwas sehr Bedeutsames einem minderen Ziel zuliebe aufzugeben; vielmehr zeugt es von Weisheit, das Geringere eines höheren Ziels oder Zwecks wegen aufzugeben. Eine tibetische Redensart besagt, man sollte imstande sein, einhundert gehen zu lassen, wenn man dafür eintausend zurückbekommen kann. Vielleicht stimmen wir dem zu – man sollte in der Lage sein, zugunsten eines höheren Ziels etwas Geringeres zu opfern –, zweifeln aber trotzdem an unserer Fähigkeit, dies in die Tat umzusetzen. Vielleicht fühlen wir uns entmutigt, vielleicht fehlt uns die nötige Zuversicht.

Daher sagt Shantideva in der vierzehnten Strophe, man brauche nicht zu verzagen oder sich entmutigt zu fühlen. Denn bei allem, was wir tun, haben wir immer die Möglichkeit, uns die Dinge durch stetigen Umgang, durch stetiges Üben leichter und besser zugänglich zu machen.

(14) Durch vertrauten Umgang
wird ausnahmslos alles leichter.
Indem ich mich mit kleinem Leid vertraut mache,
sollte ich daher lernen, größeres Leid geduldig
hinzunehmen.

Eine bestimmte Tätigkeit oder Übung mag uns zu Beginn entmutigend schwierig vorkommen. Indem wir uns jedoch beharrlich damit abgeben und unsere Entschlossenheit bekräftigen, können wir sie leichter machen. Die Übung selbst ist nicht leichter geworden. Vielmehr hat sich unsere Einstellung und unser Geisteszustand ihr angenähert. Und darum hat sich das Erscheinungsbild des Phänomens gewandelt.

In den folgenden drei Strophen gibt Shantideva ein Beispiel

für die drei Arten von Schmerz und Leid, an die man sich gewöhnen kann, indem man mit ihnen vertraut wird und sich ihnen ständig aussetzt.

(15) Wer hat nicht bei unbedeutenden Leiden gesehen,
daß es sich so verhält;
etwa bei Schlangen- und Insektenbissen,
Empfindungen von Hunger und Durst
und solch geringfügigen Dingen wie Hautausschlägen.

(16) Ich sollte nicht ungeduldig sein
angesichts von Hitze und Kälte, Wind und Regen,
Krankheit, Knechtschaft und Schlägen.
Denn das Leid, das all dies mir zufügt, wird sonst nur noch größer.

(17) Manch einer wird beim Anblick des eigenen Blutes
besonders tapfer und unerschütterlich.
Mancher hingegen fällt schon in Ohnmacht und verliert das Bewußtsein,
wenn er das Blut von anderen erblickt.

Hier gibt Shantideva ein Beispiel für zwei Arten von Menschen: Beim Anblick von Blut, selbst des eigenen, wächst bei manchen die Berherztheit, und sie werden nur um so tapferer. Andere hingegen fallen beim Anblick von Blut – eigenem wie fremdem – in Ohnmacht und verlieren das Bewußtsein. Dieser Unterschied beruht auf Gewöhnung und stetiger Vertrautheit.

Die achtzehnte Strophe beginnt folgendermaßen:

(18) Diese (Reaktionen) gehen auf den Geist zurück,
auf seine Unerschütterlichkeit oder Furchtsamkeit.

Die nächsten beiden Zeilen fassen zusammen, worüber wir zuvor sprachen.

Mir zugefügtes Leid sollte ich darum nicht beachten
und mein Befinden nicht davon beeinträchtigen lassen.

Alles in allem haben wir eine der Methoden erörtert, mit denen wir bei uns etwas gegen Unzufriedenheit, Verdruß und eine bekümmerte Einstellung unternehmen können; und zwar dadurch, daß wir in unserer Haltung gegenüber Schmerz und Leid einen Wandel herbeiführen. Unsere gewöhnliche Haltung besteht in der ganz natürlichen Tendenz, eine totale Abneigung gegen Leid und Schmerz zu hegen. In unserer Abneigung und Unduldsamkeit gegenüber Leid und Schmerz liegt eine gewisse Heftigkeit. Indem wir uns auf die Natur des Leids besinnen und indem wir die Möglichkeit eines Einstellungswandels durch stetige Vertrautheit ins Auge fassen, verringern wir diese Heftigkeit, so daß unser Empfinden dem Leid gegenüber weniger unduldsam ist als zuvor.

Ich meine allerdings, daß sich manche dieser Überlegungen nur im richtigen Zusammenhang verstehen lassen. Dieser, hier mehr oder weniger vorausgesetzte, Zusammenhang ist der buddhistische Weg gemäß den Prinzipien, die in den Vier Edlen Wahrheiten und in den Zwei Wahrheiten dargelegt werden: Unser Ausgangspunkt, der Weg selbst und das Ergebnis, das wir auf diesem Weg ansteuern, sind der weitere Rahmen dieses Weges. Hat man diesen Gesamtzusammenhang nicht vor Augen, besteht die Gefahr, diesen Ansatz als eine ziemlich morbide Angelegenheit mißzuverstehen. Daher ist es unerläßlich, dem Zusammenhang Rechnung zu tragen.

Bei der Lektüre von buddhistischen Texten sollte man also unbedingt auf den jeweiligen Kontext achten, auf dessen Besonderheit in bezug auf andere Aspekte des buddhistischen Weges. In dieser Hinsicht gebührt, so meine ich, der tibetischen Überlieferung Hochachtung. Denn in ihr wird stets großer Wert auf eine Verbindung von Studium und praktischer Meditationsübung gelegt.

Meditation
Während dieser Meditationssitzung wollen wir unser Augenmerk auf die leidvolle Natur unseres Daseins richten, indem wir über die in jedem Augenblick vonstatten gehende Veränderung nachdenken. In jedem Augenblick vonstatten gehende Veränderung bedeutet, daß die Dinge in Bewegung sind und nie zum Stillstand kommen. Es ist sehr wichtig, sich bei der buddhistischen Meditationspraxis darüber im klaren zu sein, daß Zerfall und Auflösung der Erscheinungswelt – der Geschehnisse und der Dinge – nicht auf das Wirken eines zusätzlichen Faktors zurückzuführen sind. Vielmehr ist dabei gewissermaßen ein eingebauter Mechanismus am Werk. Dies zeigt uns, daß sämtliche Dinge und Geschehnisse dem Einfluß von weiteren Faktoren unterworfen sind. Betrachten wir eingehend unseren Körper, die Fünf Anhäufungen, so können wir erkennen, daß sie unter dem Einfluß von Unwissenheit und trügerischen Vorstellungen stehen. Solange aber die Fünf Anhäufungen unter dem Einfluß von Unwissenheit und trügerischen Vorstellungen stehen, bleibt für Freude oder Glück kein Raum. Unwissenheit ist negativ. Nichts, was dem Einfluß einer negativen Kraft unterliegt, ist aber als positiv, gut oder wünschenswert anzusehen.

Haß, der innere Feind, über den wir sprachen, und Anhaftung beziehungsweise Verlangen sind sozusagen die beiden Komplizen der Unwissenheit. Die Unwissenheit entspricht mit anderen Worten dem Premierminister oder Präsidenten. Anhaftung und Haß sind demnach seine beiden mächtigsten Minister. Gemeinsam bilden sie die «drei Geistesgifte».

Wir verbringen unser Dasein unter dem Einfluß der drei Geistesgifte. Wenn wir diesem aber erliegen, ist unser Leben ganz gewiß von Grund auf unbefriedigend. Soviel zur Meditation über das Leid. Darum geht es also eigentlich, wenn von Leid die Rede ist; nicht darum, daß jemand wegen seiner Schmerzen, seines Körpers frustriert ist. Es kommt darauf an, in die Tiefe vorzudringen und den Dingen auf den Grund zu gehen, um den Unruhestifter loszuwerden. Darin besteht die Meditation über das Leid.

Beginnen Sie damit, über die in jedem Augenblick vonstatten gehende Veränderung und ihre Ursachen nachzudenken; und dann erwägen Sie die Mängel und Nachteile von Samsara. Das ist der richtige Zugang zur Meditation.

Fragen an den Dalai Lama

Frage: Die westliche Psychotherapie ermutigt uns, Wut zum Ausdruck zu bringen. Gibt es einen angemessenen Ausdruck von Wut, möglicherweise ein Gegenstück zum Heilmittel Geduld? Was sagen Sie jenen Psychologen und Ratgebern über Wut und Haß, die erklären: «Laßt alles raus.»

Dalai Lama: Ich denke, hier müssen wir uns vor Augen halten, daß es viele unterschiedliche Situationen gibt. In manchen Fällen tragen Menschen starke Wut- und Schmerzempfindungen in sich, die auf etwas zurückgehen, das ihnen in der Vergangenheit angetan wurde – Mißbrauchserfahrungen oder ähnliches –, und diese Empfindungen haben sie in sich aufgestaut. Dazu gibt es eine tibetische Redensart: Sitzen irgendwelche Probleme im Schneckengehäuse, so bläst man sie heraus.* Mit anderen Worten: Wenn das Schneckengehäuse durch irgend etwas blockiert ist, blasen Sie es heraus, und die Sache ist bereinigt. Situationen, in denen es besser ist, Wutgefühle einfach rauszulassen und zum Ausdruck zu bringen, sind also durchaus vorstellbar.

Allerdings sind Wut und Haß im allgemeinen die Art von Emotion, die dazu neigt, sich zu verschlimmern und immer weiter zuzunehmen, wenn man nicht auf sie achtgibt und sie eindämmt. Je mehr man auf sie einwirkt, je mehr man ihnen gegenüber auf der Hut ist und ihre Kraft zu verringern sucht, desto besser.

Frage: Stehen Wut und Haß nicht in einer Verbindung zum

* Das Gehäuse der Meeresschnecke dient im tibetischen Buddhismus als rituelles Blasinstrument.

Anhaften – nicht nur an die Dinge, sondern auch an Prinzipien, an Ideologien und ganz besonders an die Identifikation mit einem dauerhaften «Ich»?

Dalai Lama: Es ist schon wahr, daß Haß und Wut letzten Endes in unserer starken und unerschütterlichen Vorstellung von einem Ich, einem dauerhaften Ego wurzeln. Sprechen wir über das Festhalten an der Vorstellung von einem Ich, einem Ego, so sollten wir allerdings generell zwischen zwei Formen von Ego unterscheiden. Bei der einen Definition geht es um eine egozentrische Einstellung: Man hält allein die eigenen Interessen für beachtenswert und bleibt den Nöten oder Empfindungen der anderen Menschen gegenüber ziemlich blind oder gleichgültig. Eine weitere Form von Ego besteht in dem Glauben an ein stetiges, dauerhaftes, greifbares «Selbst» oder «Ich». Im Anfangsstadium ergänzen diese beiden egozentrischen Einstellungen einander, und die eine verstärkt die andere. Daher sind sie in unserer Vorstellung untrennbar miteinander verknüpft.

Es kann sein, daß sich jemand mit großem Nachdruck in Bodhichitta übt – der Bestrebung, zum Wohl aller empfindenden Wesen Buddhaschaft zu erreichen. Die Fähigkeit zu selbstlosem Verhalten kann allerdings dadurch beeinträchtigt werden, daß die betreffende Person zu wenig Wert darauf legt, Einsicht in die letztendliche Natur der Wirklichkeit zu entwickeln, und diese dann mitunter aus dem Blick verliert. In solchen Fällen mag sich zwar die egozentrische Einstellung verringern, die auf selbstsüchtigen Gedanken, Geringschätzung für das Wohlergehen von anderen und für deren Empfindungen beruht. Womöglich wird man aber weiterhin an der Vorstellung eines dauerhaften Ichs festhalten. Konzentriert man sich hingegen sehr stark darauf, Einsicht in die letztendliche Natur der Wirklichkeit, Leerheit, zu entwickeln und schenkt dem Bodhichitta-Aspekt des Weges keine Beachtung, so mag sich zwar das Festhalten an einem dauerhaften, beständigen, greifbaren Ich lockern. Die selbstsüchtige, egozentrische Einstellung aber wird dann wohl weiterhin Bestand haben. So zeigt sich der Unterschied zwischen diesen beiden Formen des Ego auf einer höheren Ebene.

Deshalb ist es so wichtig, einen spirituellen Weg zur Erleuchtung einzuschlagen, der beides miteinander vereint: die geeignete Methode und Weisheit, hilfreiche Mittel und Einsicht.

Ich denke, diese Frage steht auch in Bezug zur buddhistischen Grundhaltung: Da Haß und Anhaftung letztlich auf Unwissenheit, auf eine irrige Vorstellung von der Natur der Wirklichkeit zurückzuführen sind, mißt man den besonderen Gegenmitteln gegen Wut und Haß beziehungsweise gegen Anhaftung lediglich eine begrenzte Wirkung bei. Denn sie können nur ganz speziell gegen die störenden Emotionen des betreffenden Individuums eingesetzt werden. Das Mittel gegen die Unwissenheit, gegen die trügerischen Vorstellungen jedoch hat eine umfassendere Wirksamkeit. Denn es dient nicht allein als Gegenmittel gegen die Unwissenheit, sondern auch gegen Haß und Anhaftung, da beide ja aus der Unwissenheit erwachsen.

Wenn wir also über die Vorstellung von einem Ich im Buddhismus sprechen, sollten wir unbedingt im Sinn behalten, daß es verschiedene Stufen oder Arten gibt. Manche Art von Ich-Bewußtsein wird nicht nur entwickelt, sondern auch bestärkt und gesteigert. Damit man zum Beispiel mit großer Entschlossenheit zum Nutzen aller empfindenden Wesen Buddhaschaft anstreben kann, benötigt man ein sehr starkes Selbstbewußtsein. Dieses beruht auf dem Bewußtsein, daß man mutig eine Verpflichtung eingegangen ist. Hat man diese Identität, dieses Selbstbewußtsein nicht, wird man die Zuversicht und den Mut nicht entwickeln können, die man benötigt, um dieses Ziel energisch anzusteuern.

Darüber hinaus verschafft uns die Lehre von der Buddha-Natur große Ermutigung. Denn durch sie können wir erkennen, daß uns dieses Potential innewohnt, das es uns gestattet, die angestrebte Vervollkommnung auch tatsächlich zu erreichen. Allerdings gibt es, ausgehend vom Glauben an ein dauerhaftes, festgefügtes, unteilbares Gebilde, das man als «Selbst» oder «Ich» bezeichnet, auch andere Arten von Selbstbewußtsein. Hierbei herrscht die Überzeugung, bei diesem Gebilde handele es sich um etwas ganz Konkretes oder Objektives. Dies ist eine irrige Vorstellung, die es zu überwinden gilt.

Auch innerhalb dieser irrigen Vorstellung von einem Ich können wir verschiedene Ebenen, unterschiedlich grobe Formen eines naiven Glaubens an ein dauerhaftes, beständiges, unwandelbares Ich erkennen. Gehen wir noch weiter, stoßen wir auf einen Glauben an etwas, dem eine Art ureigene Wirklichkeit, ein nicht-bedingter, nur ihm allein zukommender Status zugesprochen wird. Hier handelt es sich ebenfalls um eine irrige Vorstellung.

Ein anderes – falsches – Selbstbewußtsein beinhaltet die Tendenz, das Wohlergehen der anderen, ihre Empfindungen und ihre Rechte geringzuschätzen. Auch dieses Selbstbewußtsein gilt es abzulegen und zu überwinden. Wir sollten daher mit den Worten «Ego» oder «Ich» im buddhistischen Kontext sehr behutsam umgehen und nicht in ein rigoroses Schwarzweißdenken verfallen.

Frage: Welche Rolle spielen die zornvollen Gottheiten?

Dalai Lama: Das ist nicht einfach zu erklären. Ich denke, hier liegt die Anschauung zugrunde, daß den menschlichen Emotionen, der Wut zum Beispiel, die Kraft innewohnt, uns zu raschem Handeln zu veranlassen. Das ist, glaube ich, der Ausgangspunkt. Der Grundgedanke hinter der Vorstellung von den zornvollen Gottheiten besteht also darin, daß emotionalen Zuständen wie Wut oder anderen störenden Emotionen eine bestimmte Energie eigen ist. Erlebt man nun diesen emotionalen Zustand, so liegt darin jene Art von Energie, die den Betreffenden zu raschem Handeln befähigt – ein sehr starker Motivationsfaktor. In diesem Sinn ist die Praxis, in der man sich auf zornvolle Gottheiten bezieht, zu begreifen.

Außerdem müssen wir die buddhistische Grundhaltung diesen sogenannten störenden Emotionen gegenüber begreifen. Vom Standpunkt der Lehren aus, die nicht dem Mahayana verpflichtet sind, besteht das letztendliche Ziel in der persönlichen Befreiung aus Samsara. Dem Entwickeln von Bodhichitta wird hier keine besondere Bedeutung zugemessen. Man muß daher sämtliche negativen Handlungen von Körper, Rede und Geist aufgeben. Außergewöhnliche Umstände, unter denen sie doch statthaft wären, gibt es hier nicht. Sie *müssen* aufgegeben werden. Punkt.

Anders im Mahayana-Sutra: Das vorrangige Ziel eines Praktizierenden auf dem Bodhisattva-Weg besteht darin, anderen von Nutzen zu sein. Was die negativen Handlungen von Körper und Rede betrifft, sind aus diesem Grund gewisse Ausnahmen zulässig. Im Hinblick auf die Geistesaktivitäten gilt dies hingegen nicht, da eine nicht heilsame geistige Aktivität anderen unmöglich Nutzen bringen kann. Als Bodhisattva darf man in einer Situation, in der dies der größeren Gemeinschaft oder vielen empfindenden Wesen zum Vorteil gereicht, Anhaftung als Mittel nutzen – weniger auf dem Weg als in Ergänzung zum Weg –, anderen zu helfen. Jedoch erlaubt das Sutrayana einem Bodhisattva nicht, Haß oder Wut zu entwickeln.

Der tantrische Buddhismus beinhaltet einzigartige Meditationstechniken, die auf dem Gottheiten-Yoga beruhen – jenem meditativen Prozeß, in dem man seine gewöhnliche Wahrnehmung und seine gewöhnlichen Auffassungen auflöst und bewußt eine Identität annimmt, die vervollkommnet und göttlich ist. Vor diesem Hintergrund ist es ausnahmsweise auch erlaubt, auf dem Weg von Wut Gebrauch zu machen. In diesem Kontext werden in der tantrischen Meditation die zornigen Gottheiten eingesetzt.

Verwendet man die Energie der Wut zum Nutzen anderer, ist es natürlich viel einfacher, wenn man dazu zornvolle Gottheiten visualisiert, und nicht friedvolle.

Frage: Wenn es keine Seele gibt, worin besteht dann die Natur des Geistesstromes, der sich von Leben zu Leben reinkarniert? Wie kann solch ein Bewußtsein zu einem für sich bestehenden Gebilde werden?

Dalai Lama: Noch einmal, das hängt sehr stark davon ab, wie man den Begriff «Seele» versteht. Sieht man darin ein Kontinuum der Individualität, von Augenblick zu Augenblick, von Leben zu Leben, dann darf man sagen, daß auch der Buddhismus eine Seelenvorstellung akzeptiert. Es gibt eine Art Bewußtseinskontinuum. Von diesem Blickwinkel aus reduziert sich die Diskussion über die Existenz oder Nichtexistenz der Seele auf eine rein semantische Frage. Demgegenüber geht es in der buddhistischen Theorie der Selbst-Losigkeit, der «Nicht-Seele», um die Auffassung, daß es kein unveränderliches, dauerhaftes Selbst namens «Seele» gibt. *Das* stellt der Buddhismus in Abrede.

Der Buddhismus bestreitet nicht, daß es ein Bewußtseinskontinuum gibt. Darum stößt man auch auf einige tibetische Gelehrte, den Sakya-Meister Rendawa zum Beispiel, die akzeptieren, daß es so etwas wie ein Selbst, eine Seele gibt, *kangsak ki dak* (tib.: *gang zag gi bdag*). Ebendieses *kangsak ki dak*, das Selbst, die Person, das personale Selbst, die Identität, wird von vielen anderen Gelehrten verworfen.

Selbst unter buddhistischen Gelehrten gehen die Meinungen darüber auseinander, was genau die Natur des Selbst sei, dieses Dings oder Gebildes, das von einem Augenblick zum andern, von einem Leben zum nächsten weiterbesteht. Einige wollen es innerhalb der Fünf Anhäufungen, im Rahmen des Körper-Geist-Gefüges, angesiedelt wissen. Andere sehen darin ein Charakteristikum, das auf diesem Körper-Geist-Gefüge basiert, und so weiter.

Innerhalb der Mahayana-Überlieferung gibt es eine spezielle Richtung, die Chittamatra- oder Yogachara-Schule, die «Nur Geist»-Schule. Eine ihrer Untergruppierungen behauptet, es existiere ein besonderes, als Alaya-Vijnana bezeichnetes Bewußtseinskontinuum, und dieses sei das grundlegende Bewußtsein. Daß die Anhänger dieser Schule solch ein grundlegendes Bewußtsein postulieren, hat folgenden Grund: Gibt es so etwas wie ein Selbst, einen Bewußtseinsstrom, der sich von einem Leben zum nächsten fortsetzt, und wir suchen dann dasjenige, worauf die Ausdrücke «Selbst» oder «Ich» oder dergleichen verweisen, so muß man es ihrer Meinung nach finden können. Finden wir es nämlich nicht, werden wir zum Nihilismus tendieren. Postulieren wir hingegen ein Selbst, eine von Körper und Geist unabhängige Instanz, tendieren wir zum Absolutheitsdenken. Hätten wir das Selbst oder die Person innerhalb des Bewußtseinsstromes anzusiedeln, wäre auch dies problematisch. Denn der Buddhismus geht davon aus, daß es gewisse Daseinszustände gibt, in denen kein Bewußtsein vorhanden ist; und in diesem Augenblick gäbe es dann im Geist des Betreffenden keinen einzigen Gedanken und keinerlei Bewußtsein. Aufgrund dieser Probleme postuliert diese spezielle Schule also ein separates, als Alaya-Vijnana bezeichnetes Bewußtseinskontinuum, eine Art elementare Grundlage.

Die Chittamatrin hielten noch aus einem weiteren Grund die Existenz dieses Bewußtseinsstromes für notwendig: Wenn wir die Individualität oder Personalität allein im Kontext der sechs Bewußtseinsarten und der fünf Sinneswahrnehmungen erklären, gibt es, wie ich bereits angedeutet habe, Probleme. Im Stadium der Gedankenlosigkeit etwa existiert kein Bewußtsein; folglich gäbe es dann keine Person.

Ebenso wird im Buddhismus akzeptiert, daß es einen Zustand der direkten, intuitiven Erkenntnis von Leerheit geben kann, wenn das Bewußtsein vollkommen ungetrübt, rein und makellos geworden ist. In diesem Augenblick weist, obwohl die betreffende Person nicht vollauf erleuchtet ist, das Bewußtsein keinerlei Makel oder Verunreinigung auf. Dennoch haftet ihm unbestreitbar eine Art Befleckung an, so daß es nicht zu vollständiger Erleuchtung kommt. Diese Befleckung ist im Sinn von Prägungen oder Dispositionen aufzufassen. Wiederum hielten die Chittamatrin es daher für notwendig, diese elementare Grundlage zu postulieren – definiert als neutrales Bewußtsein, das lediglich als eine Art Speicher für die vielfältigen Prägungen dient, die die menschliche Psyche aufweist.

Frage: Auf der gesellschaftlichen Ebene münden Wut und Haß in kaltblütige Morde, die von immer jüngeren Menschen verübt werden. Welche Rolle spielt die Gesellschaft bei der Reaktion auf die Auswirkungen von Wut und Haß?

Dalai Lama: Nach meinen Empfindungen, das habe ich bereits auf der gestrigen Pressekonferenz erklärt, hat man dies eine Zeitlang vernachlässigt. Mehrere Jahrzehnte lang hat man der Bedeutung so mancher menschlicher Grundwerte keine ausreichende Aufmerksamkeit geschenkt. Und das hat zusammen mit anderen Faktoren zu jener Art von Gesellschaft geführt, in der wir uns heute wiederfinden. Man kann hier nicht mit simplen Lösungen aufwarten. Vielmehr ist für den Versuch, diesem Problem beizukommen, eine konzertierte Anstrengung von vielen verschiedenen Seiten erforderlich. Die Erziehung ist dabei zweifellos ein Hauptfaktor. Auf welche Weise wir unsere Kinder erziehen, ist höchst bedeutsam. Ich glaube, dies gilt auch für das Verhalten der Lehrer. Die Aufgabe eines Lehrers besteht nicht allein in der Weitergabe von Informationen oder Wissen, sondern auch darin, die Grundsätze vorzuleben, die wir zu vermitteln suchen. Der Art und Weise, wie die Kinder erzogen werden, kommt also große Bedeutung zu. Insbesondere sollten die Eltern mit gutem Beispiel vorangehen. So können die Kinder diese Prinzipien oder Werte ins Herz schließen. Selbstverständlich sind auch die Medien sehr stark an den Entwicklungen beteiligt.

Frage: Was können wir tun, um den Einfluß der Gier zu verringern?

Dalai Lama: Ohne Gier gäbe es keine Wiedergeburt. Für die Reinkarnation brauchen wir sie. Ich denke, wie im Fall der Wut gibt es verschiedene Arten von Gier; einige davon können positiv sein, einige negativ. Gier ist eine Form von Verlangen. Allerdings eine übertriebene Form, die auf überzogenen Erwartungen basiert.

Das wahre Gegenmittel hierfür ist Zufriedenheit. Für einen praktizierenden Buddhisten, für jemanden, der sich im Dharma übt, können zahlreiche Übungen eine Art Gegengewicht zur Gier bilden – zu erfassen, welchen Wert das Streben nach Befreiung beziehungsweise das Freisein von Leid hat; die grundlegend unbefriedigende Natur unseres Daseins zu erkennen, und so weiter. Die Wirklichkeit so zu betrachten hilft dem Betreffenden, der Gier entgegenzuwirken. Eine Möglichkeit, unmittelbar auf Gier reagieren zu können, besteht darin, deren Auswüchse zu bedenken – was sie bei einem Menschen bewirkt, wohin sie führt. Gier führt dazu, daß man Frustration, Enttäuschung, Konfusion verspürt und viele Probleme hat.

Wenn einem die Gier zu schaffen macht, kommt ein entscheidendes Merkmal zum Vorschein. Zwar erwächst sie aus dem Verlangen, etwas zu bekommen. Doch wenn man es bekommen hat, ist sie nicht zufriedengestellt. Sie wird daher grenzenlos, und das führt zu Problemen. Das Interessante an der Gier ist: Ihr liegt zwar das Motiv zugrunde, Befriedigung zu finden. Doch – wie ich schon andeutete – wenn man das Objekt erhalten hat, nach dem es einen verlangt, ist man immer noch nicht zufrieden. Empfindet man hingegen starke Zufriedenheit, spielt es keine Rolle, ob man das Objekt tatsächlich erhält. Zufrieden ist man in jedem Fall.

Frage: Welcher Zusammenhang besteht zwischen Achtsamkeit und Geduld beziehungsweise zwischen Demut und Geduld?

Dalai Lama: Will man einer Übung nachgehen, so ist es grundsätzlich erforderlich, sich achtsam zu verhalten. Denn Achtsamkeit wird als eine Fähigkeit definiert, die es uns gestattet, die Aufmerksamkeit auf einen Gegenstand unserer Wahrnehmung gerichtet zu halten. Unabhängig davon, ob es nun um Geduld oder um etwas anderes geht: Diese Übung erfordert, daß wir unsere Aufmerksamkeit auf sie richten. Also müssen wir achtsam sein.

Auch zwischen Demut und Geduld besteht eine sehr enge Beziehung. Denn demütig zu sein bedeutet, daß man zwar sehr wohl zur Vergeltung fähig ist, jedoch beschlossen hat, dies nicht in die Tat umzusetzen. Wenn man will, kann man jemandem die Stirn bieten, eine aggressive Haltung einnehmen. Doch obwohl man dies vermag, entscheidet man sich dafür, es nicht zu tun. Das bezeichne ich als wahre Demut. Hat man das Gefühl, hilflos oder handlungsunfähig zu sein, so würde ich nicht von wahrer

Demut sprechen, da man dann gar keine andere Wahl hat, als einzulenken.

Entsprechend kann es auch unterschiedliche Formen von Nachsicht oder Geduld geben. In einem Fall ist sie echt und beinhaltet die Entscheidung zu größerer Nachsicht durch Selbstdisziplin. Wird man hingegen zu einer bestimmten Reaktion gezwungen, handelt es sich im Grunde eher um Nachgiebigkeit als um Nachsicht. Hier gibt es also ebenfalls Unterschiede.

Grundsätzlich erfordert Geduld oder Nachsicht Selbstdisziplin: Man ist sich darüber im klaren, daß man anders hätte handeln, sich eine aggressivere Einstellung zu eigen machen können. Doch man hat sich anders entschieden, nimmt eine geduldige Haltung ein, ohne durch jemand anderen dazu gezwungen zu werden. Den Chinesen gegenüber üben wir uns zweifelsfrei in echter Geduld.

Zweiter Tag

Liebe und Mitgefühl entwickeln

Im *Pratimoksha-Sutra*, der Schrift über Ethik und klösterliche Disziplin, erklärt der Buddha: Niemals soll man einer Neigung zu schädlichem Handeln nachgeben, sich vielmehr stets in heilsamem Handeln üben. Diese Lebensführung beruht auf einem disziplinierten Geisteszustand. Darum soll man seinen Geist entsprechend schulen, ihn zähmen. Und diese Schulung in geistiger Disziplin, die einen inneren Wandel herbeiführt, ist tatsächlich die Essenz von Buddhas Lehre oder Unterweisung. Daraus wird eines ersichtlich: Ob unser Handeln heilsam oder schädlich ist, hängt letzten Endes davon ab, ob es einem disziplinierten oder einem undisziplinierten Geisteszustand entspringt.

Auch in anderen Schriften finden wir Aussagen, die darauf hinweisen, daß ein disziplinierter und gezähmter – oder friedvoller – Geist Freude und Glück bringen wird. Ein undisziplinierter, nicht friedvoller Geist hingegen wird Unglück und Leid bewirken. Unser Geisteszustand ist letztendlich das ausschlaggebende Moment.

Man kann seiner spirituellen Lebensführung mit äußeren Mitteln Ausdruck verleihen, indem man eine bestimmte Kleidung trägt, zu Hause einen Schrein oder Altar aufstellt, entsprechende Texte rezitiert oder singt und dergleichen. Diese Übungen oder Aktivitäten sind allerdings für die religiöse oder spirituelle Lebensführung zweitrangig. Denn all dies kann auch ein Mensch ausführen, dessen Geisteszustand sehr negativ ist. Jegliches innere Verdienst hingegen, alle Geistesqualitäten, sind wahrer Dharma, wahrhaft spirituelle Qualitäten. Denn für all diese inneren Qualitäten gilt, daß sie nicht einen einzigen Moment lang gemeinsam mit störenden Gefühlen oder negativen Geisteszuständen existieren können.

Um diese innere Disziplin aufzubringen, beschäftigt man sich also mit einer geeigneten Methode zur Geistesschulung. Das ist die Essenz eines religiösen Lebens. Ob jemand ein spirituelles Leben führt oder nicht, hängt davon ab, ob sie oder er diesen disziplinierten, gezähmten Geisteszustand erreichen kann.

Mit welchen Techniken läßt sich diese innere Wandlung herbeiführen? Grundsätzlich geht man im Buddhismus so vor, daß man hilfreiche Mittel – geeignete Methoden – und Weisheit miteinander vereint. Der Text, mit dem wir uns hier gerade befassen, Shantidevas «Eintritt in den Weg zum Erwachen», kann uns als Beispiel dafür dienen: Das neunte Kapitel dieses Buches befaßt sich mit dem Weisheitsaspekt des Weges – mit der Frage, wie wir Einsicht entwickeln können. Bei allen übrigen Kapiteln hingegen steht der methodische Aspekt im Vordergrund, geht es um die Mittel, die uns auf dem Weg weiterhelfen können.

Sprechen wir über die hilfreichen Mittel, den Methodenaspekt des Mahayana-Weges, so ist der entscheidende Punkt, Liebe und Mitgefühl zu entwickeln. Um diese Eigenschaften ausbilden zu können, muß man den hinderlichen Umständen entgegenwirken. Unter diesem Gesichtspunkt ist es für jeden, der den Weg des Bodhisattva gehen will, von entscheidender Bedeutung, sich in Nachsicht und Geduld zu üben.

So wie im Mahayana-Buddhismus ganz allgemein der Methoden- und der Weisheitsaspekt des Weges einander ergänzen und verstärken, so besteht hier die Notwendigkeit, uns in Geduld und Nachsicht zu üben, um in wachsendem Maß Liebe und Mitgefühl entwickeln zu können. Indem man auf diesem Weg Fortschritte macht, werden Liebe und Mitgefühl einerseits, Geduld und Nachsicht andererseits einander ergänzen und verstärken.

Die beiden nächsten Strophen lauten:

(19) Auch wenn der Weise leidet,
bleibt sein Geist ganz klar und makellos.
Zieht man nämlich gegen die störenden Vorstellungen zu Felde,
widerfährt einem zur Zeit der Schlacht viel Leid.

(20) Diejenigen Krieger tragen den Sieg davon,
die, ohne dem Leid Beachtung zu schenken,
den Haß und alle übrigen Feinde bezwingen.
(Gewöhnliche Krieger) ermorden bloß Leichname.

Wenn wir uns in Geduld und Nachsicht üben, lassen wir uns in Wahrheit auf einen Kampf gegen Haß und Wut ein. In der Situation des Kampfes will man den Sieg erringen. Doch man muß auch darauf vorbereitet sein, daß man die Schlacht womöglich verlieren wird. Während man sich auf den Kampf einläßt, sollte man nicht den Umstand aus den Augen verlieren, daß einem noch viele Probleme und Entbehrungen zu schaffen machen werden. Man sollte imstande sein, diese Entbehrungen durchzustehen, und genug innere Stärke besitzen, um diese Probleme auf sich zu nehmen. Wer in einem derart beschwerlichen Prozeß den Sieg über Haß und Wut davonträgt, ist ein wirklicher Held.

Kämpft man hingegen, von Wut, Haß und heftigen Emotionen angestachelt, gegen andere Menschen, so ist dies, selbst wenn man in der Schlacht den Sieg über die Feinde davonträgt, kein wirkliches Heldentum. Tatsächlich ermordet man nur Leichname. Denn da die Menschen der Vergänglichkeit unterworfen sind, werden sie ohnehin sterben. Ob diese Feinde in der Schlacht umkommen oder nicht, ist eine andere Frage. Doch irgendwann werden sie sterben. Krieger dieses Schlags ermorden daher in Wahrheit nur Leichname. Der wirkliche Held ist derjenige, der den Sieg über Haß und Wut davonträgt.

Daß man sich auf den Kampf mit Haß und Wut und anderen

trügerischen Vorstellungen einlassen sollte, treffe ja, so meint man vielleicht, durchaus zu. Man fragt sich jedoch, welche Gewähr, welche Sicherheit man denn habe, sie auch tatsächlich besiegen zu können. Ich glaube, das ist ein sehr wichtiger Punkt. Irgendeine Sicherheit muß man haben, daß man den Sieg über die trügerischen Vorstellungen davontragen kann, wenn man dieses Ziel energisch verfolgt.

Sind wir aufmerksam genug, so ist es ziemlich einfach, diese störenden Emotionen und Gedanken zu erkennen. Auf tibetisch heißen sie *nyon mongs*, wortwörtlich «das, was den Geist von innen her quält». Dieser Begriff wird häufig einfach mit «trügerische Vorstellungen» beziehungsweise «Verblendung» übersetzt. Der Etymologie des tibetischen Wortes läßt sich entnehmen, daß es sich um Vorgänge emotionaler wie kognitiver Art handelt. Ganz automatisch bewirken sie eine Störung des Geistes. Sie zerstören die Geistesruhe und führen zu psychischer Erregung. Sind wir aufmerksam genug, ist ihr störender Charakter, während sie aufkommen, für uns ganz klar ersichtlich. Denn sie haben die Tendenz, unsere Gelassenheit und Geistesgegenwart zunichte zu machen. Nur schwer läßt sich jedoch herausfinden, ob es uns glückt, sie durch Anwendung der entsprechenden Gegenmittel zu überwinden und zu beseitigen. Hier besteht ein unmittelbarer Bezug zu der – sehr schwerwiegenden und schwierigen – Frage, ob Nirvana, die Befreiung von Samsara, erreichbar ist.

Die früheste Erörterung des buddhistischen Begriffs Nirvana, also Freiheit oder Befreiung von Leid, finden wir in den Schriften über die erste öffentliche Darlegung des Dharma durch den Buddha. Sie haben vor allem die Vier Edlen Wahrheiten zum Thema. Als Grundlage für ein volles und umfassendes Verständnis von Nirvana und Befreiung benötigt man zunächst allerdings ein Verständnis jener Belehrungen, die der Buddha in der zweiten und dritten öffentlichen Darlegung des Dharma gegeben hat.

Was veranlaßt uns also zu der Annahme, unsere geistigen Gebrechen könnten von Grund auf behoben werden? Buddhistischem Denken gemäß gibt es drei Hauptgründe dafür, daß dies geschehen kann. Erstens: Alle von irreführenden Vorstellungen verschleierten Geisteszustände, alle störenden Emotionen und Gedanken, sind ihrem Wesen nach eine beeinträchtigte Form der Wahrnehmung. Die ihnen entgegengerichteten Einflüsse hingegen – Liebe, Mitgefühl, Einsicht und so weiter – sind nicht allein von solcher Beeinträchtigung frei, sondern sie stehen auch auf dem Boden der Wirklichkeit und beruhen auf unseren vielfältigen Erfahrungen.

Zweitens kommt diesen Gegenkräften zugute, daß sie durch Übung und Geistesschulung gestärkt sind. Indem man unablässig den Umgang mit ihnen pflegt, kann man ihre Kraft steigern und ihr Potential ins Unermeßliche vergrößern. Und dementsprechend kann man den Einfluß und die Auswirkung der trügerischen Geisteszustände mindern.

Drittens können wir von der Voraussetzung ausgehen, daß die grundlegende Natur des Geistes makellos ist. Hier handelt es sich mit anderen Worten um die Vorstellung, daß die grundlegende Natur des Geistes klares Licht ist, Buddha-Natur.

Aufgrund dieser drei Voraussetzungen nimmt der Buddhismus also an, daß trügerische Vorstellungen, sämtliche störenden Emotionen und Gedanken letzten Endes durch Übung und Meditation beseitigt werden können.

Manche dieser Punkte sind ganz offensichtlich. Schenkt man ihnen genügend Aufmerksamkeit, so werden sie einem vollständig klarwerden. Andere hingegen bleiben möglicherweise ziemlich unverständlich und geheimnisvoll. Mittels Analyse und sorgsamer Prüfung wird man allerdings Schlußfolgerungen ziehen können. All diese Punkte kann man also auf diese Weise verstehen. Dazu braucht man nicht das Zeugnis einer schriftlichen Autorität zu akzeptieren.

Weshalb darf man sich in bezug auf sehr schwer verständliche Phänomene auf Buddhas Worte stützen? Ein Grund dafür ist die Tatsache, daß sich seine Lehren im Hinblick auf weniger geheimnisvolle Dinge als verläßlich und stichhaltig erwiesen haben. Ein Suchender hat vor allem ein Anliegen: Er will erfahren, ob er Befreiung, Freiheit von Leid, erreichen kann. Und in diesem Punkt haben sich Buddhas Lehren als stichhaltig und verläßlich erwiesen.

> (21) Überdies hat das Leid sein Gutes:
> Wen es niederdrückt, dem vergeht die Überheblichkeit,
> er bringt Mitgefühl für die Wesen im Daseinskreislauf auf,
> meidet Missetaten, und heilsames Handeln gereicht ihm
> zur Freude.

In dieser Strophe führt Shantideva weiter aus, welchen Nutzen es bringt, über Leid nachzudenken. Wenn wir dies tun, so erklärt er zunächst, wenn wir der grundlegend unbefriedigenden Natur unseres Daseins gewahr werden, wird dies automatisch unsere Überheblichkeit und Selbstgefälligkeit verringern. Die Einsicht in diese leidvolle Natur, den eigenen Schmerz und das eigene Leid, verhilft uns noch zu etwas anderem: Wir können Einfühlungsvermögen entwickeln, die Fähigkeit, uns mit den Empfindungen und dem Leid der anderen verbunden zu fühlen; und dadurch sind wir in der Lage, anderen Wesen mehr Mitgefühl entgegenzubringen. Ferner wird man aus Einsicht in die leidvolle Natur des Daseins um so entschlossener alle Unheil stiftenden, Leid heraufbeschwörenden Handlungen unterlassen wollen. Und mit wachsender Begeisterung wird man heilsame, Glück und Freude bewirkende Handlungen ausführen. Solchen Nutzen, solches Verdienst bringt also das Nachdenken über die leidvolle Natur des Daseins.

Allerdings ist es sehr wichtig, die unterschiedlichen Techniken mit viel Geschick einzusetzen und nicht in Extreme zu verfallen. Wenn wir uns beispielsweise zu wichtig nehmen, wenn uns vermeintliche oder tatsächliche Errungenschaften oder Qualitäten zu Kopf steigen, heißt das Gegenmittel: verstärktes Nachdenken über das Leid, über die eigenen Probleme und die unbefriedigende Natur des Daseins. Dies wird dazu beitragen, daß man nicht mehr eine solch hohe Meinung von sich hat. Man wird dadurch sozusagen wieder auf den Boden zurückgeholt.

Stellt man hingegen fest, daß das Nachdenken über die unbefriedigende Natur des Daseins, über Leid, Schmerz und so weiter übermächtig wird, so besteht die Gefahr, ins andere Extrem zu verfallen und sich total entmutigt, hilflos und deprimiert zu fühlen. Das kann so weit gehen, daß man denkt: «Ich kann überhaupt nichts ausrichten. Ich bin völlig wertlos.» Unter solchen Umständen sollte man sich dadurch aufmuntern, daß man sich das bereits Erreichte, die bisherigen Fortschritte, sonstigen positiven Eigenschaften und so weiter vor Augen führt, um aus dieser Verfassung herauszukommen. Hier ist ein ausgewogenes und sachkundiges Vorgehen gefragt.

Das läßt sich mit dem Auspflanzen eines jungen Baumes oder eines Setzlings vergleichen. Im Frühstadium muß man sehr sachkundig und behutsam mit ihm umgehen. Erhält er zuviel Feuchtigkeit, geht er ein. Ist er zu starker Sonneneinstrahlung ausgesetzt, geht er gleichfalls ein. Man benötigt für den Setzling ausgewogene Lebensbedingungen, die ihm ein gesundes Wachstum ermöglichen.

In ähnlicher Weise bemüht man sich um gesundes emotionales und psychisches Wachstum. Also muß man hier genauso behutsam und sachkundig vorgehen. Sonst läuft man Gefahr, in Extreme zu verfallen.

Es kann auch vorkommen, daß jemand eine Passage aus einem buddhistischen Text herausgreift und sagt: «Das ist der buddhistische Ansatz.» Zu denken, eine bestimmte Technik sei überall unterschiedslos anwendbar – diese Tendenz muß man vermeiden.

Wirkliche Dharmapraxis ist in mancher Hinsicht wie ein Spannungsregler. Dessen Aufgabe besteht darin, auch bei einem Spannungsanstieg eine stets gleichbleibende Spannung bereitzustellen.

(22) Da ich auf Verursacher großen Leids,
wie die Gelbsucht zum Beispiel, nicht wütend werde,
warum dann auf Lebewesen wütend sein?
Denn von Bedingungen veranlaßt sind auch sie.

(23) Diese Krankheiten sind nicht erwünscht,
dennoch treten sie auf.
Und diese störenden Vorstellungen sind ebensowenig
erwünscht.
Ungestüm treten sie dennoch auf.

(24) «Ich werde gleich wütend sein.» – Kein Mensch denkt
so.
Daher werden die Menschen ohne Gegenwehr wütend.
Und die aufkommende Wut denkt ebensowenig:
«Ich werde zum Vorschein kommen».

In der 22. Strophe spricht Shantideva eine Technik an, mit deren Hilfe man Geduld oder Nachsicht entwickelt, indem man sich die Komplexität einer gegebenen Situation vor Augen führt. Es geht hierbei um das Gefühl, daß ich, weil mir jemand diesen Schmerz und diese Verletzung zugefügt hat, berechtigt bin, der oder dem Betreffenden gegenüber unnachsichtig zu sein.

Shantideva hält dem entgegen, bei sorgfältiger Überprüfung werde man feststellen, daß unsere Qualen und unser Leid, unsere peinigenden Schmerzempfindungen ebensogut von leblosen Dingen hervorgerufen werden können wie von Lebewesen. Warum also ziehen wir speziell die Lebewesen zur Rechenschaft, namentlich andere Menschen, und geben ihnen die Verantwortung für den empfundenen Schmerz, nicht jedoch jene leblosen Ursachen? Zum Beispiel hegen wir gegen unsere Krankheiten keinen Groll, obwohl Krankheiten uns qualvolle Schmerzen bereiten.

Man könnte die Ansicht vertreten, dabei handele es sich um etwas ganz anderes. Denn die unbelebten Faktoren wie zum Beispiel Krankheiten wollten uns ja kein Leid zufügen, dies geschehe unbeabsichtigt. Außerdem kämen Krankheiten und dergleichen nicht vorsätzlich zustande, ihnen bleibe keine Wahl.

Falls dies zutrifft, hält Shantideva dagegen, unterliegt aber auch das Leid, das uns eine andere Person zufügt, in gewissem

Sinn nicht der Kontrolle jener Person. Denn sie oder er wird ja von anderen Kräften getrieben – negativen Emotionen, trügerischen Vorstellungen, unglückseligen Empfindungen und so fort. Wenn wir noch weiter gehen, stellen wir fest, daß selbst ein so negatives Gefühl wie Böswilligkeit oder Haß das Resultat vieler Umstände und die Summe vieler Bedingungen ist, die nicht aus freier Wahl oder mit Absicht entstanden sind.

In der 25. und 26. Strophe faßt Shantideva die vorigen Überlegungen zusammen.

(25) Alle Verfehlungen, die es gibt,
und all die unterschiedlichen Arten von Übeln
entstehen im Kraftfeld der Bedingungen:
Sie selbst haben sich nicht unter Kontrolle.

(26) Diese Bedingungen, die zueinander finden,
sind nicht darauf bedacht, etwas zu bewirken;
und die von ihnen hervorgebrachte Wirkung
ist ebensowenig darauf bedacht, bewirkt zu werden.

Abermals liegt hier eine Art Verkettung vor, ein Kausalzusammenhang, eins führt zum andern. Bei allem erweist sich, daß es durch etwas anderes bedingt ist. Nichts hat sich selbst unter Kontrolle.

(27) Was man als Urstoff ausgibt
und was man als ein Selbst bezeichnet,
kann (da ungeschaffen) nicht aus dem Vorsatz entstanden sein:
«Ich werde entstehen (um Leid zu bewirken).»

In Strophe 27 werden bestimmte, zu Shantidevas Zeit von nichtbuddhistischen Schulen vertretene Anschauungen widerlegt – insbesondere diejenigen von zwei der bedeutendsten Richtungen, der Samkhya- und der Naiyayika-Schule.

Dem hier dargelegten Gedanken zufolge kommt nichts, kein

Ding und kein Geschehnis, aus sich selbst heraus zustande. Alles entsteht in Abhängigkeit von anderem. Ehe man aber dieser Auffassung beipflichten kann, muß man sich zunächst andere, damit konkurrierende Theorien anschauen, von deren Standpunkt aus bestimmte Geschehnisse oder Dinge einen Unbedingtheits-Status genießen.

Zunächst wollen wir uns der Samkhya-Theorie zuwenden. Ihr zufolge existiert eine Art Urstoff, Prakriti, der als die Grundsubstanz bezeichnet wird, aus der die gesamte Erscheiungswelt hervorgeht. Dieser Urstoff ist durch nichts bedingt, er ist ewig und absolut. Die Naiyayika-Schule vertritt den Standpunkt, genau diesen Unbedingtheits-Status genieße auch das «Selbst», es sei absolut und ewig.

(28) Was auch immer sie (an Leid) hervorbringen
möchten,
wenn sie ungeschaffen und nicht existierend sind
(wird es gleichfalls nicht existieren).
Ständig würde (dieses Selbst) seine Objekte wahrnehmen.
Daraus folgt, daß es niemals damit aufhören würde.

(29) Überdies, wäre das Selbst beständig,
so wäre es zweifellos untätig, ebenso wie der Raum.
Selbst wenn es also auf andere Bedingungen träfe,
wie könnte seine wandellose (Natur) davon berührt sein.

(30) Selbst unter Einwirkung (anderer Bedingungen) bleibt
es wie zuvor,
was könnten da äußere Einflüsse bei ihm bewirken?
Wenn ich also sage, diese (Bedingung) habe
Auswirkungen (auf ein beständiges Selbst),
wie könnte zwischen beiden jemals eine (kausale)
Beziehung bestehen?

In den Strophen 27, 28, 29 und 30 widerlegt Shantideva die oben skizzierten Anschauungen, indem er ausführlich auf die buddhistische Lehre vom allgemeingültigen Prinzip des bedingten Entstehens eingeht. Wenn der Urstoff beständig und ewig ist, so wird hier gefragt, wie läßt sich dann eine Wechselwirkung zwischen ihm und der Erscheinungswelt begründen? Von welcher Art ist ihre Beziehung? Wie läßt sich auf Grundlage der Beziehung zwischen der Erscheinungswelt und diesem ewigen Urstoff oder Selbst die Bedingtheit erklären? Sind nämlich das Selbst oder der Urstoff beständig, unveränderlich, ewig, wie soll dann daraus etwas entstehen?

Soll etwas dazu imstande sein, anderes hervorzubringen, so muß es selbst etwas Hervorgebrachtes sein. Es muß seinerseits von anderen Bedingungen und Umständen abhängen. Ist es nicht hervorgebracht worden, kann es nicht etwas anderes hervorbringen.

In Strophe 31 gibt Shantideva ein Resümee:

(31) Alles ist also durch weitere Umstände bedingt, die (wiederum anderweitig) bedingt sind,
und demzufolge bedingt nichts sich selbst.
Dies vor Augen, sollte ich nicht wütend werden
angesichts von phantomgleichen Erscheinungen.

Shantideva zieht hier den Vergleich zu phantomhaften Erscheinungen, weil eine derartige Erscheinung einer Illusion gleicht, hervorgerufen von einem Magier. Sie verfügt nicht über ein objektives Dasein, sondern hängt ganz und gar von der Laune des Magiers ab; sie führt kein Eigenleben, sondern wird von einem anderen Faktor bewirkt.

Ebensowenig erfreut sich die Erscheinungswelt insgesamt eines eigenen Daseins, da all ihre Erscheinungen von anderen Faktoren bestimmt sind und aus anderen Ursachen und Bedingungen resultieren. So gesehen, gleichen sie Phantomen. Deshalb ist es unangemessen, so extrem auf Bedingungen zu reagieren, die nicht aus eigenem Antrieb entstehen. Denn diese sind sozusagen unselbständig.

Es ist wichtig, dabei das Kausalitätsprinzip, die buddhistische

Lehre vom bedingten Entstehen, vor Augen zu haben. Und wenn wir über das Prinzip des bedingten Entstehens sprechen, müssen wir ebendiese Lehre in ihren Grundzügen verstehen. Eine sehr klare Darstellung findet sich in Asangas «Leitfaden zur Erkenntnis», in dem er erklärt, daß die buddhistische Lehre von der Kausalität vor allem durch drei Merkmale gekennzeichnet ist. Erstens: Nichtanerkennung eines – außerhalb des Kausalgefüges befindlichen – Urhebers der Schöpfung. Die Vorstellung von einem Schöpfer beziehungsweise einem Schöpfungsplan spielt hier keine Rolle. Denn, so erklärt Buddha, die Wirkungen haben sich ergeben, die Resultate sind zustandegekommen, weil die Ursachen vorhanden waren. Dies ist also lediglich im Sinn eines Bedingungsverhältnisses zu verstehen. Ein unabhängiger, außerhalb dieser Kausalität angesiedelter Urheber, ein Schöpfer, wird im Buddhismus nicht akzeptiert. Im Sutra heißt es: «Weil eine Ursache vorhanden war, kam es zu dieser Wirkung.» Das zweite Merkmal: Jede Ursache muß ihrerseits von vergänglicher Natur sein; sie kann nicht dauerhaft sein. Wenn sie dauerhaft wäre, ewig und unwandelbar, könnte sie nicht die Fähigkeit haben, etwas hervorzubringen. Das dritte Merkmal: Zwischen Ursache und Wirkung muß eine Entsprechung, eine einzigartige Beziehung bestehen. Diese drei Merkmale sind kennzeichnend für die buddhistische Theorie der alles umfassenden Kausalität, des Kausalprinzips.

Bei der weiteren Untersuchung werden im Buddhismus hauptsächlich zweierlei Ursachen unterschieden. Die eine wird «substantielle Ursache» genannt – die materielle Gegebenheit, aus der das Resultat hervorgeht. Ferner gibt es unterstützende Ursachen, die nicht die Hauptursache sind, weil sie lediglich dazu beitragen, daß aus dieser substantiellen Gegebenheit das Resultat hervorgeht. Im Fall eines Schößlings zum Beispiel sind das Wasser, die Temperatur, der Dünger und so weiter unterstützende Ursachen.

Hierbei handelt es sich um Perspektiven, die sich aus der Sicht des Mahayana-Buddhismus, insbesondere aus derjenigen der Prasangika-Madhyamika, ergeben. Das müssen wir im Auge behalten. Bezüglich der philosophischen Auffassung von Leerheit teilt Shantideva die Position Chandrakirtis. In der Auslegung von Nagarjunas Philosophie der Leerheit stimmen sie miteinander überein. Beide billigen die philosophischen Grundsätze der Prasangika-Madhyamika. Wenn wir also davon sprechen, die Dinge und Geschehnisse seien phantomhaft oder illusionsgleich, müssen wir das aus diesem Blickwinkel verstehen.

Eine Frage ergibt sich hier: Wenn alle Dinge und Geschehnisse phantomhaften Erscheinungen gleichen, warum sollten wir sie dann ernst nehmen? Wie können sie uns etwas ausmachen? Shantidevas Antwort darauf lautet: All diese Dinge und Geschehnisse gleichen zwar phantomhaften Erscheinungen; aber ihr Urheber oder das Subjekt, das diese Erfahrung durchläuft, tut dies ebenfalls.

Unsere eigene Erfahrung von Schmerz und Leid, so phantomhaft sie auch sein mag, ist hingegen sehr real. Unsere Erfahrung unterstreicht deren Realität. Das wollen wir nicht in Abrede stellen. Wir sehen uns mit dem Problem konfrontiert, wir leiden. Und was ihre Realität, ihr greifbares Vorhandensein anbelangt, so spricht unsere Erfahrung eine deutliche Sprache. Dies zu leugnen macht keinen Sinn. Daher kann man zwar ganz in der Art, wie es der phantomhafte Akteur eines Traumes tut, schmerzliche und leidvolle Erfahrungen machen, die ebenfalls phantomhaften Charakter haben. Aber man darf die Auswirkungen dieser Realität nicht außer acht lassen. Indem wir uns die phantomhafte Natur der Dinge und Geschehnisse vor Augen führen, können wir mit den Problemen besser umgehen.

Die nächsten beiden Strophen lauten:

(32) – (Gleicht alles einer unwirklichen Erscheinung,) wer ist dann da, um (die Wut) zu zügeln?
Gewiß wäre Zügelung (in diesem Fall) unangebracht. –*

* Das Einrücken einzelner Zeilen in Gedankenstriche verweist in der hier vorliegenden Übersetzung auf eine argumentative Gegenposition zu Shantideva, auf einen Advocatus Diaboli sozusagen.

Angebracht wäre sie jedoch, weil ich (im herkömmlichen
Sinn) daran festhalten muß,
daß durch Zügelung (der Wut) der Leidensstrom
unterbrochen wird.

(33) Sehe ich also, wie ein menschlicher Feind oder
auch ein Freund,
ungebührlich handelt,
werde ich Gelassenheit wahren,
indem ich daran denke, daß dies aus den Umständen
erwächst.

Eine ausführliche Darlegung der Philosophie der Leerheit findet man im neunten Kapitel von Shantidevas Text.

Meditation

Diesmal wollen wir in unsere Meditation eine kleine Visualisierung mit einbeziehen. Stellen Sie sich folgendes Szenarium vor: Jemand, den Sie sehr gut kennen, der Ihnen nahesteht oder am Herzen liegt, verliert vollständig die Beherrschung – in einer sehr aggressiven Beziehung oder einer Situation, die Probleme anderer Art aufwirft. Alles an diesem Menschen bringt seine heftige Erregung zum Ausdruck, seine Wut oder seinen Haß. Sie oder er gerät völlig aus der Fassung, erzeugt sehr negative «Schwingungen», geht sogar so weit, Gegenstände zu zerbrechen und sich etwas anzutun.

Bedenken Sie dann die unmittelbaren Auswirkungen von heftiger Wut, heftigem Haß. Wir sollten visualisieren, dies widerfahre jemand anderem, weil es uns leichter fällt, Fehler bei anderen zu erkennen als bei uns selbst. Visualisieren Sie dies, und geben Sie auch darauf acht, daß bei der oder dem Betreffenden eine physische Veränderung vonstatten geht. Dieser Mensch, dem Sie sich verbunden fühlen, den Sie mögen, dessen bloßer Anblick Ihnen in der Vergangenheit Freude bereitet hat, verwandelt sich jetzt in diese – auch in bezug auf die körperliche Erscheinung – überaus häßliche Person.

Das ist eine Art analytische Meditation. Nehmen Sie sich also für die Meditation und die Visualisierung ein paar Minuten Zeit, gehen Sie analytisch vor, und machen Sie von Ihrer Vorstellungskraft Gebrauch. Setzen Sie all dies abschließend zu Ihrer eigenen Erfahrung in Bezug. Fassen Sie den Vorsatz: «Niemals werde ich zulassen, daß ich unter den Bann solch intensiver Wut- und Haßgefühle gerate. Denn tue ich dies, bin ich in derselben Lage und leide unter all diesen Auswirkungen – verliere meine Geistesruhe, meine Fassung, bekomme dieses häßliche Aussehen, und so weiter.» Treffen Sie diese Entscheidung, um dann in meditativer Versenkung dabei zu verweilen.

Der erste Teil ist also eine analytische Meditation. Die zweite Phase betrifft den Versenkungsaspekt der Meditation, man verweilt in einsgerichteter Meditation.

Macht man sich für die Durchführung dieser Visualisationsübung seine Vorstellungskraft zunutze, so kann sie ein sehr kraftvolles und wirksames Werkzeug sein. Im täglichen Leben sind wir – zum Beispiel beim Fernsehen oder im Kino – vielen Ereignissen und Szenarien mit Gewalt-und-Sexszenen ausgesetzt. Doch wir haben hier die Möglichkeit, Achtsamkeit walten zu lassen und bei all diesen Dingen darauf zu schauen, welche Auswirkungen Extreme haben können. Und statt sich von dem Anblick, der sich da bietet, vollständig überwältigen zu lassen, können Sie diese Szenen als eine Art Lehrstück ansehen, das Ihnen quasi Anschauungsunterricht erteilt.

Potowa, ein tibetischer Kadampa-Meister, hat gesagt, daß einem Meditierenden, der einen gewissen Grad von Stabilität und Verwirklichung erreicht hat, jegliche Erfahrung zur Belehrung dient; daß wir somit aus allen Geschehnissen, allen Erfahrungen, mit denen wir in Berührung kommen, in der einen oder anderen Weise unsere praktischen Lehren ziehen können. Ich denke, das trifft wirklich zu.

Frage: Eure Heiligkeit, wie können wir ein ausgewogenes Verhältnis zwischen diesen beiden Anforderungen erzielen – die Interessen der anderen zu unserem Anliegen zu machen, aber auch der Notwendigkeit nachzukommen, innere Qualitäten zu entwickeln.

Dalai Lama: Die Reihenfolge sollte so sein, daß man zunächst für seine innere Entwicklung Sorge trägt. An dieses Prinzip hält sich auch der Weg des Lamrim, der abgestufte Weg der drei Bereiche beziehungsweise drei Eigenschaften. Entsprechend der Motivation des Praktizierenden unterteilt man bei diesem Ansatz die Praxis in drei Stufen. Jede von ihnen entspricht einer bestimmten Stufe der persönlichen Entwicklung. Auch Buddha begann, als er öffentlich lehrte, nicht mit den Belehrungen über Bodhichitta, sondern mit den Belehrungen über die Vier Edlen Wahrheiten. Erst bei seiner zweiten öffentlichen Darlegung der Lehre, der zweiten Drehung des Dharma-Rades, sprach er ausführlich über Bodhichitta. In Zusammenhang mit der zweiten und dritten öffentlichen Darlegung der Lehre scheint es allerdings keinen historischen Beleg zu geben, der die Zuordnung zu einem bestimmten zeitlich fixierbaren Geschehen zuläßt. Buddha könnte diese Belehrungen also wenigen auserwählten Zuhörern gegeben haben.

Frage: Sind alle Laster lediglich mentale Gewohnheiten, und lassen sie sich dadurch beseitigen, daß man das jeweilige Gegenmittel anwendet? Oder ist dies bloß der Methoden-Aspekt, der mit der Erkenntnis einhergehen muß, daß dem Dasein Leerheit innewohnt?

Dalai Lama: Zu Ihrer ersten Frage: Wenn wir die Natur jener Faktoren untersuchen, die gegenwärtig Störungen in unserem Geist hervorrufen, so sind all diese kognitiven und emotionalen Zustände das Resultat oder Produkt der ihnen vorausgegangenen Umstände. Hier gibt es eine Art Kontinuum. Man kann daher sagen, daß sie das Resultat von Konditionierungen sind.

Vom buddhistischen Standpunkt aus muß man diesen Konditionierungsfaktor nicht nur innerhalb einer einzigen Lebensspanne in Betracht ziehen, sondern ihn auch in vorausgegangene Leben zurückverfolgen. Das heißt, man muß der Lehre von der Wiedergeburt Rechnung tragen. In punkto Intensität oder Ausmaß der jeweiligen störenden Emotionen wird allerdings auch die äußere, von den Lebensumständen herrührende Konditionierung zu Unterschieden führen.

Zum Beispiel können wir feststellen, daß auch in ein und derselben Familie verschiedene Kinder derselben Eltern ihre je eigenen natürlichen Neigungen haben, die das Resultat ihres früheren Karmas sind. Wachsen sie dann auf, so werden infolge von äußeren Umständen und Konditionierungen bestimmte Emotionen stärker und andere schwächer, und so weiter.

So sind zwar die störenden Emotionen das Ergebnis von Konditionierungen durch frühere Leben und die damaligen Lebensumstände. Zugleich aber kommt auch der Aspekt der unmittelbaren, von den derzeitigen Lebensumständen herrührenden Konditionierung zum Tragen.

Bei der Frage nach dem Ursprung jener Faktoren, die in unserem Geist Störungen hervorrufen, muß man sich vom buddhistischen Standpunkt aus an Buddhas Darlegungen zur Anfanglosigkeit des Bewußtseins halten. Wenn man über die Anfanglosigkeit des Bewußtseins spricht, hat man meines Erachtens keine Möglichkeit, diese Aussage mit einer unerschütterlichen Argumentation zu untermauern. Zwar kann man sie erklären, indem man dem grundlegenden Bewußtseinskontinuum nachgeht. Doch glaube ich nicht, daß man sie im Sinn einer logischen Beweisführung hundertprozentig schlüssig belegen kann.

Das überzeugendste Argument beziehen wir daraus, daß wir einmal die Gegenposition einnehmen: Wir gehen davon aus, es gebe einen Anfang. Dann müssen wir entweder akzeptieren, daß es einen außerhalb der Kausalität stehenden Schöpfer gibt, einen Urheber, was wiederum zu Problemen führt; oder wir müssen von einem Geschehnis ohne Ursache ausgehen, dem keinerlei

Bedingung zugrunde liegt. Auch das ist logisch unstimmig und widersprüchlich.

Wenn wir uns diesbezüglich zu entscheiden haben, so weist offenbar die Position, das Bewußtseinskontinuum sei anfanglos, weniger logische Unstimmigkeiten und Widersprüche auf. Auch einen entsprechenden Ursprung unserer negativen Tendenzen werden wir vor diesem Hintergrund akzeptieren müssen. Wir können keinen Anfang dieser Gewohnheiten oder Tendenzen postulieren.

Allerdings verfügen manche Menschen aufgrund einer hohen spirituellen Befähigung beziehungsweise eines hochentwickelten Bewußtseins über die Möglichkeit, in ihre früheren Leben Einblick zu nehmen – nicht unbedingt bis in anfanglose Zeit, doch über mehrere Lebensspannen hinweg.

Nun zum zweiten Teil Ihrer Frage. In der gesamten buddhistischen Überlieferung ist man sich offenbar darüber einig, daß für die tatsächliche Auflösung emotionaler und kognitiver Störfaktoren Weisheit unverzichtbar ist.

Selbst vom Standpunkt einer Überlieferung aus, für die nicht die philosophische Lehre von der Leerheit, der Selbst-Losigkeit aller Erscheinungen, maßgeblich ist, kann die Meditation über Liebe und Mitgefühl als direktes Gegenmittel zu Wut und Haß dienen. Sie allein würde jedoch nicht ausreichen, um Wut und Haß vollständig zu beseitigen. Soll dies gelingen, so benötigt man Weisheit, muß man sich darüber im klaren sein, daß dem Menschen kein dauerhaftes und gleichbleibendes Selbst zu eigen ist, daß er selbst-los ist.

Sämtliche buddhistischen Überlieferungen stimmen offenbar darin überein, daß Weisheit unentbehrlich ist, um diese negativen Tendenzen vollauf zu beseitigen. In den Mahayana-Überlieferungen ist dies sehr klar. In der Yogachara-, der «Nur Geist»-Schule gilt ebenso wie in der Madhyamika-Schule (der Schule des «Mittleren Weges»), daß die beiden Hindernisse, also störende Faktoren im Geist und Trübungen der Erkenntnis, nur dadurch beseitigt werden können, daß man Einsicht in die Natur der Leerheit, in die Selbst-Losigkeit gewinnt.

Einsicht in die Selbst-Losigkeit betrachtet man also als das direkte Gegenmittel gegen trügerische Vorstellungen, gegen emotionale und kognitive Störfaktoren. Und Einsicht in die letztendliche Natur der Wirklichkeit beziehungsweise in die letztendliche Leerheit der Erscheinungen betrachtet man als das direkte Gegenmittel, das die – von trügerischen Vorstellungen in der Psyche hinterlassenen – Prägungen und subtilen Einflüsse vollständig beseitigen kann.

Allerdings gilt der Prasangika-Madhyamika-Schule zufolge die Selbst-Losigkeit von Personen und die Selbst-Losigkeit von Erscheinungen allein in bezug auf das Subjekt oder Objekt, dem sie zu eigen sind. Im Hinblick auf ihre Aufhebung bestehen hingegen keine Unterschiede. Auch hier erweist sich, daß man die störenden Emotionen und Gedanken nur mit Hilfe von Einsicht in die Natur der Leerheit von Grund auf beseitigen kann.

Frage: Worin liegt die Bedeutung unserer Traumbilder? Welchen Aufschluß geben sie über unser Wachbewußtsein?

Dalai Lama: Soweit es um gewöhnliche Träume geht, gelten sie gemeinhin als Beispiel für etwas Unwirkliches. Daher ist es, glaube ich, nicht nötig, sie allzu wichtig zu nehmen. Natürlich gab es Denker wie Jung und Freud, die Träumen große Beachtung schenkten.

Freilich dürfen wir unsere Träume nicht völlig außer acht lassen. In manchen Fällen, wenn zahlreiche Faktoren zusammenkommen, können Träume wichtige Hinweise enthalten. Einige Träume können sehr bedeutsam sein. Daher dürfen wir uns nicht einfach über all unsere Träume hinwegsetzen.

Einzelheiten oder spezifische Techniken, die einen in die Lage versetzen, bedeutsame Träume zu haben, kann man den tantrischen Übungen entnehmen, insbesondere dem höchsten Yoga-Tantra. Der Grund für die Wichtigkeit des Traum-Yoga – jener Praxis im höchsten Yoga-Tantra, die sich mit Träumen befaßt –, besteht darin, daß die Anwendung bestimmter Techniken im Traumzustand großen Einfluß auf die Meditationspraxis im

Wachzustand haben kann. Hinzu kommt: Bei richtiger Anwendung versetzen diese Techniken den Praktizierenden in die Lage, den subtilen oder feinstofflichen Körper aus den groben körperlichen Daseinsebenen zu lösen.

Frage: Wie können wir, da die Wut und andere negative Emotionen aufgrund von Ursachen und Bedingungen entstehen und nicht unmittelbar unserer Kontrolle unterliegen, den direkten Vorsatz fassen, uns in Herzensgüte und anderen positiven Zuständen zu üben?

Dalai Lama: Das läßt sich mit der Unwissenheit vergleichen. Unwissenheit ist ganz natürlich. Wenn wir als Kinder heranwachsen, sind wir vollkommen unwissend. Dann lernen wir durch Erziehung und Ausbildung, uns Wissen anzueignen und uns der Unwissenheit zu entledigen. Unternehmen wir hingegen keinerlei bewußte Anstrengung, uns weiterzubilden, so werden wir der Unwissenheit kein Ende bereiten können. Im vorliegenden Fall sprechen wir nicht von Unwissenheit im spezifisch buddhistischen Sinn, sondern hier geht es um einen Zustand des Wissens- und Bildungsmangels. Verharren wir also weiterhin in diesem Naturzustand und geben uns keine Mühe, der Unwissenheit ein Ende zu setzen, werden sich die Gegenkräfte oder -faktoren auch nicht spontan einstellen.

Genauso ist es im Fall von Wut und Haß. Sie entstehen spontan. Doch um sie zu vertreiben, bedarf es der bewußten Entscheidung; und die Gegenmittel wie Liebe und Mitgefühl müssen wir bewußt entwickeln. Weil uns dies zugute kommt, sollten wir es uns zur Aufgabe machen.

Im buddhistischen Sprachgebrauch wird Nirvana, also Freiheit oder Befreiung von Leid, häufig mit «die andere Seite» oder «das Jenseits» umschrieben, unser unerleuchteter Zustand in Samsara hingegen als «hier und jetzt». Ferner hat man die Vorstellung, daß unerleuchtete Menschen nur die unmittelbar zutage liegenden Dinge erkennen, nur das Offensichtliche sehen können. Ebenso legt dies nahe, daß viele negative Tendenzen, trügerische Geisteszustände, störende Emotionen, Gedanken und so weiter, die Ursachen unseres Leids, in Samsara existieren und in gewisser Weise «dieser Seite» zuzurechnen sind, sich also ganz spontan einstellen. Hingegen werden die meisten positiven Eigenschaften, die wir entwickeln müssen, «der anderen Seite», dem «Jenseits», der Seite von Nirvana, von Befreiung und Freiheit zugerechnet. Diese Eigenschaften müssen wir also schon bewußt entwickeln. Spontan entstehen werden sie nicht.

Gelingt es uns, «auf die andere Seite zu wechseln», können wir uns einen Blickwinkel zu eigen machen, von dem aus dann die negativen Tendenzen, trügerischen Geisteszustände und so weiter die «andere Seite» bilden.

Frage: Wenn Haß teilweise aus dem Gefühl erwächst, daß man Unrecht erlitten hat oder verletzt worden ist, ist dies dann nicht weniger schlimm, weniger negativ, als wenn jemand einem anderen kaltblütig etwas zuleide tut? Oder steht immer Haß hinter dem Leid, das man jemanden zufügt, wie bei dem Leid, das den Tibetern angetan wurde?

Dalai Lama: Das ist eine recht komplizierte Frage, insbesondere der erste Teil, und ich denke, man muß hier zwischen vielen Situationen unterscheiden.

Man kann jemandem etwas zuleide tun, indem man keinen besonderen Haß empfindet, sondern einfach aufgrund von Unwissenheit handelt. Nehmen wir das Beispiel, daß man viel Fisch ißt. Beim Fischfang hat man womöglich nicht das Gefühl, daß Fische empfindende Wesen, Lebewesen sind. Doch man verspürt keinen Haß. Man tötet aufgrund von Unwissenheit.

Eine andere Form des Tötens besteht darin, daß man nur zum Vergnügen auf die Jagd geht. Hier liegt ebenfalls kein Haß vor. Ich glaube, es handelt sich dabei wiederum vor allem um Unwissenheit, und vielleicht auch um Gier. Außerdem gibt es Fälle, in denen das Töten oder Jagen vor allem eine Frage des Überlebens ist. Da gibt es also zahlreiche Unterschiede.

Die Vernichtung der Juden und anderer Menschen durch die Nazis in den Konzentrationslagern ist, glaube ich, wiederum etwas anderes. Selbst in solch außerordentlich krassen Fällen sind da möglicherweise ein paar Menschen, die keinen persönlichen Haß empfinden. Aufgrund dieser Komplexität und der komplexen Natur der menschlichen Handlungen unterteilen wir in der buddhistischen Lehre vom Karma die menschlichen Handlungen in vier Hauptgruppen: Handlungen, die zwar begangen werden, aber in gewissem Sinn unmotiviert sind; Handlungen, für die die Motivation vorhanden ist, die jedoch lediglich gedanklich durchgeführt und nicht gänzlich in die Tat umgesetzt werden; Handlungen, die mit voller Motivation durchgeführt werden; und solche, die weder motiviert sind noch durchgeführt werden. Auch gibt es so etwas wie «aktive Sterbehilfe». So ist es nach meinem Dafürhalten – stellt man Töten aus Unwissenheit und ein durch Haß motiviertes Töten einander gegenüber – schwererwiegend und negativer, aus Haß zu töten.

Selbst bei einer ganz bestimmten Handlung, einem Tötungsakt zum Beispiel, kann der Mensch, der diese Tat begeht, je nach Lage der Dinge mehr oder weniger negatives Karma ansammeln. Angenommen, es handelt sich um einen Tötungsakt, bei dem der Betreffende ein sehr starkes Verlangen zu töten hat, von einer sehr heftigen negativen Emotion bestimmt ist und bei dem auch auf sehr grausame Art und Weise getötet wird. Der Mörder könnte nach der Tat eine gewisse Befriedigung darüber empfinden, sie begangen zu haben. Man geht davon aus, daß in solch einem Fall das schlimmste negative Karma angesammelt wird. Es kann jedoch sein, daß die Tat von einer weniger heftigen Emotion ausgelöst, auf weniger grausame Art und Weise verübt wird und daß der Betreffende womöglich nach der Ausführung Reue empfindet. Unter solchen Umständen geht man davon aus, daß – vergleichsweise – weniger negatives Karma angesammelt wird.

Weiterhin gibt es bei dem Haß, der jemanden zum Töten veranlaßt, unterschiedliche Abstufungen. Haß kann sehr subtil sein. Wenn jemand einen jahrelang geplanten Mord ausführt, so empfindet er keine Wut. Man kann jedoch nicht sagen, in solchen Fällen sei kein Haß vorhanden. Er sitzt nur sehr tief. Aber im Moment der Tat tritt keine heftige Emotion zutage.

In einem tibetischen Sprichwort heißt es, je gebildeter und weltläufiger ein Mensch ist, um so geschickter wird er es womöglich zu verbergen wissen, wenn er Haß empfindet. Je wütender die oder der Betreffende ist, je größeren Haß sie oder er empfindet, um so liebenswürdiger wird dieser Mensch nach außen hin erscheinen. Ich weiß nicht, welcher Wert diesem Sprichwort beizumessen ist.

Frage: Würden Sie bitte mehr zum Sinn des Lebens sagen? Es klingt oberflächlich, daß dieser in Freude und Glück bestehen soll. So vieles gibt es zu tun, und all das scheint überhaupt nicht leicht und heiter zu sein. Ich finde es egoistisch, fröhlich zu sein, während so viele traurige Dinge geschehen.

Dalai Lama: Ich glaube, der Sinn des Lebens besteht darin, glücklich zu sein. Was aber ist Glück? Da gibt es viele Ebenen. Der Zustand der Buddhaschaft ist der größte Glückszustand. Der zweitglücklichste Zustand ist, Nirvana als Arhat Nirvana erreicht zu haben. Natürlich gewährt dieser Zustand keine vollkommene Zufriedenheit, da der Geist noch manchen Makel aufweist. Da es hier jedoch kein auf Unwissenheit beruhendes Leid mehr gibt, ist dies ebenfalls ein glücklicher Geisteszustand. Ferner wird auch das Nachdenken über das nächste Leben und eine gute Wiedergeburt als Glück bezeichnet. In den niederen Daseinsbereichen herrscht hingegen mehr Leid, und deshalb ist eine Wiedergeburt in einem niederen Daseinsbereich nicht erstrebenswert. Wir versuchen, in einem höheren Bereich geboren zu werden, weil es dort mehr Glück gibt.

In unserem jetzigen Dasein jedoch ist unser Lebensalltag von Hoffnungen erfüllt, obwohl es keine Garantie für unsere Zukunft gibt. Wir haben keinerlei Gewähr dafür, daß wir morgen um diese Zeit alle hier sein werden. Dennoch arbeiten wir darauf hin, und dies allein aufgrund von Hoffnung. Deshalb, aus diesen Gründen, meine ich, daß wir leben, um glücklich zu sein. Das ist meine Überzeugung.

Glück ist nicht notwendigerweise ein egoistisches Empfinden. Es soll anderen zugute kommen und ihnen ganz gewiß nicht

Leid und Unglück bringen. Es geht also nicht darum, sich lediglich ganz allein seines Glücks zu erfreuen, sondern auch anderen Menschen, anderen empfindenden Wesen zu mehr Glück zu verhelfen. Darin steckt die ganze Weisheit, das ist die Grundlage für alles andere. Glück ist keine einfache Angelegenheit.

Frage: Gehen Sie doch bitte etwas ausführlicher darauf ein, inwiefern Geduld durch Verständnis und Einsicht eine Ergänzung erfährt.

Dalai Lama: Wenn wir hier zahlreiche Techniken erörtern, die im Text dargelegt werden, bedarf es vieler Überlegungen oder Analysen. Das ist damit gemeint, wenn es heißt, Geduld werde durch Verständnis und Einsicht ergänzt. Auf einer hohen Stufe kann die auf Weisheit beruhende Einsicht viele Formen annehmen. Weisheit könnte als ergänzender Faktor auf einer höheren spirituellen Ebene die Einsicht in die von Augenblick zu Augenblick sich ändernde Natur der Erscheinungen sein; oder Einsicht in die letztendliche Natur der Wirklichkeit, und so weiter. Diese Faktoren könnten das Sich-in-Geduld-Üben ergänzen.

Frage: Welche Position bezieht der Buddhismus zum Thema Schwangerschaftsabbruch?

Dalai Lama: In puncto Geburtenkontrolle sind Buddhisten grundsätzlich der Überzeugung, daß das menschliche Leben etwas Kostbares ist – mögen wir auch viele Menschen als Störenfriede empfinden! Von Geburtenkontrolle ist daher abzuraten. Allerdings gibt es heutzutage allzu viele kostbare Leben – mehr als fünf Milliarden. Das ist die Realität. Und das gibt der Frage wiederum eine andere Dimension.

Die wirtschaftliche Kluft zwischen den Menschen des Nordens und denen des Südens ist nicht nur unter moralischen, sondern auch unter praktischen Gesichtspunkten ein Fehler. Auf Dauer können daraus Probleme erwachsen. Aufgrund dieser ökonomischen Kluft kommen zahlreiche Flüchtlinge in die Industrieländer. Das ruft ebenfalls viele Probleme hervor, vor allem in Europa. In Amerika mag man damit weniger Schwierigkeiten haben, weil es ein riesiges Land ist, doch gibt es hier eine hohe Kriminalität. Wir müssen daher jede Anstrengung unternehmen, diese Kluft zu verringern.

Nach Ansicht von Fachleuten verfügen wir aber einfach nicht über genügend Rohstoffe, damit sich die Menschen auf der Südhalbkugel an einem ebenso hohen Lebensstandard erfreuen können wic die Menschen auf der Nordhalbkugel. Das gilt schon für den jetzigen Stand der Weltbevölkerung. Die Menschheit steht also vor einem Problem. Logischerweise müssen wir uns vor diesem Hintergrund ganz ernsthafte Gedanken über Geburtenkontrolle machen.

Normalerweise ist Geburtenkontrolle negativ, denn dabei handelt es sich um einen Tötungsakt. Dieser Tage habe ich etwas über das Menschenrecht des Fötus gelesen. Das ist vom buddhistischen Standpunkt aus nur allzu wahr. Denn auch der ungeborene Fötus ist als empfindendes Wesen, als Lebewesen anzusehen.

Eine der grundlegenden Verhaltensvorschriften, eins der grundlegenden Gelübde für einen voll ordinierten Mönch oder eine voll ordinierte Nonne besteht darin, keinen anderen Menschen zu töten. Tötet ein voll ordinierter Mönch oder eine voll ordinierte Nonne einen Fötus, so verstößt er oder sie im Kern gegen die Gelübde.

Andererseits betrachtet man diese Dinge im Buddhismus so, daß es grundsätzlich von allergrößter Wichtigkeit ist, den Umständen entsprechend zu urteilen. Mag man auch eine generell verbindliche Richtschnur haben, so wird es doch stets Ausnahmefälle geben – darunter sogar die aktive Sterbehilfe. Selbstverständlich muß man Abtreibung normalerweise vermeiden. Doch unter ganz bestimmten Umständen mag es nachvollziehbar sein, daß man sich zur Abtreibung entschließt. Zum Beispiel, wenn für das Leben von Mutter und Kind eine ernste Gefahr besteht. Oder wenn sich für die Familie ganz schwerwiegende negative Konsequenzen ergeben würden.

Ähnlich stellt sich vom buddhistischen Standpunkt aus die

Frage der Sterbehilfe dar: Wenn es sehr viel Geld kostet, den Patienten am Leben zu erhalten, wenn dies die übrige Familie in Schwierigkeiten bringen würde und keine Hoffnung besteht, wenn also der Patient ohne mentale Funktionen im Koma bleiben würde, dann mag sie hinnehmbar sein. Wenn die Familie genügend Geld hat und den Patienten am Leben erhalten will, so ist das selbstverständlich ihr gutes Recht. Sind die Umstände jedoch so, daß dies zu vielfältigen Problemen führen würde, dann mag – in solchen Ausnahmefällen – Sterbehilfe erlaubt sein. Ebenso ist Abtreibung unter bestimmten Umständen möglich. Doch das müssen wir an Ort und Stelle entscheiden, von Fall zu Fall. So geht man im Buddhismus grundsätzlich vor.

Mit Schmerz, Leid und Verletzungen umgehen

(34) Geschähen die Dinge nach Wunsch,
so würde, da niemand zu leiden wünscht,
keinem verkörperten Wesen
ein Leid zustoßen.

(35) Dadurch, daß sie unachtsam sind,
verletzen sich die Menschen sogar selbst an Dornen und anderen Dingen.
Und wollen sie etwa eine Frau haben,
so sind sie davon ganz besessen und verzichten sogar auf Nahrung.

In den Strophen 34 und 35 legt Shantideva eine weitere Möglichkeit dar, mit Verletzungen oder mit Unrecht umzugehen. Sie besteht darin, daß man dem Übeltäter oder Aggressor gegenüber eine unbeteiligte Haltung einnimmt. Er weist darauf hin, daß man bei sorgfältiger Prüfung der Situation vielfach herausfinden kann, daß diese Handlungen zum Großteil aus Unwissenheit oder aus Unachtsamkeit begangen werden und daß außerdem der anderen Person keine große Wahl bleibt. Wäre dem nicht so, warum würden sich die Menschen dann mitunter selbst Schaden oder Schmerz zufügen? Wenn man also die Situation sorgfältig prüft, wird man erkennen, daß viele schmerzliche Handlungen nicht aus böser Absicht geschehen, sondern aus Achtlosigkeit oder mangelnder Sensibilität.

(36) Und manche schaden sich selbst
durch solch abscheuliche Handlungen wie,
sich zu erhängen, von Felsvorsprüngen zu springen,
Gift zu nehmen und schädliche Speisen zu verzehren.

(37) Wenn unter dem Einfluß störender Vorstellungen
die Menschen sogar ihr geschätztes Ich zunichte machen,
wie kann man dann von ihnen erwarten,
daß sie dem Körper anderer Lebewesen keinen Schaden zufügen?

Wenn es möglich ist, so legt Shantideva in Strophe 37 dar, daß ein Mensch sich aufgrund von Unwissenheit oder Achtlosigkeit Verletzungen oder Leid zufügt, dann ist es auch möglich, daß er in gleicher Weise anderen Leid zufügt. Ist man zu ersterem bereit, wird man auch zu letzterem fähig sein.

(38) Kann ich schon kein Mitgefühl für alle die Menschen aufbringen,
die sich vornehmen, mich zu töten und dergleichen,
weil in ihnen störende Vorstellungen aufkommen,
sollte ich wenigstens nicht wütend auf sie sein.

In Strophe 38 legt Shantideva uns nahe, statt haßerfüllt und wütend auf jene Menschen zu sein, die sich selbst und anderen Leid und Verletzungen zufügen, sollten wir eine angemessene Einstellung entwickeln. Das heißt, wir sollten Mitgefühl für sie aufbringen.

(39) Selbst wenn es in der Natur der Törichten läge,
anderen Wesen Leid zuzufügen,

wäre es dennoch ebenso unangemessen, wütend auf sie
zu sein,
als verübelte man dem Feuer, daß es in seiner Natur liegt,
zu brennen.

(40) Und handelte es sich denn um einen zeitweiligen
Makel nur,
bei jenen, die von Natur aus vertrauenswürdig sind,
wäre es dennoch ebenso unangemessen, wütend auf sie
zu sein,
als verübelte man dem Raum, daß er den Rauch
aufsteigen läßt.

In den nächsten Strophen zeigt Shantideva uns Vorbeugungsmöglichkeiten gegen das, was normalerweise Wut in uns aufkommen lassen würde. Wenn es in gewissem Sinn unweigerlich zur menschlichen Natur gehört, anderen Leid zuzufügen, so legt er dar, dann ist es zwecklos, der betreffenden Person daraus einen Vorwurf zu machen. Denn letzten Endes könne die oder der Betreffende daran nichts ändern. Schließlich ist es ja die essentielle Natur dieser Person, anderen Leid zuzufügen.

Handelt es sich dabei hingegen nicht um seine oder ihre essentielle Natur, sondern um ein Phänomen, das auf besondere Umstände zurückzuführen ist, so steht die Person, die einen Wutausbruch hat, unter dem Einfluß dieser besonderen Umstände. Und ihr oder ihm für diese Umstände die Verantwortung zu geben, ist zwecklos.

Im ersten Fall wäre es so, als wolle man dem Feuer verübeln, daß es brennt. Daß es zu brennen vermag, gehört zur essentiellen Natur des Feuers. Ihm zu verübeln, daß dies seiner Natur entspricht, ist vollkommen zwecklos. Wenn man im zweiten Fall über empfindende Wesen verärgert ist, die dem Einfluß besonderer Umstände unterliegen, so ist das so, als ärgere man sich über die Wolken, die den Himmel bedecken. Es ist nicht die essentielle Natur des Himmels, bedeckt zu sein. Je nach den Umständen jedoch ist der Himmel mitunter von Wolken bedeckt.

(41) Werde ich auf denjenigen wütend, der den Stock führt,
obwohl mir tatsächlich von seinem Stock Leid widerfährt,
sollte ich statt dessen auf seinen Haß wütend sein.
Denn da der Haß ihn treibt, kommt auch dieser Mensch
erst an zweiter Stelle.

In Strophe 41 verweist Shantideva auf eine andere Methode, mit der man versuchen kann, der aufkommenden Wut zu begegnen beziehungsweise ihr die Kraft zu entziehen und sie zu entschärfen: dadurch, daß man die unmittelbaren und die langfristig wirksamen Umstände untersucht, durch die es zu der jeweiligen Handlung oder Verletzung gekommen ist.

Einerseits könnten wir sagen, man sollte auf den Faktor oder Umstand wütend sein, der den Schmerz unmittelbar hervorruft. Schlägt uns zum Beispiel jemand mit einem Stock, sollte man demzufolge seine Wut tatsächlich gegen den Stock richten. Andererseits könnten wir sagen, man sollte auf die wirkliche oder eigentliche Ursache wütend sein, die diese Handlung hervorruft. In diesem Fall sollte man, da die Handlung von Haß motiviert ist, seine Wut auf ebenjenen Haß lenken.

Warum also suchen wir uns ausgerechnet die Mittelsperson heraus, die zwischen der direkten Ursache unserer Verletzung steht, dem Stock, und der mittelbaren, eigentlichen Ursache, dem Haß? Diesen beiden schenken wir keine Beachtung und richten all unsere Wut gegen diese Person. Shantideva stellt die logische Grundlage dafür rundweg in Frage.

(42) Zuvor muß ich anderen empfindenden Wesen
ähnliches Leid zugefügt haben.
Daher ist es richtig, daß dieses Leid mir,
der ich das Leid der anderen verursacht habe, vergolten
wird.

Hier ist davon die Rede, wie man denselben Vorgang – dadurch verletzt zu werden, daß uns jemand mit einem Stock schlägt – auf andere Weise betrachten kann. Da all unsere schmerzlichen

Erfahrungen, so legt Shantideva dar, Auswirkungen der negativen Handlungen sind, die wir in der Vergangenheit verübt haben, solle man bei der Berücksichtigung aller für das Entstehen dieser Verletzung verantwortlichen Faktoren auch sich selbst in Betracht ziehen. Denn letztlich erleide man diese spezielle Verletzung oder dieses Leid aufgrund der eigenen karmisch wirksamen Handlungen.

> (43) In der Waffe genauso wie in meinem Körper
> liegt die Ursache für mein Leid.
> Von ihm kommt die Waffe, von mir der Körper,
> auf wen sollte ich wütend sein?

In Strophe 43 bemerkt Shantideva, daß unsere Schmerzerfahrung auf einer Kombination verschiedener Umstände und Bedingungen beruht. Wenn uns zum Beispiel jemand einen Hieb mit einer Schlagwaffe versetzt, treffen zwei Umstände zusammen: Die von der anderen Person gegen uns geführte Waffe ist der eine, unser eigener Körper der andere. Denn es liegt in der ureigensten Natur des Körpers, den Verletzungsschmerz zu verspüren. Nur aufgrund der Tatsache, daß wir diesen Körper haben, kann sich überhaupt die Erfahrung von Schmerz oder einer Verletzung einstellen. Da erst durch die Kombination beider Faktoren, der Waffe des anderen und meinem Körper, Leid und Verletzung entstehen können, warum mache ich dann also ausgerechnet jenen ganz anderen Faktor zum Ziel meiner Wut?

Wenn Sie zum Beispiel wissen, daß hinter Ihrem Rücken jemand schlecht über Sie redet und Sie auf dieses negative Verhalten in der Weise reagieren, daß Sie sich verletzt fühlen oder wütend werden, zerstören Sie *Ihren* Geistesfrieden. Unser Schmerz ist unsere eigene Schöpfung. Eine tibetische Redensart besagt, man solle mit solchen Dingen so umgehen, als handele es sich um einen Lufthauch hinter unseren Ohren. Mit anderen Worten: einfach nicht beachten. Hielte man sich daran, so könnte man sich vor diesem schmerzlichen und qualvollen Gefühl schützen.

Dies zeigt: Ob man Schmerz empfindet, hängt in hohem Maße davon ab, wie man auf eine gegebene Situation reagiert. Es macht einen entscheidenden Unterschied, ob man zu empfindlich reagiert und die Dinge allzu ernst nimmt.

Vom buddhistischen Standpunkt aus reagieren wir also in unserem alltäglichen Leben mitunter auf Dinge von geringfügiger Bedeutung zu empfindlich. Gleichzeitig behandeln wir schwererwiegende Probleme, die langfristige Auswirkungen haben können, nicht mit der entsprechenden Sensibilität. Aus diesem Grunde werden in den Schriften gewöhnliche Menschen wie wir als kindisch oder töricht bezeichnet. Der Ausdruck *jhipa* (tib.: *byis pa*), kindisch oder töricht, wird in unterschiedlicher Weise verwendet: Manchmal – im herkömmlichen Sinn gebraucht – bezieht er sich auf das Alter; manchmal wird er als Bezeichnung für gewöhnliche empfindende Wesen benutzt, im Unterschied zu den edleren, den Arya-Wesen. Außerdem kann er zur Beschreibung von Menschen dienen, die sich einzig und allein mit den Angelegenheiten dieses Lebens befassen und ihrem künftigen Leben, dem Leben nach dem Tod, kein Interesse und keine Beachtung schenken. Unserer kindischen oder törichten Natur entspricht also die Neigung, Kleinigkeiten zu ernst zu nehmen und leicht gekränkt zu sein. Sehen wir uns hingegen Situationen gegenüber, die langfristige Konsequenzen haben, neigen wir dazu, die Dinge weniger ernst zu nehmen.

(44) Wenn ich in blindem Anhaften
an diesem quälenden Abszeß hänge, der menschlichen Gestalt,
die es nicht erträgt, daß man sie berührt,
auf wen sollte ich da wütend sein, wenn sie Schmerz empfindet?

In Strophe 44 merkt Shantideva an: Solange wir dieses Körper-Geist-Gefühl haben, die Fünf Anhäufungen, das Resultat unseres Karmas und trügerischer Vorstellungen, sind wir für Schmerz, Leid und Unzufriedenheit stets empfänglich.

(45) Die Törichten sind selbst schuld, daß sie Schmerz, empfinden,
denn obwohl sie nicht leiden wollen,
haften sie sehr an den Ursachen des Leids.
Warum sollten sie also auf andere wütend sein?

(46) Ebenso wie die Wächter der Höllenwelten
und der Wald der messerscharfen Blätter,
so wird dies (Leid) durch meine Handlungen hervorgebracht.
Auf wen sollte ich also wütend sein?

In Strophe 45 erklärt Shantideva, unser Schmerz und Leid werde zum Großteil durch diese törichte Natur hervorgerufen, die bewirkt, daß wir Kleinigkeiten zu ernst nehmen und gegenüber Angelegenheiten, die langfristige Bedeutung und langfristige Konsequenzen haben, gleichgültig bleiben. Warum sollten wir also, da doch Schmerz und Leid in Wahrheit unser eigenes Werk sind, anderen die Verantwortung für unsere schmerzlichen und leidvollen Erfahrungen geben und sie dafür zur Rechenschaft ziehen?

Nach dem Golfkrieg zum Beispiel wiesen viele Leute Saddam Hussein die Schuld zu. Aufgrund genau solcher Überlegungen wie der hier vorgenommenen habe ich bei verschiedenen Gelegenheiten gesagt: «Das ist ungerecht.» Unter solchen Vorzeichen empfinde ich wirklich Sympathie für Saddam Hussein. Selbstverständlich ist er ein Diktator, und selbstverständlich liegt da noch vieles andere im argen. Jedoch kann eine Armee ohne militärische Ausrüstung keinen Schaden anrichten. Diese ganze Ausrüstung haben sie nicht selbst hergestellt. So gesehen waren viele Nationen darein verwickelt. Doch gewöhnlich neigen wir dazu, anderen, einem äußeren Faktor, die Schuld zuzuschieben: Man konzentriert sich auf einen einzigen Sachverhalt und versucht, sich selbst von Schuld freizusprechen.

Ich denke also, diese Geistesübung besteht darin, die Dinge ganzheitlich zu betrachten und zu erkennen, daß stets viele

Vorkommnisse zusammentreffen. Wir dürfen nicht die Verantwortung einem einzigen Menschen allein zuweisen.

Nehmen Sie unser Problem mit den Chinesen als weiteres Beispiel. Ich denke, die tibetische Seite hat viel dazu beigetragen, daß diese tragische Situation entstanden ist. Dies gilt auch für unsere Generation. Eindeutig aber haben die vorangegangenen Generationen dies getan, zumindest über einen bestimmten Zeitraum hinweg. Es ist demnach ungerecht, China für alles die Schuld zuzuschieben.

Wenn wir also jede gegebene Situation unvoreingenommen, ehrlich und aus einem größeren Blickwinkel prüfen, wird uns klar, daß auch wir in hohem Maß für den Lauf der Dinge Verantwortung tragen.

(47) Meine Handlungen gaben den Anstoß dafür,
daß jene, die mir Leid zufügen, ins Dasein treten.
Sollten sie durch diese (Handlungen) in die Hölle geraten,
bin doch wohl ich derjenige, der ihren Untergang herbeiführt.

In Strophe 47 weist Shantideva darauf hin, daß unser negatives Karma und unsere in der Vergangenheit ausgeführten negativen Handlungen jenen anderen Menschen veranlaßt haben, uns diese Verletzung oder dieses Leid zuzufügen. Aufgrund ihrer negativen Handlung erzeugt die betreffende Person darüber hinaus negatives Karma. Daher bewirken wir in gewissem Sinn ihren Untergang. Denn aufgrund unseres Karmas nötigen wir den Übeltäter oder Aggressor dazu, negatives Karma hervorzubringen.

(48) Ich verdanke ihnen die Bereinigung vieler Missetaten,
indem ich das von ihnen bewirkte Leid hinnehme.
Hingegen werden sie meinetwegen
für sehr lange Zeit Höllenqualen erdulden müssen.

(49) Ich füge ihnen Leid zu,
und sie erweisen mir Wohltaten
– wozu also, unbändiger Geist,
deine völlig unangebrachte Wut?

Fügt uns ein anderer Mensch Leid oder eine Verletzung zu, so bedeutet dies einerseits, wie zuvor dargelegt, daß sie oder er negatives Karma ansammelt. Bei sorgfältiger Prüfung wird man allerdings erkennen, daß man gerade aufgrund dieser Handlung die Gelegenheit erhält, Geduld und Nachsicht zu üben. Aus unserem Blickwinkel ist dies also eine willkommene Gelegenheit; und wir sollten daher der Person, die uns diese Gelegenheit bietet, dankbar sein. So gesehen hat durch dieses Vorkommnis jemand anderes die Möglichkeit erhalten, negatives Karma anzusammeln; jedoch hat es uns auch eine Gelegenheit geboten, uns in Geduld zu üben und dadurch positives Karma zu bewirken. Warum also sollten wir auf eine völlig verkehrte Art und Weise reagieren und wütend sein, wenn uns jemand etwas zuleide tut, statt für die sich hier bietende Gelegenheit dankbar zu sein?

(50) Wenn mein Geist die edle Eigenschaft (der Geduld) hat,
werde ich nicht in der Hölle landen.
Mich kann ich zwar (auf diese Weise) schützen.
Doch wie wird es ihnen ergehen?

An diesem Punkt erheben sich zwei Fragen. Erstens: In dem Moment, da die andere Person mir etwas zuleide tut, gebe ich ihr die Möglichkeit, negatives Karma zu bewirken. Heißt das, daß ich im gleichen Moment ebenfalls negatives Karma ansammle, indem ich ihren Niedergang verursache? Shantidevas Antwort lautet: Nein. Nutzt man nämlich diese Gelegenheit zu einer positiven Reaktion und übt sich, statt negatives Karma anzusammeln, in Geduld und Nachsicht, so sammelt man Verdienst an, positives Karma.

Zweitens: Der andere Mensch hat mir dadurch, daß er mir

etwas zuleide tut, diese Gelegenheit gegeben, mich in Geduld und Nachsicht zu üben. Und dadurch ermöglicht er mir, segensreiches Karma anzusammeln. Hat damit derjenige, der einem etwas zuleide getan hat, ebenfalls positives Karma angesammelt? Shantidevas Antwort besagt, daß dem nicht so ist. Denn das Resultat, das karmische Verdienst, beruht auf der Übung in Geduld und Nachsicht. Dieses Resultat kann sich nur im Geist desjenigen Menschen einstellen, der sich darin, in Geduld und Nachsicht, übt.

(51) Übte ich jedoch Vergeltung für das Leid,
erhielten sie dadurch ebensowenig Schutz.
Doch meine Redlichkeit wäre zugrunde gerichtet
und meine innere Stärke zunichte gemacht.

Wird uns Leid oder eine Verletzung zugefügt und wir versuchen dies dem oder der Betreffenden heimzuzahlen, dann wird das, erklärt Shantideva, der anderen Person ohnehin keinen Nutzen bringen. Mehr noch, es wird ihr Schaden zufügen. Das läuft aber auch unseren eigenen Interessen zuwider. Bei jemandem, der Bodhichitta praktiziert, leidet die Bodhichitta-Praxis darunter. Außerdem wird die innere Stärke gemindert, die man durch Übung in Nachsicht und Geduld erworben hat. Mit solchen Reaktionen schädigt man sich selbst also ebenso wie die andere Person.

Fügt uns jemand Leid oder eine Verletzung zu und wir reagieren nicht positiv, indem wir Geduld und Nachsicht aufbringen, sondern mit Vergeltung und Rache, so führt dies in eine Art Teufelskreis. Wenn man sich rächt, wird die oder der Betreffende das nicht hinnehmen und sich gleichfalls rächen. Man wird dann seinerseits das gleiche tun, und so weiter. Auf der gesellschaftlichen Ebene kann dieser Teufelskreis von Generation zu Generation fortwirken – mit dem Resultat, daß beide Seiten leiden. So wird der ganze Lebenssinn verfehlt. In den Flüchtlingslagern zum Beispiel steigert sich von klein auf der Haß, und manche Menschen finden, dieser starke Haß liege im nationalen Interesse. Ich denke, das ist sehr negativ, sehr kurzsichtig.

Wir sprachen bereits darüber, wie man auf körperliche Verletzungen und das Leid, das einem von anderen widerfährt, angemessen reagieren und in welcher Weise man Nachsicht für die Betreffenden aufbringen sollte. Man darf dies keinesfalls dahingehend mißverstehen, Shantideva sage, daß wir uns geschlagen geben beziehungsweise einfach widerstandslos all das hinnehmen sollen, was uns jemand antut.

Das ist auch für jenen Aspekt der buddhistischen Praxis von Belang, der sich mit Großzügigkeit und Freigiebigkeit befaßt. Das Bodhisattva-Ideal verlangt bekanntlich, außerordentliche Freigiebigkeit zu entwickeln: Macht es die Situation erforderlich, daß der Bodhisattva Leib und Leben opfert, sollte die oder der Betreffende letzten Endes die Bereitschaft dazu aufbringen. Entscheidend ist dabei allerdings, daß man den Zeitfaktor nicht außer Betracht läßt. Diese Art von Bodhisattva-Praxis sollte man nicht anstreben, ehe die Zeit reif dafür ist – ehe man die für eine derartige Praxis notwendige Stärke, Verwirklichung und so weiter entwickelt hat. Es ist also sehr wichtig, daß man weiß, wann der richtige Zeitpunkt gekommen ist.

Das steht in Zusammenhang mit etwas anderem, auf das ich bereits hingewiesen habe: Für eine Angelegenheit von untergeordneter Bedeutung sollte man nicht etwas aufgeben oder opfern, womit man viel mehr ausrichten könnte. Demnach empfiehlt Shantideva denjenigen, die Bodhichitta praktizieren, keineswegs, daß sie jegliches Leid, das andere ihnen zufügen, Körperverletzungen etwa, widerstandslos hinnehmen. Vielmehr könnte das beste und klügste Verhalten nötigenfalls darin bestehen, einfach das Weite zu suchen, kilometerweit!

Daß ich auf die Bedeutung des passenden Zeitpunktes hinweise, hat einen guten Grund. In den Schriften finden wir nämlich Berichte von großen Meditierenden, die solche Opfer gebracht haben. In den Jatakas zum Beispiel steht, daß der Buddha in einem seiner Leben bereitwillig alle Verletzungen auf sich nahm, die man ihm zufügte. Er ließ zu, daß sein Leib zerrissen, zerstückelt und verstümmelt wurde. Er ist diesen Situationen nicht ausgewichen, sondern hat sich ihnen gestellt. Diese Art von Praxis ist Menschen möglich, die höhere Stufen der Verwirklichung erreicht und die Gewißheit haben, daß sie damit einem wichtigen Anliegen zum Erfolg verhelfen.

All diese Beispiele machen eines deutlich: Widmet man sich der Praxis, muß man unbedingt fähig sein, den Umständen Rechnung zu tragen. Man muß die langfristigen und die kurzfristigen Konsequenzen, das Pro und Kontra der Situation abwägen können.

Im Vinaya – jener Gruppe von Schriften, die sich mit ethischen Fragen und der klösterlichen Disziplin befassen – ist im großen und ganzen die Haltung zu ethischen Fragen weniger flexibel als im Mahayana. Doch auch im Vinaya gab der Buddha Belehrungen zu verschiedenen, allgemein vorgeschriebenen beziehungsweise untersagten Handlungen, um dann Ausnahmefälle darzulegen, in denen dieselbe Handlung unter anderen Voraussetzungen unzulässig beziehungsweise zulässig ist. Ebenso stellte er verschiedene Regeln auf, die seine Schüler befolgen müssen. Unter bestimmten Umständen machte er jedoch für gewisse Personen oder einen bestimmten Zeitpunkt Ausnahmen, bei denen es nicht notwendig war, der Vorschrift Folge zu leisten. Sogar die weniger flexible Vinaya-Position nimmt also auf die Situation und den Gesamtzusammenhang Rücksicht.

Von dem Leid und den Verletzungen, die andere uns zufügen, war bisher vornehmlich im Sinne von Körperverletzung und physischem Leid die Rede; davon, wie man mit ihnen umgehen und in geeigneter Weise auf solche Handlungen reagieren kann. In den nächsten Strophen spricht Shantideva über den Umgang mit Verletzungen, die nicht körperlicher Natur sind: etwa über die Verletztheit, die dadurch entsteht, daß uns jemand beleidigt oder schlechtmacht.

(52) Da mein Geist immateriell ist,
kann er von nichts und niemandem zerstört werden.
Infolge seiner starken Anhaftung an meinem Körper
wird er jedoch durch (physisches) Leid in Mitleidenschaft
gezogen.

(53) Geringschätzigkeit, grobe
und unfreundliche Worte
tun dem Körper nichts zuleide.
Warum also, Geist, wirst du so wütend?

In den Strophen 52 und 53 ruft Shantideva uns in Erinnerung, daß der Geist immateriell ist. Er spricht über die Beziehung zwischen Körper und Geist und fragt, warum der Geist, wenn sich jemand abschätzig verhält, sich einer groben Sprache bedient und uns beleidigt, auf die betreffende Person wütend sein sollte. Denn sie oder er tut ja dem Körper unmittelbar nichts zuleide.

(54) – Andere werden eine Abneigung gegen mich
empfinden. –
Doch daran werde ich nicht zugrunde gehen,
weder in diesem Leben noch in einem anderen.
Warum also erregt diese (Abneigung) meinen Unwillen?

Shantideva nimmt hier ein Argument vorweg, das man zur Rechtfertigung vorbringen könnte: Geringschätziges Verhalten, Beleidigungen und dergleichen rufen zwar keine unmittelbaren physischen Verletzungen oder Schäden hervor, aber sie werden dazu führen, daß andere mich ablehnen, daß sie mich nicht leiden können; deshalb muß ich wütend sein.

Shantideva argumentiert, all dies sei kein wirklicher Grund, auf solche Vorkommnisse wütend zu reagieren. Denn mögen andere mich auch nicht leiden können – daran wird weder dieses noch ein künftiges Leben scheitern. Reagiert man hingegen negativ auf solches Verhalten anderer Menschen, indem man die Beherrschung verliert und wütend wird, so wird das Resultat letztendlich selbstzerstörerisch sein. Denn diese Reaktion wird den inneren Frieden und die geistige Gelassenheit zunichte machen. Dann stehen wir auf verlorenem Posten.

Wiederum empfiehlt Shantideva uns hier keineswegs, die Meinung der anderen total zu mißachten beziehungsweise uns nicht um das zu kümmern, was andere Leute denken. Dies zu glauben, wäre ein grobes Mißverständnis. Vielmehr finden wir in «Eintritt in den Weg zum Erwachen» eine Strophe, in dem Shantideva sagt: Immer, wenn man sich in eine andere Gegend oder eine andere Stadt begebe, solle man die dortigen Bräuche kennenlernen; man solle lernen, so zu leben, daß man den anderen Leuten nicht zu nahe tritt. Und zwar deshalb, weil man den anderen eher von Nutzen sein kann, wenn man ihnen Freude bereitet. An diesen Leitsatz hält sich ein Bodhisattva.

Man muß freilich wissen, in welchem Zusammenhang die hier wiedergegebene Aussage steht: Die von Shantideva beschriebene Denkweise soll verhindern, daß man auf die Beleidigung oder Geringschätzung eines anderen Menschen wütend reagiert. Nur um diesen ganz speziellen Kontext geht es.

(55) – Das wird der Mehrung meines weltlichen Besitzes hinderlich sein. –
Ob ich will oder nicht,
meine weltlichen Besitztümer werde ich zurücklassen müssen,
und allein meine Missetaten werden unverändert weiter vorhanden sein.

In dieser Strophe greift Shantideva einem weiteren Rechtfertigungsversuch vor: dem Argument, daß wir uns dazu berechtigt fühlen könnten, jemandem seine Beleidigungen, seine üble Nachrede, seine Herabsetzungen heimzuzahlen, weil sich ansonsten Nachteile in bezug auf unsere weltlichen Besitztümer, Erfolge und Errungenschaften ergäben; weil wir am Erreichen unserer weltlichen Ziele gehindert sein könnten, wenn wir uns für dieses Verhalten nicht revanchieren würden.

Shantideva läßt dies nicht gelten. Selbst wenn ein solches Verhalten anderer Menschen der Mehrung unseres weltlichen Besitzes im Wege stehen sollte – letzten Endes muß man den weltlichen Besitz doch zurücklassen. Von Interesse und von Nutzen ist er nur in diesem Leben. Wenn man stirbt, kann man ihn nicht mitnehmen. Er ist also nicht von solch großer Bedeutung. Reagiert man jedoch negativ auf die Beleidigungen oder das herabsetzende Verhalten anderer Menschen – etwa indem man die Beherrschung verliert und ihnen Schaden zufügt –, wird man an dem so entstandenen Karma noch lange zu tragen haben, auch in künftigen Leben.

(56) Daher ist es besser, heute zu sterben,
als ein langes, jedoch schändliches Leben zu haben.
Denn könnten Menschen wie ich auch lange leben,
das Leid des Todes wird es immer geben.

(57) Angenommen, jemand erwachte aus einem Traum,
in dem er einhundert Jahre voller Glück erlebte;
und angenommen, jemand anderes erwachte aus einem Traum,
in dem er gerade einen einzigen Augenblick voller Glück erlebte.

(58) Für diese beiden Menschen, die wach wurden,
wird jenes Glück nie wiederkehren.
Ebenso wird zum Zeitpunkt des Todes mein Leben zu Ende sein,
gleichgültig, ob es lange gewährt haben mag oder kurz.

(59) Dadurch, daß ich großen materiellen Wohlstand erwerbe,
kann ich vielleicht für lange Zeit glücklich leben.
Doch mit leeren Händen und völlig mittellos werde ich von dannen gehen,
als wäre ich von einem Dieb ausgeraubt worden.

In diesen Strophen führt Shantideva aus, daß es besser ist, heute zu sterben, als lange zu leben in einem materiellen Wohlstand, den man mit unlauteren Mitteln erworben hat. Denn früher oder später wird man ohnehin sterben, und die erworbenen

Güter bleiben zurück. Die negativen Auswirkungen der begangenen Schandtaten wird man hingegen mit hinübernehmen, bis weit in die Zukunft. Die vergänglichen Freuden und Glücksmomente eines Lebens in materiellem Überfluß, den man sich durch üble Methoden oder einen unlauteren Lebenswandel angeeignet hat, werden jedenfalls zur Zeit des Todes bloß belanglose Erinnerungen sein – ähnlich den Erinnerungen an einen vergangenen Traum. Dabei spielt es keine Rolle, wie lange man auf diese Art und Weise gelebt hat. Qualitativ ergibt sich daraus kein Unterschied im Vergleich zu jemandem, der nur einen einzigen Augenblick lang ziemlich glücklich gelebt hat. Sind Freude und Glück Vergangenheit, ähneln sie nur noch einem Traum.

(60) – Von meinem Wohlstand werde ich gewiß leben können,
und dann kann ich mit meinen Missetaten aufhören und Gutes tun. –
Wenn ich jedoch um seinetwillen wütend bin,
wird dann nicht mein Verdienst zunichte gemacht und der Schaden groß sein?

(61) Und wozu taugt das Leben
desjenigen, der nur schändlich handelt,
indem er dem materiellen Gewinn zuliebe
das (für das) Leben (notwendige Verdienst) zuschanden macht?

Hier kommt Shantideva einer weiteren Reaktion zuvor, indem er erklärt, jemand könne vielleicht folgendermaßen denken: «Dadurch, daß ich mir materiellen Wohlstand verschaffe, werde ich gewiß nicht nur ein komfortables Leben führen. Vielmehr werde ich auch die Möglichkeit erhalten, viele segensreiche Dinge zu tun, und dadurch werde ich mir Verdienste erwerben. In Anbetracht dessen bin ich bestimmt dazu berechtigt, jemand anderem jede Handlung heimzuzahlen, die mich daran hindert, diesen Wohlstand zu erlangen.» Shantideva macht deutlich, daß dies kein hinreichender Grund für ein derartiges Verhalten ist. Vergleicht man nämlich das Verdienst, das man durch heilsame Handlungen aufgrund des erworbenen Wohlstands ansammeln kann, mit dem negativen Karma, das man durch Vergeltungsmaßnahmen gegen Beleidigungen und dergleichen bewirkt, so steht beides in keinerlei Verhältnis zueinander: Die negativen Handlungen überwiegen bei weitem die wenigen heilsamen Handlungen, die man vielleicht ausführt. Damit läßt sich die Vergeltung von Beleidigungen oder geringschätzigem Verhalten also nicht rechtfertigen.

(62) – Gewiß sollte ich auf diejenigen wütend sein,
die mit unliebsamen Bemerkungen bei anderen (das
Vertrauen in mich) untergraben. –
Warum bin ich dann aber nicht genauso wütend
über Menschen, die unliebsame Dinge über andere sagen?

(63) Wenn ich diesen Mangel an Vertrauen geduldig
hinnehmen kann,
weil er jemand anderem gilt,
warum bin ich dann bei unliebsamen Worten (über mich)
nicht geduldig,
zumal sie doch auf störende Vorstellungen zurückzuführen
sind?

Hier greift Shantideva wiederum einem Rechtfertigungsversuch vor. Jemand könnte sagen: «Wenn mich einer beleidigt, geringschätzig behandelt oder schlecht über mich redet, ist es gerechtfertigt, daß ich auf den Betreffenden wütend bin. Denn die anderen werden ihr Vertrauen in mich verlieren.»

Wenn dies wirklich gerechtfertigt wäre, argumentiert Shantideva, wenn dies der Fall wäre, warum sollte man dann nicht auf andere Menschen wütend sein, die über einen Dritten schlecht reden? Darauf wird man vielleicht entgegnen: «Was geht es mich an, wenn jemand eine andere Person beleidigt?»

Meditation
In dieser Meditationssitzung wollen wir jemanden visualisieren, über den Sie sich ärgern, mit dem Sie viele Probleme haben, der Ihnen auf die Nerven geht. Stellen Sie sich ein Szenarium vor, in dem Sie über die betreffende Person erzürnt, in irgendeiner Weise gekränkt oder verärgert sind. Und wenn dies in Ihrer Vorstellung Gestalt annimmt, lassen Sie Ihre natürliche Reaktion darauf zu, lassen Sie sie einfach vor sich ablaufen. Und geben Sie acht, ob sich zugleich Ihr Herzschlag erhöht. Achten Sie auf Ihre Empfindungen. Schauen Sie, ob sich unverzüglich Mißbehagen bei Ihnen einstellt oder ob Sie um so größere Ruhe und Gelassenheit entwickeln. Bilden Sie sich Ihr Urteil, und versuchen Sie, drei oder vier Minuten lang, diese Dinge zu ergründen.

Entwickeln Sie dann in der letzten Minute ein Verständnis dafür, daß wir nichts davon haben, wenn wir dem Ärger seinen Lauf lassen: Unverzüglich verlieren wir unsere Geistesruhe. Sagen Sie sich also: «In Zukunft will ich dies niemals wieder zulassen.» Nehmen Sie sich das fest vor, und entspannen Sie sich dann. Verweilen Sie ganz gelöst in meditativer Versenkung.

Fragen an den Dalai Lama

Frage: Kann man außer der Besinnung auf das Leid noch andere Techniken oder Gegenmittel entwickeln, um auf den Stolz Einfluß zu nehmen?

Dalai Lama: Ein Gegenmittel ist die Besinnung darauf, welch große Wissensvielfalt es gibt. Für Buddhisten besteht ein Mittel gegen den Stolz in der Besinnung auf die vielfältigen Klassifikationen, die man in den Sutras findet, auf die verschiedenen Möglichkeiten, wie man die Wirklichkeit auffassen kann, und so weiter. Ein anderes Beispiel ist das moderne Bildungssystem mit seiner Vielzahl von wissenschaftlichen Fachgebieten. Darüber nachzudenken, über wie viele Wissensbereiche man nicht Bescheid weiß, kann zur Überwindung von Stolz beitragen.

Frage: Welche Rolle spielt Vergebung bei der Stärkung von Nachsicht und Geduld?

Dalai Lama: Vergebung ist eher ein Ergebnis, eine Folge von Nachsicht und Geduld. Ist man wahrhaft nachsichtig und geduldig, stellt Vergebung sich von alleine ein. Es besteht also eine enge Verbindung.

Frage: Welche Stellung kommt den Frauen im Buddhismus zu? Wir alle haben von den Auswüchsen, Vorurteilen und regelrechten Entgleisungen gehört, denen Frauen im Buddhismus ebenso wie in anderen Religionen ausgesetzt sind. Die buddhistischen Texte bringen offenbar männliche Auffassungen zum Ausdruck. Für Frauen scheinen jedoch im sozialen Bereich und auf physischer Ebene andere Gesichtspunkte im Vordergrund zu stehen. Gibt es für weibliche Laien und Nonnen Übungen, Texte und so weiter, die uns helfen, die schwerer zu erfassenden Aspekte des Weges zu bewältigen? Wie unterscheidet sich das Leben einer Nonne vom Leben eines Mönchs?

Dalai Lama: Es stimmt schon: Da viele indische Pandits, die wir als Autoritäten, als Quellen für die buddhistische Literatur in Tibet zitieren, männliche Praktizierende waren, spiegeln sich in ihren Schriften vor allem männliche Betrachtungsweisen wider.

Die zweite Frage, die Sie angeschnitten haben, ist ein wenig komplizierter. Erst einmal hat Buddha den Vinaya-Regeln zufolge Männern und Frauen Chancengleichheit eingeräumt. Im *Vinaya-Sutra* gibt es Regeln für die volle Ordination von Männern wie von Frauen. Ich denke allerdings, daß aufgrund von kulturellen Gesichtspunkten dem *bhikshu* eine Vorrangstellung eingeräumt wird und die *bhikshuni* erst danach kommt. So gesehen herrscht also eine gewisse Diskriminierung.

Ebenso sind bei sämtlichen Übungen, die sich auf die Gelübde des Bodhisattva-Weges und des Tantra beziehen, männliche und weibliche Praktizierende gleich. In bestimmten Texten finden wir allerdings Aussagen, denen sich entnehmen läßt, daß ein Bodhisattva auf der letzten Stufe vor der vollen Erleuchtung notwendigerweise eine männliche Daseinsform hat.

Aus der Perspektive des höchsten Yoga-Tantra besteht nicht nur auf dem Weg Chancengleichheit, sondern jeder Praktizierende, Mann oder Frau, kann auch voll erleuchtet werden. Hier macht man also keinen Unterschied, und es gibt keine Diskriminierung. Wie auch immer, im höchsten Yoga-Tantra schenkt man offenbar den Rechten der Frauen besondere Beachtung. Denn bei einer Auflistung der tantrischen Gelübde im höchsten Yoga-Tantra wird unter den grundlegenden Gelübden die Verpflichtung aufgeführt, Frauen nicht zu beschimpfen oder zu beleidigen. Diese Punkte hat man, glaube ich, in die Gelübde aufgenommen, weil es auf der gesellschaftlichen Ebene manches Vorurteil gegenüber Frauen gibt. Also achtet man besonders darauf, die Würde und die Rechte der Frau zu respektieren. Im Idealfall setzt man bei einem Praktizierenden des höchsten Yoga-Tantra in der Tat den Frauen gegenüber ein spezielles Verhalten voraus; und bei einem Praktizierenden der Mutter-Tantras wird ganz besonderer Wert darauf gelegt: Es wird empfohlen, daß man sich, sofern nicht ausdrücklich etwas dagegen spricht, vor jeder Frau, der man begegnet, niederwirft und ihr Ehrerbietung erweist. Falls das körperliche Sichniederwerfen nicht möglich ist, sollte man ihr seine Ehrerbietung in geistiger Form erweisen.

Einen männlichen Praktizierenden nicht zu beschimpfen und zu beleidigen betrachtet man hingegen nicht als ein grundlegendes Gelübde. Dies macht deutlich, daß man dem Respekt, der den Frauen gebührt, besondere Aufmerksamkeit widmet. Daher herrscht, so meine ich, im Grunde Chancengleichheit.

Trotzdem besteht aufgrund des Gesellschaftssystems die Gefahr, daß es Mißstände gibt oder daß man auf Frauen herabblickt. Aber das besondere Gewicht, das man hier diesem Punkt beimißt, spricht meines Erachtens deutlich für vollständige Gleichheit. Betrachtet man diese Frage von der Warte des Bodhisattva-Weges aus, so herrscht, denke ich, völlige Gleichheit.

Die weibliche Schutzgottheit Tara ist meines Erachtens eine der einflußreichsten Feministinnen. Wie die Legende berichtet, faßte Tara, als sie den selbstlosen Vorsatz entwickelte, zum Wohl der anderen Wesen vollkommen erleuchtet zu werden, einen Entschluß: Sie sah, daß es so viele männliche Bodhisattvas gab, daß so viele Bodhisattvas auf dem Weg männlich waren und so viele Bodhisattvas in der männlichen Daseinsform Buddhaschaft erreicht hatten. Daher war sie fest entschlossen, nicht bloß in ihrer gegenwärtigen weiblichen Gestalt Bodhichitta zu entwikkeln, sondern diese weibliche Gestalt auch auf ihrem weiteren Weg beizubehalten – und darüber hinaus auch noch nach ihrer vollständigen Erleuchtung.

Frage: Können Sie das Problem des Selbsthasses und die buddhistischen Mittel, die es lindern sollen, erläutern?

Dalai Lama: Tatsächlich war ich ziemlich erstaunt und bestürzt, als ich zum ersten Mal das Wort «Selbsthaß» hörte und mit dieser Vorstellung konfrontiert wurde. Ich habe es deshalb ganz ungläubig zur Kenntnis genommen, weil wir als praktizierende Buddhisten sehr hart daran arbeiten, unsere selbstbezogene Einstellung, unsere selbstsüchtigen Gedanken und Motivationen zu überwinden. Sich auch nur die Möglichkeit vorzustellen, jemand könne sich hassen und sei sich nicht liebevoll zugetan, war daher etwas ganz Unglaubliches für mich. Aus buddhistischer Sicht ist Selbsthaß sehr gefährlich. Schon in einem entmutigten oder deprimierten Geisteszustand sieht man ja ein Extrem. Und sich selbst zu hassen ist weitaus extremer als deprimiert zu sein.

Ein Gegenmittel sieht man in der – uns spontan gegebenen – Buddha-Natur: in der Annahme oder dem Glauben, daß jedes empfindende Wesen, insbesondere jeder Mensch, an der Buddha-Natur Anteil hat. Das Potential, ein Buddha zu werden, ist vorhanden. Tatsächlich hebt Shantideva diesen Punkt in «Eintritt in den Weg zum Erwachen» sehr deutlich hervor. Er betont, daß selbst solch schwache empfindende Wesen wie Fliegen, Bienen und andere Insekten Buddha-Natur besitzen; und daß sie zu voller Erleuchtung fähig sind, wenn sie den Schritt vollziehen, sich auf den Weg zu begeben. Warum sollte demzufolge ich, der ich ein Mensch bin, über Intelligenz und all diese menschlichen

Fähigkeiten verfüge, nicht ebenfalls vollauf erleuchtet werden können, wenn ich diesen Schritt vollziehe? So wird dieser Punkt nachdrücklich betont. In seinem Text mit dem Titel «Erhabene Kontinuität» legt Maitreya dar, wie die Buddha-Natur im Mahayana-Buddhismus verstanden wird: Demnach verliert ein empfindendes Wesen niemals seine Buddha-Natur - gleichgültig, wie armselig, hoffnungslos oder entbehrungsreich seine derzeitige Situation auch sein mag. Der Samen, das Potential zur Vollendung und vollkommenen Erleuchtung, bleibt stets erhalten.

Für Menschen mit dem Problem des Selbsthasses beziehungsweise der Abscheu vor sich selbst ist es ratsam, einstweilen nicht ernstlich über die Leidensnatur des Daseins oder die grundlegend unbefriedigende Daseinsnatur nachzudenken. Vielmehr sollten sie sich mehr auf die positiven Aspekte konzentrieren, etwa die Möglichkeiten schätzen lernen, die uns als Menschen innewohnen, die Gelegenheiten, die unsere menschliche Daseinsform bietet. In den traditionellen Belehrungen ist in diesem Zusammenhang von einem mit allen Fähigkeiten ausgestatteten menschlichen Dasein die Rede. Indem man sich auf diese Möglichkeiten besinnt, wird man sein Selbstwertgefühl und sein Selbstvertrauen steigern können.

Wichtig ist hier also wiederum ein sehr geschicktes Vorgehen; ein Vorgehen, das den eigenen geistigen Kräften, Dispositionen und Interessen gerecht wird und auf diese zugeschnitten ist. Nehmen wir zum Vergleich an, Sie müßten jemanden zu einer Reise von einer Stadt in eine sehr weit entfernte andere Stadt bewegen; und nehmen wir weiterhin an, die oder der Betreffende sei nicht sonderlich couragiert. Teilt man ihr oder ihm mit, welche Schwierigkeiten es auf dem Weg geben könnte, wird das die betreffende Person womöglich vollkommen verschrecken. Sie oder er wird sich entmutigt fühlen, jede Hoffnung verlieren und denken: «Niemals werde ich es schaffen, dorthin zu gelangen.» Geht man hingegen mit mehr Geschick vor und führt die betreffende Person Schritt für Schritt dorthin, kann man sein Ziel erreichen. Zunächst sagt man: «Komm, wir fahren in diese

Stadt.» Und dort angekommen: «Komm, laß uns nun in eine andere Stadt fahren.»

Entsprechend ist auch unser Bildungssystem aufgebaut. Wir mögen zwar das Ziel vor Augen haben, auf die Universität zu gehen und eine akademische Ausbildung zu erhalten. Doch können wir das nicht gleich zu Beginn unserer Ausbildung. Wir müssen zunächst die Grundschule besuchen, wo wir mit dem Alphabet anfangen, und so weiter. Nach und nach wird man die nächste Ausbildungsstufe erreichen, und danach wieder die nächste, und so weiter. So kann man schließlich ans Ziel gelangen.

Bei der Dharmapraxis verhält es sich ebenso. Es ist sehr wichtig, sich jeweils die Methoden zunutze zu machen, die den derzeitigen persönlichen Voraussetzungen am besten entsprechen. Zum Beispiel sind die Menschen unterschiedlich veranlagt: Manche sind vielleicht eher überheblich und eingebildet. Sie sollten den ihnen entsprechenden Weg einschlagen und die ihrem Naturell angemessene Methode wählen. Bei manchen mögen Verlangen und Wut – oder eine beliebige andere Emotion – stärker ausgeprägt sein. Ein solcher Mensch muß sich nach einer Technik oder Methode umschauen, die dieser Tendenz gerecht wird. Manche wiederum mögen weniger Mut und Selbstvertrauen haben, und jemand sollte eine Vorgehensweise für sich in Anspruch nehmen, die diesem Naturell entspricht. So legt Aryadeva in seinem Text «Vierhundert Strophen» in aller Ausführlichkeit dar, wie man jeden Schüler seiner geistigen Veranlagung gemäß auf dem Weg geleitet.

Tatsächlich existiert hierfür ein Präzedenzfall. Zu Buddhas Zeit gab es einen König, der das schändliche Verbrechen des Vatermords begangen hatte. Angesichts seiner Untat verfiel er in tiefe Verzweiflung. Bei einem Besuch äußerte sich Buddha hierzu. Er sagte, man müsse die Eltern töten – was er jedoch nicht im buchstäblichen Sinn meinte. Buddha gebrauchte den Ausdruck «Eltern» als Sinnbild für das Verlangen und die Anhaftung, die zur Wiedergeburt führen. Indem Karma und Verlangen durch ihre Vereinigung die Wiedergeburt bewirken, sind sie nämlich in gewissem Sinn wie Eltern. Als er sagte, die Eltern müßten getötet werden, meinte er damit, man müsse sich von Karma und Verlangen befreien.

Buddhas Erklärungen in manchen Sutras, in denen er sogar die Theorie eines Selbst, einer Seele akzeptiert, sollte man unter diesem Blickwinkel sehen: Einfühlsam auf die Erfordernisse jedes einzelnen Praktizierenden einzugehen ist von entscheidender Bedeutung.

Frage: Durch Einsicht in die Natur von Samsara können wir zu wirklicher Entsagung gelangen. Wie gewinnt man Einsicht in die Natur von Samsara? Gelangen wir zur Entsagung, weil wir so viel Leid erleben? Oder weil wir die Natur des Leids erkennen?

Dalai Lama: Die Erkenntnis, daß man leidet, gewährleistet alleine noch nicht die Fähigkeit zu echter Entsagung. Zusätzlich bedarf es der Erkenntnis, worin das Leid seinen Ursprung hat und was dazu führt, daß man leidet. Durch die Kombination von beidem – sich darüber klarzuwerden, daß man leidet, und den Ursprung des Leids zu erkennen – gelangt man zu Entsagung.

Man sagt, von den drei Arten des Leids – offenkundiges Leid, das Leid der Veränderung und das allgegenwärtige Leid des bedingten Daseins – gebe es in bezug auf das offenkundige Leid selbst bei den Tieren instinktiv den Wunsch, davon freizukommen. Hierbei kann man nicht von Entsagung sprechen. Es läßt sich insofern von einer Tendenz zur Entsagung sprechen, als man hier Freiheit von Leid anstrebt. Doch man kann es nicht als echte Entsagung bezeichnen.

Erkennen, daß die Natur des Leids in Veränderung besteht, und den Wunsch entwickeln, davon freizukommen, können auch nichtbuddhistische Meditierende, denen es vor allem darum geht, einen meditativen Versenkungszustand zu erreichen. Darin liegt jedoch nicht die Bedeutung von wahrer Entsagung im buddhistischen Verständnis.

Wahre Entsagung läßt sich nur in bezug auf die dritte Leidensebene erreichen, auf der man die grundlegend unbefriedigende

Daseinsnatur erkennt, das allgegenwärtige Leid des bedingten Daseins. Gewinnt man diese Erkenntnis, so gelangt man tatsächlich an den Ausgangspunkt, die Wurzel des Problems. Denn diese Erkenntnis beruht auf der Einsicht, daß unser Dasein das Resultat von Karma und trügerischen Vorstellungen ist.

Wahre Entsagung muß, wie ich zuvor schon deutlich gemacht habe, aus der Einsicht in die dynamische, wechselhafte Natur unseres Daseins erwachsen. Die von Augenblick zu Augenblick sich verändernde Natur der Erscheinungen verweist uns darauf, daß auch wir keinen Bestand haben und keine Unabhängigkeit besitzen. Im Fall unseres Körper-Geist-Gefüges, der Fünf Anhäufungen, sind die entscheidenden Faktoren unser Karma und unsere trügerischen Vorstellungen; und indem wir den negativen Charakter dieser für die Entstehung der Fünf Anhäufungen ausschlaggebenden Dinge erkennen, wird die wahrhaft unbefriedigende Leidensnatur dieser Anhäufungen offenbar. So entsteht echtes Verlangen nach Befreiung aus dieser spezifischen Daseinsform. Das ist wirkliche Entsagung. Ich denke, um echte Entsagung erlangen zu können, muß die oder der Betreffende auch hier wieder erkennen, daß Freiheit möglich ist; mit anderen Worten, daß man Nirvana, Befreiung, erreichen kann.

Könnte man hingegen allein durch Besinnung auf die Natur des Leids wahre Entsagung erreichen, hätte Buddha nicht über die Vier Edlen Wahrheiten zu sprechen brauchen. Er hätte einfach darauf verzichten können. Wenn wir von der Natur des Leids reden, müssen wir allerdings bedenken, daß man diese auf zweifache Weise verstehen kann. Zum einen aus jener Sicht, aus der wir über Leerheit, die letztendliche Wirklichkeit der Leidensnatur, sprechen. Wenn wir jedoch die Natur des Leids im Kontext von Entsagung erörtern, geht es nicht um dieses Verständnis. Hier sprechen wir in einem konventionelleren Sinn von der Natur des Leids.

Frage: Wenn unser Ziel darin besteht, die Emotionen loszuwerden, von Emotionen frei zu sein, wie können wir dann Mitgefühl empfinden? Ist Mitgefühl keine Emotion?

Dalai Lama: Es wird Sie vielleicht interessieren, etwas über eine Diskussionsrunde mit einigen Wissenschaftlern zu hören, an der ich teilgenommen habe. Wir haben darüber gesprochen, wie man Emotionen definieren kann. Zum Schluß waren wir uns alle darin einig, daß selbst auf der Stufe der Buddhaschaft noch Emotionen vorhanden sind. So gesehen, kann man also ganz bestimmt sagen, daß Mitgefühl eine Emotion ist.

Emotionen sind nicht notwendigerweise etwas Negatives. Eine Emotion kann beides sein: aufbauend und zerstörerisch. Beseitigen sollten wir die zerstörerischen Emotionen.

Frage: Kann auch ein bekennender Christ ein buddhistisches Gelübde ablegen? Ich habe eine sehr starke christliche Bindung, ja, ich bin ordiniert. Dessenungeachtet scheint es nach meinem Verständnis zwischen der Lehre Jesu und dem buddhistischen Weg der Spiritualität eine Vereinbarkeit und Übereinstimmung zu geben, die es zuläßt, daß man beides gutheißt und beides praktiziert, Christentum und Buddhismus; denn beide streben nach dem Licht, sind der Weg der Wahrheit, Liebe und Freiheit. Einer der Lehrer in meinem Leben war Thomas Merton, ein katholischer Priester, Mönch und praktizierender Buddhist.

Dalai Lama: Selbstverständlich gibt es in sämtlichen großen religiösen Überlieferungen der Welt zahlreiche gemeinsame Elemente. Deshalb glaube ich, daß man zu Anfang Buddhismus und Christentum gleichzeitig praktizieren kann, und vielleicht noch manch andere Religion. Ich denke, das ist sehr gut.

Fraglich wird dies in einem späteren Stadium. Dann ist es ähnlich wie auf dem Bildungssektor: Um zum Sachverständigen werden zu können, muß man sich für einen speziellen Bereich entscheiden. Erreicht man eine bestimmte Stufe der buddhistischen Praxis, besteht ein maßgeblicher Aspekt des Weges im wirklich gelebten Wissen um die Leerheit. Die Vorstellung von Leerheit und die von einem absoluten Schöpfer sind, denke ich, schwer miteinander vereinbar. Für den praktizierenden Christen ist jedoch der Glaube an den Schöpfer und die Allmacht dieses Schöpfers ein wichtiges Element der eigenen Überlieferung.

Dieser Glaube verhilft dazu, Selbstdisziplin, Mitgefühl oder Vergebung zu entwickeln und in der innigen Beziehung zu Gott steigern zu können. Das ist etwas ganz Essentielles.

Außerdem wird es, wenn man Gott als absolut und allmächtig ansieht, ein bißchen schwierig mit der Vorstellung, alles sei relativ. Hat man allerdings ein Gottesverständnis im Sinn einer letztendlichen Natur der Wirklichkeit oder letzten Wahrheit, dann ist eine Betrachtungsweise möglich, die beides in Übereinstimmung bringt. Die Vorstellung von Gottvater, Sohn und Heiligem Geist ließe sich dann so verstehen, daß man sie zu dem Trikaya, den «Drei Körpern», in Beziehung setzt, dem Sambhogakaya, dem Nirmanakaya und dem Dharmakaya. Ob es sich allerdings, wenn man die Dreifaltigkeit im Sinn der Lehre vom Trikaya auslegt, noch um eine wahrhaft christliche Praxis handelt, ist ziemlich fragwürdig.

Die eigene Konfession muß, so denke ich, der persönlichen Mentalität entsprechen. Das ist sehr wichtig. Für mich als buddhistischen Mönch ist der Buddhismus bestens geeignet. Das bedeutet aber nicht, daß der Buddhismus für jeden das beste ist. Für andere Menschen ist die christliche, moslemische oder jüdische Überlieferung, eine auf dem Schöpfungsglauben beruhende Tradition, wirkungsvoller. Es ist also sehr wichtig, sich zu der Religion zu bekennen, die der persönlichen Mentalität gemäß ist.

Andererseits versuche ich immer wieder klarzustellen, daß ein Wechsel der Religionszugehörigkeit keine leichte Aufgabe ist. Die meisten von Ihnen hier im Westen sind in christlichen Familien, inmitten von christlichen Traditionen aufgewachsen. Daher möchte ich Sie warnen und Ihnen sagen, daß es sehr kompliziert und schwierig ist, die Religionszugehörigkeit zu ändern.

Bei denjenigen unter Ihnen, die Atheisten sind, ist es natürlich kein Problem, wenn Sie sich stärker zum Buddhismus hingezogen fühlen. Sie sollten ruhig den Buddhismus zu ihrer Religion machen. Das ist besser, als wenn Sie Atheisten bleiben. Gewöhnlich bezeichne ich diese Menschen als «extreme Atheisten», denn aus einem bestimmten Blickwinkel betrachtet, ist der Buddhismus auch eine Art Atheismus.

Diejenigen jedoch, die sich irgendwie der eigenen Tradition verbunden fühlen, müssen sehr auf der Hut sein, falls sie einen Religionswechsel in Betracht ziehen. Im allgemeinen halte ich es für besser, wenn Sie eine ihrem traditionellen Hintergrund gemäße Religion ausüben, und sicher können Sie dabei manche buddhistische Technik gebrauchen. Sie müssen sich nicht die Lehre von der Wiedergeburt und die ganze komplizierte Philosophie zu eigen machen. Nutzen Sie einfach gewisse Techniken, damit sich Ihre Geduld, Ihr Mitgefühl, Ihre Bereitschaft zur Vergebung verstärken.

Wichtig finde ich auch die einsgerichtete Meditation, an der bei unseren christlichen Brüdern und Schwestern Interesse besteht. Ich habe festgestellt, daß man dies in der griechisch-orthodoxen Kirche «Mystik» nennt. Es gibt also durchaus Dinge, die Sie übernehmen können. Wechseln Sie aber Hals über Kopf Ihre Religionszugehörigkeit, so wird Ihnen das wohl nach einiger Zeit manche Schwierigkeiten bereiten und einige Verwirrung heraufbeschwören. Seien Sie deshalb auf der Hut. Man sollte auch bedenken, daß man bei einem Konfessionswechsel natürlicherweise dazu neigt, zur Rechtfertigung des neu angenommenen Glaubens seine bisherige Religion besonders kritisch zu betrachten. Das ist sehr gefährlich. Ihre bisherige Religion mag für Sie zwar unpassend oder untauglich sein. Doch gleichzeitig kann diese Überlieferung Millionen Menschen weiterhin von Nutzen sein. Wir müssen also gegenseitig unsere individuellen Rechte achten. Wenn es ihr Glaube ist und Millionen Menschen daraus ihre Inspiration beziehen, müssen wir das respektieren. Dafür gibt es viele Gründe.

Dritter Tag

Anhaftung auflösen

Als nächstes erläutert Shantideva, wie wir mit Wut und Haß umgehen sollten, Empfindungen, die aufkommen, wenn jemand etwas zerstört, das uns gehört. Bis hierher ist er auf Leid und Verletzungen eingegangen, die uns selbst zugefügt werden. Nachfolgend erörtert er, wie man damit umgehen kann, wenn etwas zu Schaden kommt, das «meins» ist.

> (64) Sollten andere schmählich daherreden oder sogar
> heilige Bildnisse, Reliquienschreine und den geheiligten
> Dharma zerstören,
> so ist es für mich unangebracht, Anstoß daran zu nehmen.
> Denn die Buddhas kann man nicht verletzen.

Hier spricht Shantideva über mögliche Rechtfertigungsversuche, falls ein Buddhist Wut und Haß auf jemanden empfindet, der Bildnisse des Buddha zerstört oder ein anderes Sakrileg begeht. Ein Reliquienschrein zum Beispiel ist für einen Buddhisten äußerst wertvoll. Entwickelt man Haß gegen jemanden, der ein solches Objekt entweiht, könnte man sagen, es geschehe dem Dharma zuliebe. Shantideva erklärt, dies sei keine angemessene Reaktion; denn tatsächlich beruhe sie darauf, daß man diese Entweihung nicht ertragen kann. Doch dem geheiligten

Objekt selbst könne in Wahrheit gar nichts zuleide getan werden.

(65) Ich sollte verhindern, daß Wut aufkommt gegen jene,
die meinen spirituellen Meister, meine Verwandten und
Freunde verletzen.
Statt dessen sollte ich, wie zuvor aufgezeigt, erkennen,
daß so etwas aufgrund der Bedingungen geschieht.

Shantideva sagt, es sei ebensowenig angebracht, gegen jemanden Haß zu entwickeln, der unseren spirituellen Meister, unsere Verwandten oder Freunde verletzt. Dies aus folgendem Grund: Wird den Betreffenden etwas zuleide getan, so beruht das auch in diesen Fällen teilweise auf den karmisch wirksamen Handlungen, die sie in der Vergangenheit begangen haben. Außerdem spielen manchmal die Begleitumstände eine Rolle. Wenn jemand einem unserer Freunde etwas zuleide tut, kann das mit dem Verhalten jenes Freundes in Zusammenhang stehen: Er hat womöglich etwas getan, wodurch die andere Person dazu veranlaßt wurde, ihm Leid zuzufügen. Man sollte all diese Faktoren in Betracht ziehen und keinen Haß empfinden.

(66) Wesen, die eine körperliche Gestalt angenommen
haben,
werden ebenso von anderen Lebewesen verletzt wie durch
leblose Gegenstände.
Warum grollt man nur den Lebewesen?
Daraus folgt, daß ich geduldig alles Leid hinnehmen
sollte.

Wie bereits dargelegt, zählen zu den Faktoren, die Leid und Verletzungen verursachen, gleichermaßen Lebewesen wie leblose Gegenstände. Warum also greifen wir ausgerechnet die Lebewesen heraus, geben ihnen die Verantwortung oder hegen Groll gegen sie?

(67) Beginge der eine aus Unwissenheit ein Unrecht
und ein anderer würde aus Unwissenheit wütend (auf ihn) –
wer hätte schuld?
Und wer wäre unschuldig?

Hier macht Shantideva deutlich: Wenn jemand uns oder unseren Freunden Leid zufügt, dann tut die betreffende Person das in erster Linie aus Unwissenheit über die Auswirkungen ihres Handelns. Verlöre man dann die Beherrschung und reagierte wütend, so würde man wiederum aufgrund von Unwissenheit Wut entwickeln. Zwischen beiden Handlungen bestünde also eine gewisse Symmetrie. Wer hätte demnach schuld? Wer ist im Recht, und wer im Unrecht? Die Person, die einem Leid zufügt, und diejenige, die wütend ist, sind beide vom selben Schlag.

(68) Warum habe ich früher diese Handlungen begangen,
aufgrund derer mir jetzt andere Leid zufügen?
Warum sollte ich, da alles mit meinen Handlungen
zusammenhängt,
Groll hegen gegen diese (Feinde)?

In dieser Strophe antwortet Shantideva auf eine – gut nachvollziehbare – Rechtfertigung, derer man sich bedienen könnte. Um seine Wut auf einen anderen Menschen zu rechtfertigen, könnte man ja sagen, es handle sich um zwei vollkommen verschiedene Situationen: «Zuerst habe ich mich nur um meine eigenen Angelegenheiten gekümmert. Ich habe die andere Person in keiner Weise provoziert – und die hat mir, ohne daß ich sie in irgendeiner Weise provoziert hätte, dieses Leid zugefügt. Das ist also etwas ganz anderes. Zu Recht bin ich da wütend.»

Shantideva erklärt, daß man in diesem Fall nicht gründlich genug nachgedacht hat. Bei gewissenhafter Prüfung wird man erkennen, daß man für die Situation letzten Endes selbst verantwortlich ist. Denn sie ist aufgrund des eigenen Karmas zustande gekommen. Es ist also keineswegs gerechtfertigt, wenn man sagt: «An dieser Situation bin ich vollkommen unschuldig.»

(69) Habe ich erkannt, daß dies so ist,
sollte ich anstreben, was verdienstvoll ist,
(um) gewiß unter sämtlichen Wesen
liebevolle Gedanken herbeiführen zu können.

In Strophe 69 verlangt Shantideva, gemäß den zuvor angestellten Überlegungen solle man den Entschluß fassen: «Von jetzt an will ich nach besten Kräften gewährleisten, daß ich in Harmonie und Frieden lebe und im Umgang mit anderen liebevolle Gedanken hege. Ich will nach besten Kräften sicherstellen, daß es nicht nur bei mir so bleibt, sondern daß auch andere es mir gleichtun können.»

(70) Wenn zum Beispiel ein Haus in Flammen steht
und das Feuer auf ein anderes Haus übergegriffen hat,
ist es angebracht, sich des Strohs und ähnlicher Dinge zu entledigen,
die eine Ausbreitung des Feuers bewirken.

(71) Wenn das Feuer des Hasses um sich greift,
sollte ich aus Furcht, daß diese Flammen mein Verdienst verzehren,
mich all dessen unverzüglich entledigen,
woran mein Geist haftet.

In diesen beiden Strophen betont Shantideva, wie wichtig es ist, sich mit Anhaftung zu befassen; denn im Grunde ist sie die Wurzel von Haß und Wut. Er führt ein Beispiel an: Bemerken wir, daß unser Haus in Flammen steht, sollten wir unverzüglich alles brennende Stroh zu entfernen versuchen, um sicherzustellen, daß das Feuer nicht auf andere Häuser übergreift. Gleiches gilt, wenn das Feuer des Hasses lodert: Solange die Anhaftung ihm Brennmaterial liefert, wird es sich ausbreiten. Die Anhaftung muß man also loszuwerden bestrebt sein.

Bewältigung von Haß – wie man sich vor ihm schützen, wie man ihn beseitigen kann – ist ein thematischer Schwerpunkt in den Schriften des Mahayana. So zum Beispiel in Shantidevas «Sammlung der Regeln» (Shikshamuchaya), einem Werk, das die Ideale beziehungsweise die Lebensführung eines Bodhisattva beschreibt. Dort erklärt er freilich, daß in Ausnahmesituationen Anhaftung das Wirken des Bodhisattva zum Wohl der anderen unterstützen kann. Dessenungeachtet ist Anhaftung oder Verlangen aber normalerweise der Ursprung von Haß.

Im Unterschied zur Anhaftung ist aufkommender Haß sehr destruktiv, sehr grob. Er hat von Anfang an etwas überaus Verstörendes und Besorgniserregendes an sich. Bei der Anhaftung ist das nicht so sehr der Fall. Ihr ist mehr Sanftheit zu eigen, sie geht behutsamer vor. Dennoch ist Anhaftung zugleich der Ursprung von Haß. Um den Haß vollständig zu beseitigen, muß man sich also auch mit Anhaftung auseinandersetzen.

Zwar kann Anhaftung für das Wirken des Bodhisattva zum Wohl anderer Wesen eine Hilfe oder Unterstützung sein. Jedoch sollte man sich darüber im klaren sein, daß dies nicht der Natur von Anhaftung zu verdanken ist; vielmehr den höchst subtilen Mitteln, die der Bodhisattva einzusetzen vermag, um Anhaftung zum Wohl der anderen nutzbar zu machen. Indessen muß man sich über den grundlegenden Sachverhalt im klaren sein, daß unser unerleuchtetes Dasein im Anhaften seinen Ursprung hat.

Auch viele Konflikte und Streitigkeiten, denen man begegnet, selbst innerhalb der Familie, beruhen ganz offenkundig auf Anhaftung. Je nach Objekt zeigen sich also verschiedene Arten des Anhaftens: Anhaftung an Form, Aussehen, Klang, Geruch, Tastempfindungen und so weiter. Und jede einzelne von ihnen ist so stark, daß sie viele Probleme und Hindernisse verursachen kann.

Die stärkste Form des Anhaftens scheint jedoch das sexuelle Anhaften zu sein. Die Stellen der Schrift, die diese besondere Form von Anhaftung beschreiben, machen deutlich, daß dabei Anhaftung in bezug auf alle fünf Sinne im Spiel ist. Daher ist sie so kraftvoll und hat dieses Problem- und Zerstörungspotential.

Ich frage mich allerdings, wo die Anhaftung an Geld einzuordnen ist. Denn weder kann man in diesem Fall vom Anhaften an die äußere Form des Geldes sprechen, noch haftet man an seinem Wohlklang. Doch mit Geld kann man sich viele Dinge verschaffen, nach denen man Verlangen hat. Wahrscheinlich bewirkt dieser Aspekt die starke Anhaftung an das Geld.

Hier ist es angebracht, über die Beziehung zwischen den Geschlechtern zu sprechen. Ich sehe vor allem zwei Arten von Beziehungen, die auf sexueller Anziehung beruhen. Die eine besteht in bloßem sexuellen Verlangen. Ihre Motivation oder ihr Antrieb liegt in vorübergehender Befriedigung, augenblicklichem Genuß. Auf dieser Grundlage geht man dann eine Beziehung ein. Ich glaube aber, sie ist nicht sehr verläßlich oder stabil, da man in der anderen Person eigentlich nicht den Menschen sieht, sondern eher ein Objekt. Allerdings gibt es eine zweite auf sexueller Anziehung beruhende Form der Beziehung, in der die Anziehung nicht überwiegend physisch ist. Vielmehr herrschen eine grundlegende Achtung und ein Sinn für den Wert des anderen Menschen vor, ausgehend von der Empfindung, daß die oder der andere gütig, liebenswürdig und freundlich ist. Man schenkt dem anderen Menschen daher Respekt und weiß sie oder ihn zu würdigen. Jede darauf aufbauende Beziehung wird dauerhaft und gesund sein. Um solch eine Beziehung aufbauen zu können, benötigt man Zeit, um einander als Menschen kennenzulernen. Eine Beziehung, in der beide Partner genug Zeit haben, die Persönlichkeit des anderen kennenzulernen, sich mit ihren oder seinen charakterlichen Grundzügen vertraut zu machen, wird also viel verläßlicher und dauerhafter sein als im zunächst beschriebenen Fall. Man könnte sagen, daß hier wirkliches Mitgefühl am Zustandekommen der Beziehung beteiligt ist. Man hat Verantwortungsbewußtsein, fühlt sich einander verpflichtet, während dort diese Faktoren fehlen. Es gibt da nur vorübergehende Befriedigung.

Wie bereits angesprochen, findet man in sich selbst, findet jeder einzelne von uns in sich zahlreiche Ungereimtheiten und Widersprüche. Mitunter lassen sich die zu Tagesbeginn angestellten Überlegungen kaum noch mit dem vereinbaren, was man am Nachmittag oder Abend denkt. Und man braucht all seine Energie, um eine Lösung zu finden. Das kann einem Kopfschmerzen bereiten. Natürlich, zwischen zwei Menschen, zwischen Eltern und Kindern, zwischen Brüdern und Schwestern bestehen Unterschiede. Zwangsläufig kommt es zu Konflikten und Meinungsverschiedenheiten. Müssen wir also voraussetzen, daß Konflikte, Meinungsverschiedenheiten und Widersprüche zwangsläufig auftreten, wie gehen wir dann mit ihnen um, wie stellen wir uns ihnen? Wenn wir darauf vertrauen, zur Versöhnung fähig zu sein, werden wir diese Situation bewältigen können.

(72) Ist ein zum Tode Verurteilter nicht glücklich,
wenn er freigelassen wird, nachdem man ihm die Hand abgeschlagen hat?
Bin ich, der ich die Nöte des menschlichen Daseins erlebe, nicht glücklich,
wenn ich dadurch von (den Qualen) der Hölle verschont bleibe.

(73) Wenn ich aber schon außerstande bin,
die gegenwärtigen Leiden zu ertragen,
warum versage ich mir dann nicht wenigstens, wütend zu sein?
Denn dadurch werde ich in höllische Nöte geraten.

In diesen beiden Strophen erklärt Shantideva, vor unerwünschten Konsequenzen könne man sich dadurch schützen, daß man auf das durch andere erlittene Leid nicht mit Wut und Haß reagiert. Andernfalls nämlich ist man nicht nur vor Verletzungen nicht gefeit – sie sind einem ja bereits zugefügt worden –, sondern obendrein schafft man auch die Voraussetzungen für das Leid, das man in Zukunft erfahren wird. Reagiert man hingegen ohne Wut und Haß, entwickelt man Geduld und Toleranz, dann muß man vielleicht vorübergehend Schmerz und Leid in Kauf nehmen. Doch dieses vorübergehende Leid wird einen vor den Auswirkungen bewahren, vor den Gefahren, die daraus unter Umständen in Zukunft resultieren. Indem man kleine Opfer bringt, sich weniger bedeutenden Problemen oder Unannehmlichkeiten stellt, braucht man demzufolge künftig viel größere Leiderfahrungen nicht auf sich zu nehmen.

Shantideva verwendet hier das Beispiel von dem verurteilten Strafgefangenen, der sein Leben zu retten vermag, indem er seine Hand opfert. Dadurch, daß er den Schmerz und das Leid akzeptiert, die das Abschlagen der Hand mit sich bringt, kann der Betreffende dem größeren Leid des Todes entgehen. Shantideva fügt hinzu, daß dies noch einen weiteren Vorteil bringt: Nicht nur wird man vor möglicherweise gefährlichen zukünftigen Konsequenzen geschützt sein: sondern indem man den Schmerz und das Leid erfährt, die von anderen zeitweilig hervorgerufen werden, erschöpft man auch die in der Vergangenheit angesammelten negativen karmischen Potentiale. So erfüllt dies einen doppelten Zweck.

Die geduldige Hinnahme kleiner Unannehmlichkeiten bietet einem auch die Möglichkeit, andere Praktiken anzuwenden. Man könnte Wunschgebete und Widmungen formulieren: «Möge ich durch die Erfahrung dieses Leids fähig werden, all meine in der Vergangenheit begangenen negativen Handlungen zu läutern.» Oder man könnte die Gelegenheit nutzen und *tonglen* durchführen, die Mahayana-Übung des «Gebens und Nehmens». Um dies zu tun, denkt man bei schmerzlichen und leidvollen Erfahrungen: «Möge ich dieses Leid stellvertretend für alle ähnlichen Leiden erfahren, die den empfindenden Wesen vielleicht noch bevorstehen. Möge ich durch diese Erfahrung alle anderen empfindenden Wesen davor bewahren können, dieses Leid ebenfalls erdulden zu müssen.» Auf diese Weise nimmt man das Leid der anderen auf sich und nutzt die Unannehmlichkeiten, die man erlebt, auch zu dieser Art von Übung.

Im Umgang mit Erkrankungen ist dieser Ratschlag besonders hilfreich. Natürlich ist es wichtig, als erstes alle notwendigen Vorkehrungen zu treffen, damit man nicht krank wird – zum

Beispiel, sich richtig zu ernähren oder was auch immer. Erkrankt man dann doch, sollte man es nicht versäumen, geeignete Heilmittel einzunehmen und andere für die Heilung notwendige Maßnahmen zu ergreifen.

Ein wichtiger Unterschied könnte jedoch darin liegen, wie man auf die Erkrankung anspricht: Statt sich selbst zu bemitleiden, statt sich von Angst und Sorge überwältigen zu lassen, könnte man sich vor solchem – überflüssigerweise zusätzlich im Geist hervorgerufenen – Schmerz und Leid bewahren, indem man sich die angemessene Einstellung zu eigen macht. Auch wenn sich so vielleicht das Leiden am realen körperlichen Schmerz nicht lindern läßt, kann man sich vorstellen: «Möge ich dadurch, daß ich diesen Schmerz und dieses Leid erfahre, anderen Menschen helfen können. Und möge ich andere, denen unter Umständen die gleiche Erfahrung bevorsteht, davor bewahren können.»

Auf diese Weise kann man solche Gelegenheiten zu einer spirituellen Übung nutzen. Man kann sich mit anderen Worten in *tong-len*-Meditation üben, dem «Geben und Nehmen». Solch eine Übung wird vielleicht nicht unbedingt die tatsächliche körperliche Heilung herbeiführen. Doch mit Sicherheit kann sie einen vor unnötigem Schmerz und Leid mentaler Art bewahren. Und obendrein verschafft sie einem die Möglichkeit, über diese Erfahrung nicht betrübt zu sein, sondern sie als eine Art Vergünstigung anzusehen. Man kann sie als eine gute Gelegenheit betrachten und sich speziell über diese, das Leben bereichernde Erfahrung freuen.

Wenn man die Karma-Lehre mißversteht, neigt man mitunter dazu, dem Karma alle Schuld zuzuweisen und sich vor eigener Verantwortung und der Notwendigkeit, die Initiative zu ergreifen, zu drücken. Ganz leicht läßt sich sagen: «Das geschieht aufgrund meines negativen Karmas aus der Vergangenheit. Was soll ich machen? Da bin ich hilflos.»

Das ist ein vollkommen falsches Verständnis von Karma. Zwar sind unsere Erfahrungen Auswirkungen unserer früheren Handlungen. Das heißt jedoch nicht, daß einem keine Wahl bleibt, und auch nicht, daß es da keinen Raum für Eigeninitiative zur Herbeiführung von Veränderungen gibt. Dies gilt für sämtliche Lebensbereiche. Man sollte nicht in Passivität verfallen und sich nicht mit der Begründung, alles beruhe auf Karma, davor drükken, initiativ zu werden. Wenn wir die Lehre vom Karma richtig verstehen, wissen wir, daß Karma «Handlung» bedeutet und ein ausgesprochen aktiver Vorgang ist.

Wenn wir von Karma oder Handlung sprechen, bedeutet das: Eine handelnde Person, in diesem Fall man selbst, hat in der Vergangenheit eine Handlung ausgeführt. Was die Zukunft bringen wird, hat man also großenteils selbst in der Hand, und es hängt davon ab, welche Initiativen man jetzt ergreift. Mehr noch: Karma sollte man nicht als eine passive, statische Kraft auffassen, vielmehr als einen aktiven Prozeß. Das macht deutlich, daß die handelnde Person für den Verlauf des karmischen Prozesses eine wichtige Rolle spielt. Nehmen wir einen einfachen Vorgang wie die Befriedigung unseres Bedürfnisses nach Nahrung. Um dieses Ziel zu erreichen, muß man in eigener Sache tätig werden: Man muß sich Nahrungsmittel beschaffen, sie zubereiten und essen. Dies zeigt, daß selbst ein einfacher Vorgang nur stattfinden kann, ein einfaches Ziel sich nur erreichen läßt, wenn wir handeln.

(74) Um meine Begierden zu befriedigen, nahm ich in Kauf,
viele Male in der Hölle zu schmoren.
Doch durch diese Handlungen habe ich
weder meine eigenen Ziele noch die der anderen erreicht.

(75) Aus einem Leid, das nicht einmal (einen Bruchteil) davon ausmacht,
erwächst jetzt jedoch etwas sehr Bedeutsames.
Daher sollte ich wahrlich voller Freude sein
über solches Leid, das die Leiden sämtlicher Wesen verjagt.

Verglichen mit dem Leid in den niederen Daseinsbereichen, so erklärt Shantideva hier, sind die Unannehmlichkeiten, Leiden und Schmerzen, die man auf sich nehmen muß, um anderen von Nutzen zu sein, indem man Geduld und Nachsicht entwickelt, nahezu belanglos. Durch Schulung und stetiges Sichüben kann man jene Formen von Leid, die mit dem Wirken zum Wohl der anderen verbunden sind, bestimmt ertragen.

Meditation

Wir wollen über Mitgefühl meditieren, indem wir ein empfindendes Wesen visualisieren, das unter akuten Schmerzen leidet oder sich in einer sehr unglückseligen Situation befindet. Stellen Sie dann eine Beziehung zwischen diesem Wesen und sich selbst her. Bedenken Sie, daß sie oder er über die gleiche Fähigkeit verfügt wie Sie, Schmerz, Freude, Glück und Leid zu empfinden. Richten Sie dann einfach Ihre Aufmerksamkeit auf die unglückselige Verfassung dieses Wesens, auf sein außerordentlich großes Leid, und versuchen Sie, Mitgefühl für dieses empfindende Wesen zu entwickeln. Lassen Sie das Mitgefühl für dieses empfindende Wesen in sich aufsteigen.

Wie bei der vorigen Meditation wollen wir die ersten drei Minuten eher analytisch vorgehen und über das Leid, den unglückseligen Zustand dieses Wesens und ähnliches nachsinnen. Versuchen Sie dann, einen Entschluß zu fassen, indem Sie etwa denken: «Wie sehr wünsche ich, dieses empfindende Wesen möge von allem Leid frei sein.» Lassen Sie anschließend Ihren Geist einsgerichtet auf diesem Vorsatz ruhen.

Grundsätzlich gibt es vor allem zwei Arten von Meditation: Bei der einen machen Sie etwas zum Gegenstand Ihrer Meditation. Wenn Sie etwa über Vergänglichkeit oder über Leerheit meditieren, versetzen Sie Ihren Geist nicht in die Natur von Vergänglichkeit oder Leerheit, sondern Sie machen Vergänglichkeit oder Leerheit zum Meditationsgegenstand, und auf diesen richten Sie dann Ihren Geist. Bei der zweiten Art von Meditation hingegen versetzen Sie Ihren Geist in einen bestimmten Zustand. Bei der Meditation über Liebe und Mitgefühl zum Beispiel machen Sie Mitgefühl und Liebe nicht zum Gegenstand

Ihrer Meditation, sondern Sie versuchen Ihren Geist in einen liebevollen oder mitfühlenden Zustand zu versetzen.

Wenn Sie Mitgefühl entwickeln – dies zu verstehen halte ich für wichtig –, versuchen Sie definitionsgemäß, am Leid der anderen empfindenden Wesen Anteil zu nehmen. So gesehen, nehmen Sie zusätzlichen Schmerz, zusätzliches Leid auf sich. Das ist die eine Sache. Infolgedessen mag mit dieser Erfahrung zunächst das Gefühl oder die Empfindung eines gewissen Unwohlseins verbunden sein. Allerdings benötigt man als Grundlage dafür ein hohes Maß an geistiger Wachheit. Wenn Sie nämlich das Leid eines anderen auf sich nehmen und ertragen, so geschieht dies aus freien Stücken und mit Bedacht, zu einem höheren Zweck. Das unterscheidet sich sehr von jener Situation, in der Sie über Ihr Leid nachsinnen und völlig davon überwältigt sind, da dies eine solche Bürde für Sie darstellt, daß Ihre Sinnes- und Geisteskräfte ganz ermattet sind. Entwickelt man Mitgefühl und erlebt, wenn man das Leid der anderen auf sich nimmt, jenes Gefühl von Unwohlsein, so geschieht dies mit einem wachen Geist, bewußt und bedachtsam. Je mehr Leid von anderen Sie auf sich nehmen, desto größer ist daher die Kraft Ihrer Wachheit und Entschlossenheit. Das muß man sich vergegenwärtigen.

Geschichten wie diejenige von dem großen tibetischen Kadampa-Meister Langri Thangpa, der sich auf die Meditation über Liebe und Mitgefühl verstand, sollte man nicht falsch verstehen. Von ihm heißt es, er habe andauernd geweint, und sein Spitzname lautete tatsächlich «der weinende Lama». Aber der Grund dafür, daß diesem Meister immerzu die Tränen kamen, war ein Glückszustand, vollkommene Freude über andere und sich selbst.

Dieser Zustand wird *sugata* genannt, was wörtlich übersetzt heißt «in das Reich eingehen», «darüber hinausgehen», und es handelt sich dabei um einen Zustand der Freude, des vollkommenen Friedens. Langri Thangpa hat also nicht geweint, weil er in einen Leidenszustand geraten wollte. Der Grund war vielmehr, daß er einen Zustand des Glücks und der Freude anstrebte und andere dorthin geleiten wollte.

Frage: Erläutern Sie bitte die Beziehung zwischen Angst und Haß beziehungsweise zwischen Angst und Geduld.

Dalai Lama: Es gibt viele unterschiedliche Arten von Angst. Manche Angst ist real und beruht auf guten Gründen, in anderen Fällen ist die Angst schlicht und einfach ein Geschöpf unseres Geistes. Ich denke, daß die zweite Art von Angst aus langfristigen negativen Wirkungen herrührt und ein Leidenszustand ist. Ich denke, die Angst vor den eigenen negativen Emotionen ist eine begründete Angst. Die Angst vor anderen aufgrund des eigenen negativen Geisteszustands kann den anderen als Feindseligkeit erscheinen. Dementsprechend kann eine bestimmte Art von Angst einen starken Bezug zum Haß haben. Angst und Geduld? Ich weiß nicht.

Frage: Warum vermeidet man es nicht einfach, mit wütenden Menschen zusammenzusein, statt daß man mit der Wut anderer Menschen umzugehen lernt?

Dalai Lama: Sie haben ganz recht. In der Tat sucht sich der Praktizierende in der Anfangsphase einen abgelegenen Ort. Das ist allerdings keine Dauerlösung, sondern nur ein Behelf. Während man in Einsamkeit verharrt, muß man innere Stärke entwickeln, so daß man bei der Rückkehr in die Gesellschaft bereits darüber verfügt. Jemand, der sich vollständig von der Gesellschaft isoliert und jeden Umgang mit anderen Menschen vermeidet, dann ein ganzes Leben mit Meditation im Einzel-Retreat verbringt, wird vielleicht ein Arhat werden – jemand, von dem man sagen kann, er sei wie ein Rhinozeros.

Frage: Welchen Beleg haben wir für die Existenz der Buddha-Natur? Woher können wir wissen, daß jeder sie hat? Und daß wir selbst sie haben?

Dalai Lama: Ein Grund besteht gemäß buddhistischem Denken zunächst darin, daß die letztendliche Natur des Geistes dessen Nichtsubstantialität ist – was die Buddhisten Leerheit nennen. Die Ansicht, unserem Geist komme eine wesensmäßige Wirklichkeit zu, ist also eine Illusion, ein fehlgeleiteter Geisteszustand. Diese Ansicht entbehrt in Wahrheit jeder Grundlage. Man kann sie daher außer Betracht lassen, für null und nichtig erklären.

Daß sich dies so verhält, kann man durch Schlußfolgerung erkennen, ohne sich auf die Autorität der Schriften zu stützen. Intellektuelles oder schlußfolgerndes Verstehen allein ist in diesem Fall allerdings nicht ausreichend, sondern es muß sich unbedingt mit meditativer Erfahrung paaren. Durch die Verbindung von schlußfolgerndem, intellektuellem Verstehen und meditativer Erfahrung können wir also Kenntnis davon erlangen, daß die letztendliche Natur des Geistes leer ist. Und den trügerischen Geisteszuständen, die in der Ansicht wurzeln, unserem Geist komme eine wesensmäßige Wirklichkeit zu, läßt sich so ein Ende bereiten.

Der Einsicht, daß die essentielle Geistesnatur makellos ist, kann man auch auf eine andere Weise ganz nahe kommen: indem man seine Aufmerksamkeit darauf richtet, daß die Natur dessen, was wir als Bewußtsein bezeichnen, in reiner Erfahrung besteht. Das Bewußtsein ist nicht physisch, nicht stofflich, sondern es hat die Natur reiner Erfahrung oder Lichtheit. Dies kann man gleichfalls – nicht unbedingt in vollem Umfang, doch zum großen Teil – durch Schlußfolgerung erkennen.

Um hingegen umfassend verstehen zu können, daß die essentielle Natur des Geistes makellos und reine Lichtheit ist, muß man sich möglicherweise doch auf die Autorität der Schriften stützen. Denn dazu ist es notwendig, daß man zwischen verschiedenen Ebenen des Geistes zu unterscheiden vermag. Sie werden als vier verschiedene Stufen des subtilen Geistes beschrieben – in dem sehr subtilen Bewußtsein gipfelnd, das man die Geistesnatur des «klaren Lichts» nennt. Zu sagen, man könnte dies durch logisches Denken vollauf verstehen, ohne sich auf die Schriften zu stützen, ist ziemlich problematisch.

Unsere eigene Erfahrungsebene spielt eine wichtige Rolle beim Zugang zu einem gewissen Verständnis. In den Schriften des Vajrayana stößt man auf den Versuch, einen mittelbaren Beweis zu führen, indem man die Existenz der sogenannten «achtzig Vorstellungen, die auf die subtilen Geisteszustände schließen lassen», und ihre Beziehung zu den vier subtilen Geisteszuständen begründet. Meines Erachtens ist es hierbei allerdings ganz schwierig, allein mittels logischer Beweisführung einen schlüssigen Beleg zu liefern.

In Maitreyas Schrift «Erhabene Kontinuität» finden wir das Argument, das Verlangen, nach Glück zu streben und Leid zu vermeiden, wohne uns allen deshalb inne, weil die Möglichkeit, Leid zu überwinden und Glück zu erlangen, tatsächlich besteht. Dies ist ein Versuch, auf die Buddha-Natur zu verweisen.

Frage: Was halten Sie von Dharma-Lehrern, die eindrucksvoll über den Dharma sprechen und schreiben, ihn jedoch nicht vorleben?

Dalai Lama: Buddha wußte um diese Möglichkeit. Daher hat er sehr strikte Kriterien dafür vorgegeben, welche Eigenschaften ein qualifizierter Lehrer haben muß. Heutzutage ist dies offenbar ein sehr wichtiger Punkt.

Sprechen wir zunächst über den Lehrer: Ein Mensch, der eine Belehrung gibt oder Dharma-Vorträge hält, muß wirklich geschult, gelehrt und studiert sein. Da es sich hier nicht um Geschichte oder Literatur handelt, sondern um ein spirituelles Thema, muß der Lehrer sich einige Erfahrung zu eigen machen. Wenn die oder der Betreffende dann über ein religiöses Thema spricht, gewinnt dies ein gewisses Gewicht. Andernfalls läßt sich nicht sonderlich viel bewirken. Deshalb muß die Person, die damit beginnen will, vor anderen über den Dharma zu sprechen, sich der Verantwortung bewußt sein und sich vorbereitet haben. Das ist sehr wichtig.

Weil dies so wichtig ist, zitiert Lama Tsongkhapa bei seiner Beschreibung der Eigenschaften, die für einen qualifizierten Lehrer unerläßlich sind, aus Maitreyas «Schmuck der Schriften». Darin führt Maitreya die entscheidenden Qualifikationen auf, die auf seiten des Lehrers erforderlich sind. Zum Beispiel muß der Lehrer diszipliniert, mit sich selbst im reinen und mitfühlend sein. Abschließend faßt Lama Tsongkhapa dies in der Aussage zusammen, daß diejenigen, die sich einen spirituellen Lehrer suchen wollen, sich als erstes darüber im klaren sein müssen, auf welche Qualifikationen man bei einem Lehrer achten sollte.

Entsprechend müssen diejenigen, die sich Schüler suchen und Lehrer werden wollen, nicht nur um diese Bedingungen wissen. Vielmehr müssen sie auch selbst beurteilen und erkennen können, ob sie über diese Eigenschaften verfügen; und wenn nicht, so müssen sie darauf hinarbeiten. Daher müssen die Lehrer sich auch bewußt sein, welche Verantwortung sie übernehmen.

Falls jemand tatsächlich im Innersten auf Geld aus ist, dann ist es wohl besser, sich dieses auf anderen Wegen zu verschaffen. Wenn also im Grunde andere Ziele dahinterstehen, finde ich das äußerst bedauerlich. Solch ein Verhalten bestärkt den Vorwurf von kommunistischer Seite, die Religion sei ein Mittel zur Ausbeutung.

Buddha selbst war sich dieser Mißbrauchsmöglichkeit bewußt. Daher hat er kategorisch erklärt, daß man seinen Lebensunterhalt nicht mit Hilfe der fünf unbilligen Mittel bestreiten darf. Eines besteht darin, sich einem Gönner gegenüber irreführend und schmeichlerisch zu verhalten, um größtmöglichen Nutzen zu haben.

Nun zu den Schülern. Auch sie tragen Verantwortung. Als erstes sollten Sie den Lehrer nicht blindlings akzeptieren. Das ist sehr wichtig. Wissen Sie, den Dharma kann Ihnen jemand vermitteln, den Sie nicht unbedingt als Guru ansehen, sondern eher als spirituellen Freund. Schauen Sie sich diesen Menschen ganz genau an – so lange, bis Sie ihn oder sie sehr gut kennen, bis Sie volles Vertrauen haben und sagen können: «Jetzt kann er oder sie mein Guru sein.» Solange sich dieses Vertrauen nicht entwickelt hat, behandeln Sie diesen Menschen als spirituellen Freund. Beobachten Sie ihn, und lernen Sie von ihm. Sie können auch aus Büchern lernen, und im Laufe der Zeit wird eine größere Zahl von Büchern zur Verfügung stehen. So, meine ich, ist es besser.

An dieser Stelle möchte ich eine Frage aufgreifen, die ich schon vor dreißig Jahren angeschnitten habe. Sie betrifft einen speziellen Aspekt der Beziehung zwischen Guru und Schüler. Wie wir bei Shantidevas «Eintritt in den Weg zum Erwachen» gesehen haben, werden in einem bestimmten Kontext einzelne Gedankengänge ganz besonders betont. Und wenn Sie das Argument nicht im dazugehörigen Kontext betrachten, ist die Möglichkeit sehr groß, daß es zu Mißverständnissen kommt.

Entsprechend wird in der Beziehung zwischen Guru und Schüler großer Nachdruck darauf gelegt, daß man dem Guru gebührendes Vertrauen entgegenbringt und einen angemessenen Umgang mit ihm pflegt. Denn schließlich spielt Ihr Guru eine außerordentlich bedeutsame Rolle als Quelle der Inspiration, des Segens, der Übertragung und so weiter. In den Texten, die diese Art von Praxis beschreiben, stoßen wir auf eine spezielle Formulierung. Sie lautet: «Möge ich imstande sein, dem Guru gegenüber eine Achtung und Hingabe zu entwickeln, die es mir gestatten, jede seiner beziehungsweise ihrer Handlungen als makellos anzusehen.»

Schon vor dreißig Jahren habe ich zum Ausdruck gebracht, daß dies eine gefährliche Vorstellung ist. In diesem Gedanken – man solle versuchen, jedes Verhalten des Guru als makellos, jede Handlung des Guru als erleuchtet anzusehen – liegen enorme Möglichkeiten des Mißbrauchs. Ich habe gesagt, dies komme einem Gift gleich. Manche Tibeter mögen diese Aussage ziemlich extrem finden. Inzwischen allerdings sieht es so aus, als sei diese Warnung berechtigt gewesen.

Wie dem auch sei, dies ist meine persönliche Überzeugung und Einstellung. Aber meine Auffassung, daß dies potentiell ein verderbenbringender Gedanke ist, stützt sich auf Buddhas eigene Worte. In den Vinaya-Belehrungen etwa – Buddhas Darlegungen der Ethik und klösterlichen Disziplin, in der die Beziehung zum Guru eine große Rolle spielt – erklärt Buddha, daß Sie Ihrem Guru zwar Respekt erweisen müssen; gibt Ihnen der Guru aber Anweisungen, die dem Dharma widersprechen, dürfen Sie ihnen nicht Folge leisten.

Auch in den Sutras finden wir Aussagen, in denen Buddha ausdrücklich feststellt, man solle allen vom Guru erteilten Anweisungen Folge leisten, die dem allgemein akzeptierten Weg des Dharma entsprechen. Über jede vom Guru erteilte Anweisung hingegen, die nicht mit dem im Dharma allgemein üblichen Vorgehen übereinstimmt, müsse man sich hinwegsetzen.

Im Vajrayana-Buddhismus, in der Praxis des höchsten Yoga-Tantra, ist die Beziehung zwischen Guru und Schüler von gesteigerter Bedeutung. Zum Beispiel haben wir hier den Guru-Yoga – einen ganzen Yoga, der der Beziehung zum Guru geweiht ist.

Doch selbst im höchsten Yoga-Tantra stoßen wir auf Erklärungen, die besagen, daß wir uns an die Anweisungen des Gurus dann nicht halten dürfen, wenn sie mit dem Dharma nicht in Einklang stehen. In diesem Fall sollten Sie dem Guru darlegen, weshalb Sie sich nicht danach richten können. Aber halten Sie sich nicht allein darum an die Anweisungen, weil der Guru es Ihnen gesagt hat. Wir sehen also, daß wir nicht dazu angeleitet werden zu erklären: «In Ordnung. Alles, was Sie sagen, werde ich tun.» Vielmehr werden wir dazu angeleitet, von unserem Verstand und unserer Urteilskraft Gebrauch zu machen und Anweisungen, die mit dem Dharma nicht in Einklang stehen, abzulehnen.

In der Geschichte des Buddhismus finden sich allerdings Beispiele für eine einsgerichtete Hingabe an den Guru. Bei Meistern wie Tilopa, Naropa, Marpa und Milarepa gab es solche scheinbar ziemlich extremen Fälle. Bei oberflächlicher Betrachtung mag es so aussehen, als seien diese Meister Vagabunden oder Bettler gewesen. Durch ihr eigentümliches Verhalten veranlaßt, mögen andere Menschen das Vertrauen in den Dharma und das Vertrauen zu ihnen als spirituellem Lehrer verloren haben. Dessenungeachtet hatten diese Meister immer dann, wenn sich die Notwendigkeit für sie ergab, das Vertrauen der anderen in den Dharma und zu ihnen als spirituellen Lehrer zu bekräftigen, etwas in die Waagschale zu werfen: spirituelle Verwirklichung auf einer sehr hohen Stufe. Dies ging so weit, daß sie übernatürliche Kräfte an den Tag legen konnten, um all ihr – nach konventionellen Maßstäben – vielleicht übersteigertes Verhalten mehr als nur wettzumachen.

Hingegen findet man bei manchen zeitgenössischen Lehrern zwar all die Übersteigerungen; den Betreffenden fehlt aber das entsprechende Gegengewicht: die Fähigkeit, übernatürliche Kräfte an den Tag zu legen. Daraus können sich viele Probleme ergeben.

Als Schüler sollten Sie deshalb auf der Hut sein und sorgsam prüfen. Sehen Sie niemanden als Ihren Lehrer oder Guru an, solange Sie kein volles Vertrauen in seine oder ihre Integrität haben. Das ist sehr wichtig. Außerdem steht es Ihnen, wenn unheilvolle Dinge geschehen, auch dann noch frei, davon Abstand zu nehmen. Schüler sollten allerdings sicherstellen, daß sie dem Guru nicht schaden. Auch das ist sehr wichtig.

Frage: Meine allergrößte Wertschätzung. Aber ich sitze hier und finde es anmaßend, zu erklären, es gebe keinen Schöpfer. Ich weiß doch, daß der Buddhismus Demut lehrt. Warum meinen Sie, mit Logik ließe sich das größere Ganze verstehen? Ist das einfach eine andere Form von Glauben? Und schließlich: Welchen Platz nehmen Intuition und Gefühl bezüglich der Aussage ein, es gebe einen – oder keinen – Schöpfer?

Dalai Lama: In bezug auf den Standpunkt, es gebe keinen Schöpfer, sind Buddhas eigene Schriften offenbar an einigen Stellen ganz eindeutig. Nehmen wir zum Beispiel die Schrift über das bedingte Entstehen mit dem Titel «Das Sutra vom Reissetzling». Dort sagt Buddha: Weil die Ursache geschaffen oder hervorgebracht wurde, ergaben sich die Wirkungen.

Passagen, die darauf Bezug nehmen, finden wir auch in den Werken späterer buddhistischer Denker wie Shantideva und Chandrakirti. Im neunten Kapitel von «Eintritt in den Weg zum Erwachen» nimmt Shantideva zur Frage nach dem Schöpfer ganz ausdrücklich und eindeutig Stellung. Ebenso unmißverständlich ist Chandrakirtis Position in diesem Punkt. Auch

Dharmakirti bezieht im zweiten Kapitel von «Darlegung der zuverlässigen Wege zur Erkenntnis» ganz klar Stellung. Er befaßt sich mit einem speziellen Vers, in dem es heißt, der vollauf Erleuchtete sei jemand, der Vollendung *erreicht* hat. Das Wort «erreichen» soll deutlich machen, daß hier kein Glaube an ein ewiges oder absolutes vollendetes Wesen vorliegt. Buddha Shakyamuni wurde durch Ursachen, Bedingungen, Schulung und einen Entwicklungsprozeß vollauf erleuchtet. Daher die Wahl des Wortes «erreichen». Das ist der buddhistische Standpunkt.

Außerdem gibt es, wie ich stets betone, fünf Milliarden Menschen und eine Vielfalt unterschiedlicher Neigungen. Also brauchen wir, denke ich, gewissermaßen fünf Milliarden Religionen, weil es diese Vielfalt von Neigungen gibt. Daher sollte ganz klar sein, daß für bestimmte Menschen die Vorstellung von einem Schöpfer weitaus vorteilhafter und angenehmer ist als das Gegenteil. Es ist ganz in Ordnung, daß diese Menschen jener Überlieferung folgen. Jeder einzelne sollte sich auf einen spirituellen Weg begeben, der ihm oder ihr in bezug auf geistige Neigungen, Temperament und Glauben am ehesten gerecht wird. Das ist der alles entscheidende Punkt.

Zum zweiten Teil Ihrer Frage: Woher kommt diese Intuition oder dieses Gefühl für den Schöpfer? Es mag soziologische Erklärungen dafür geben. Der kulturelle Hintergrund kann ebenfalls eine wichtige Rolle spielen. Das sage ich deshalb, weil für viele Tibeter die Vorstellung eines Lebens nach dem Tod beziehungsweise der Wiedergeburt ganz natürlich ist. Das ist angeboren, instinktiv vorhanden. Man hat also keine Veranlassung, darüber zu diskutieren.

Es ist außerordentlich wichtig, daß man eine Religion oder sonstige Weisheitslehre nicht zur Streitfrage macht. Das wäre in meinen Augen verfehlt. Leben Sie einfach danach. Buddhismus ist Sache der Buddhisten, das Christentum ist Sache der Christen. Das ist klar. Im Restaurant essen die Menschen auch an ein und demselben Tisch unterschiedliche Speisen, und niemand diskutiert darüber. Es ist das individuelle Recht jedes einzelnen.

Frage: Wenn all unsere Handlungen in wechselseitiger Bedingtheit entstehen, wie kann man sich dann entscheiden, sich auf den Weg der Erleuchtung zu begeben? Trifft man da wirklich eine Entscheidung, oder handelt es sich lediglich um den unausweichlichen nächsten Schritt?

Dalai Lama: Ein Fortschreiten zur vollen Erleuchtung lediglich als Resultat einer zur rechten Zeit einsetzenden Entwicklung – diese Möglichkeit gibt es nicht. Man muß schon die Initiative ergreifen, seinerseits eine Anstrengung unternehmen und mit Bedacht den spirituellen Weg zur Vollendung betreten. Sich spontan zu einem erleuchteten Wesen zu entwickeln, ist niemandem möglich.

Ist von Leerheit die Rede, so finden wir in den Schriften sechzehn verschiedene Arten aufgeführt. Die Leerheit in Samsara wird die «Leerheit der Anfanglosigkeit und Endlosigkeit» genannt. Und zwar deshalb, weil sich unser Dasein im unerleuchteten Zustand endlos fortsetzen wird, wenn wir nicht die Initiative ergreifen und keine bewußte Anstrengung unternehmen. Unternimmt man hingegen eine bewußte Anstrengung und ergreift die Initiative, dann findet dieser unerleuchtete Zustand ein Ende.

Sehr inspirierend finde ich in diesem Zusammenhang eine bestimmte Vorstellung im zweiten Kapitel von Maitreyas «Schmuck der klaren Erkenntnis», in dem er über die fünf Kennzeichen eines Praktizierenden auf dem Bodhisattva-Weg spricht. Er sagt, in bezug auf die unmittelbaren natürlichen Neigungen, manche Menschen würden den individuellen Weg zur Befreiung bevorzugen, andere hingegen würden eher zum Bodhisattva-Ideal hin tendieren, das auf dem Weg des Mahayana zur vollständigen Buddhaschaft führt. Aus letztendlicher Sicht freilich sind alle Menschen gleich, weil sie alle von der Buddha-Natur durchdrungen sind. Hier unterscheiden wir also zwischen dem Potential, das sämtliche Wesen besitzen, und ihrer Fähigkeit, dieses Potential zu verwirklichen.

Eifersucht bewältigen

(76) Sollte ein anderer Freude und Glück darin finden,
(meinen Feind) als einen vorzüglichen Menschen zu
preisen,
warum, o Geist, preist nicht auch du ihn
und beglückst dich ebenso?

Shantideva hat dargelegt, wie wir – ohne wütend zu sein – auf Leid oder Verletzungen reagieren sollten, die uns selbst, unsere Verwandten und Freunde betreffen. Als nächstes zeigt er jetzt den Umgang mit der Wut, die wir empfinden, wenn wir hören, wie andere unsere sogenannten Feinde loben, oder wenn andere anerkennend über jemanden sprechen, den wir nicht leiden können. Normalerweise behagt uns das gar nicht, ja, wir sind wütend darüber. Shantideva macht deutlich, daß man sich diese Haltung nicht zu eigen machen sollte. Wütend zu sein, wenn man andere Leute anerkennend über seine Feinde sprechen hört, ist vollkommen fehl am Platz. Äußert sich nämlich jemand anerkennend über einen anderen, den man nicht mag, dann ist bei sorgsamer Betrachtung zumindest im Geist desjenigen, der diesen Feind preist, eine gewisse Erfüllung oder Befriedigung feststellbar.

Der oder die Betreffende spricht diese anerkennenden Worte,

weil er oder sie Freude über jenen Feind empfindet. Man sollte dies positiv sehen und möglichst in das Lob mit einstimmen, statt sich dagegen zu verwahren. Sich so zu verhalten macht die Situation zu einem wahren Freudenquell. Außerdem verhelfen wir dadurch anderen Menschen zu einer veränderten Einstellung uns gegenüber. Denn jemand, der solche Situationen auf diese Weise bewältigen kann, hat weniger Probleme mit Eifersucht. Und ein Mensch, dem Eifersucht weniger zu schaffen macht, wird in der Tat heiterer sein – und der Umgang mit ihm angenehmer.

(77) Das Glück und die Zufriedenheit, die du so erzieltest,
wären ein Quell der Freude: nichts Verbotenes,
vielmehr aus einem Grundsatz hervorgegangen, der ein
Vermächtnis der Erhabenen ist,
und ein vorzügliches (Mittel), andere um dich zu scharen.

(78) Man sagt, daß andere durch solche (Preisungen)
beglückt werden,
Willst du jedoch nicht, (daß sie teilhaben) an solch
einem Glück,
solltest du aufhören, (deinen Dienern, da es sie glücklich
macht,) Lohn und dergleichen zu geben.
Dies würde aber zu deinem Nachteil ausschlagen, in
diesem wie in künftigen Leben.

Hier greift Shantideva einem weiteren Rechtfertigungsversuch vor, indem er anmerkt, jemand werde vielleicht spontan das Gefühl haben: «Ich sollte auf meinen Feind eifersüchtig sein, wenn er oder sie von anderen gepriesen wird. Denn dieses Lob wird meinen Feind beglücken. Darum werde ich selbstverständlich eifersüchtig sein; und dieses Lob wird mir natürlich gar nicht behagen.»

Wenn das der Grund dafür ist, daß man eifersüchtig und wütend über diesen Vorgang ist, erwidert Shantideva, so bedeutet dies, daß man es nicht mag, wenn ein anderer Mensch glücklich und zufrieden ist. Wenn dies zutrifft, warum sollte man sich dann aber solche Mühe machen, andere Menschen zu erfreuen, indem man alle möglichen Dinge für andere tut, damit sie sich glücklich fühlen? Kann man es nicht ertragen, wenn dieser Feind glücklich ist, warum sollte man dann alle möglichen Dinge tun, um irgend jemanden sonst glücklich zu machen?

(79) Beschreiben die Menschen meine guten Eigenschaften,
so will ich, daß auch andere glücklich sind.
Beschreiben sie jedoch die guten Eigenschaften von anderen,
will ich selbst nicht glücklich sein.

(80) Da ich den Erleuchtungsgeist hervorgebracht habe
durch meinen Wunsch, daß sämtliche Wesen glücklich sein mögen,
warum sollte ich dann wütend werden,
wenn sie von sich aus ein wenig Glück finden.

Shantideva legt in dieser Passage eine weitere Ungereimtheit dar. Wenn wir selbst gelobt werden, so merkt er an, wenn die Leute uns Anerkennung zollen, fühlen wir uns nicht nur selbst beglückt; sondern wir erwarten auch, daß andere glücklich darüber sind, dieses Lob zu vernehmen. Dies ist jedoch völlig unvereinbar mit unserer Einstellung anderen gegenüber. Wenn die Leute jemand anderen loben, mißfällt einem nicht nur das Glück des anderen – der innere Frieden und das eigene Glück sind ebenfalls dahin. Also gibt es offenbar einen inneren Widerspruch in unserem Verhältnis zu dem Lob, das uns gilt, und solchem, das für andere bestimmt ist.

Gerade wenn man sich auf dem Bodhisattva-Weg übt, ist es völlig verfehlt, auf anderer Menschen Glück und Freude eifersüchtig zu sein. Denn schließlich widmet ein Bodhisattva ja sein Leben dem Ziel, anderen Freude und Glück zu bringen und sie zum letztendlichen Glückszustand zu geleiten. Tatsächlich sollten wir um so mehr Dankbarkeit darüber empfinden, wenn es anderen empfindenden Wesen aus eigenem Antrieb, durch eigenes Bemühen gelingt, hier und da ein klein wenig Glück und Freude zu erfahren. Denn sie haben diese freudvollen Erfahrungen und dieses Glück ohne unsere Hilfe erlangen können.

(81) Wünsche ich, daß alle empfindenden Wesen Buddhas werden,
die man überall in den drei Bereichen verehrt,
warum quält mich dann allein schon
der Anblick dessen, dem bloß weltliche Wertschätzung zuteil wird.

(82) Könnte ein Verwandter, den ich versorge
und dem ich viele Dinge geben muß,
selbst seinen Lebensunterhalt bestreiten,
wäre ich dann nicht eher froh als wütend?

Ein Praktizierender auf dem Bodhisattva-Weg ist dem Gelöbnis verpflichtet, alle empfindenden Wesen zum höchsten Daseinszustand – der Buddhaschaft – zu geleiten; und ein Buddha verdient die Verehrung der empfindenden Wesen in allen drei Daseinsbereichen. Wie also kann, fragt Shantideva hier weiter, solch ein Praktizierender es angesichts dieses Gelöbnisses zulassen, Qualen dabei zu empfinden, wenn er oder sie den Erfolg, die Freude und das Glück anderer Menschen mit ansieht?

Dazu gibt er ein Beispiel: Angenommen, wir tragen für andere Menschen die Verantwortung, und diese sind finanziell und materiell auf uns angewiesen; wenn es diesen Menschen nun gelingt, ihren Lebensunterhalt aus eigener Kraft zu bestreiten und allein zurechtzukommen, stellen sie für uns eine geringere Belastung dar. Daher sollte man in solch einer Situation dankbar und froh sein, daß sie auf eigenen Füßen stehen und sich selbst erhalten können.

Uns auf dem Weg des Bodhisattva zu üben heißt, tagtäglich an das Wohl aller empfindenden Wesen zu denken und unentwegt dafür zu beten. Folglich müssen wir auch im Sinn behalten, daß mit der Aussage «sämtliche empfindende Wesen» alle Wesen ohne Ausnahme gemeint sind – auch Menschen, denen gegenüber man womöglich eine Abneigung oder Unmut empfindet.

(83) Wünsche ich nicht einmal, daß die Wesen dies haben,
wie kann ich ihnen dann wünschen, daß sie zur
Buddhaschaft erwachen?
Und wo ist Erleuchtungsgeist bei einem Menschen,
der über das, was anderen zugute kommt, wütend wird?

Shantideva fragt: «Wenn ich es nicht hinnehmen oder ertragen kann, daß andere Menschen in materieller Hinsicht erfolgreich sind, Güter erwerben und Freude daran haben, wie kann ich dann behaupten, daß ich ihnen die vollständige Erleuchtung wünsche?» Ein solches Denken ist heuchlerisch. Unter gar keinen Umständen kann sich im Geist eines solchen Menschen Bodhichitta entwickeln.

(84) Welche Rolle spielt es, ob jemand (meinem Feind) etwas
gibt oder nicht?
Gleichgültig, ob er die Gabe empfängt
oder ob sie im Haus des Gönners bleibt,
in beiden Fällen werde ich leer ausgehen.

Wenn unserem Feind bestimmte materielle Dinge – beispielsweise von einem Gönner – zugute kommen, so macht es Shantideva zufolge keinen Sinn, eifersüchtig zu sein; und es macht auch keinen Sinn, unwillig darüber zu sein. Erhält unser Feind von seinem Gönner diese materiellen Mittel nicht, macht das für uns keinerlei Unterschied. Uns wird man sie nämlich trotzdem nicht geben. Für uns ist es gleichgültig, ob unser Feind diese Dinge empfängt oder ob sie im Haus des Gönners, beim Freund des Feindes, bleiben.

(85) Warum also mache ich, indem ich wütend werde,
meine Verdienste,
das Vertrauen (der anderen zu mir) und meine guten
Eigenschaften zunichte?
Sag, warum bin ich nicht wütend (auf mich),
weil ich nicht über die zum Vorteil gereichenden Ursachen
verfüge?

(86) Ganz davon zu schweigen, daß du keine Reue zeigst
über die begangenen Missetaten, (o Geist,)
warum willst du mit anderen wetteifern,
die verdienstvolle Taten vollbracht haben?

Tatsächlich wünscht man sich ja materiellen Wohlstand oder Erfolg. Da ist es vollkommen fehl am Platz, auf den Erfolg oder den materiellen Wohlstand der anderen eifersüchtig zu sein. Denn solche Eifersucht macht in Wirklichkeit unsere durch verdienstvolles Handeln erlangten positiven geistigen Prägungen zunichte, die uns in Zukunft materiellen Erfolg zuteil werden lassen, uns Wohlstand bringen würden. Ist es einem also ernst damit, nach materiellem Besitz zu streben, sollte man um so wütender auf sich selbst sein – auf die Person, die auf den materiellen Erfolg der anderen eifersüchtig ist.

Sehen wir, daß unser Feind Erfolg hat, materiellen Besitz erwirbt und daß andere anerkennend über ihn oder sie sprechen, und erfreuen wir uns dann wirklich an seinem oder ihrem Erfolg, sind froh und glücklich darüber und nicht eifersüchtig, verbittert oder wütend, so besteht eine Möglichkeit, sagt Shantideva, an diesem Erfolg teilhaben zu können. Vielleicht gibt es diese Möglichkeit tatsächlich. Wenn man hingegen eifersüchtig und wütend auf diese Erfolge reagiert, wird man unfähig, tiefe Reue über die negativen Handlungen zu empfinden, die man in der Vergangenheit verübt hat. Mehr noch: In gewisser Weise begibt man sich in einen aggressiven Wettstreit mit den Auswirkungen der verdienstvollen Handlungen, die andere begangen haben.

(87) Selbst wenn dein Feind unglücklich ist,
was kann dich daran erfreuen?
Dein bloßer Wunsch (ihn zu verletzen,)
konnte nicht bewirken, daß er verletzt wurde.

(88) Und selbst wenn er leidet, wie du es wünschtest,
was kann dich daran erfreuen?
Was könnte es Unglückseligeres geben, als zu sagen:
«Dann nämlich werde ich zufriedengestellt sein.»

(89) Dieser von den Fischern, den störenden Vorstellungen,
ausgeworfene Haken
ist unglaublich scharf: Gefangen an diesem Haken,
werde ich ganz gewiß in den Kesseln
der Höllenwächter schmoren.

In der ersten dieser drei Strophen stellt Shantideva die Frage, worüber wir erfreut sein könnten, wenn unser Feind unglücklich ist, und sei es auch durch unser Zutun. Indem wir lediglich den Wunsch haben, jemanden zu verletzen, indem wir einfach unserem Feind etwas Schlechtes wünschen, wird diesem Feind keinesfalls ein Leid oder eine Verletzung zugefügt. Und selbst wenn durch unser Wunschdenken all die negativen Dinge einträten, all die Fehlschläge und Probleme, die wir unserem Feind wünschten, woran könnten wir uns dann erfreuen? Wir könnten vielleicht sagen: «Nun, in diesem Fall wäre ich sehr zufrieden.» Dazu meint Shantideva: «Was könnte es Unglückseligeres geben als das?»

Schließlich stellt er fest, diese Wut, dieser Haß gleiche einem Fischerhaken. Wir müssen also auf der Hut sein, um sicherzustellen, daß wir nicht an diesen Haken des Hasses geraten.

(90) Die Ehre von Lob und Ruhm
wird sich nicht zu Verdienst oder Lebenskraft wandeln;
weder wird sie mir Kraft geben noch mich von
Krankheit befreien,

noch wird sie mir zu körperlichem Wohlbefinden
verhelfen.

(91) Wäre ich mir darüber im klaren, was für mich von
Bedeutung ist,
welchen Wert würde ich diesen Dingen beimessen?
Kommt es mir lediglich auf (ein wenig) innerliches
Wohlbefinden an,
sollte ich mich dem Glücksspiel hingeben, mich betrinken
und dergleichen.

In den Strophen 90 und 91 legt Shantideva dar, daß wir uns nicht zu sehr darum kümmern sollten, ob wir berühmt sind oder was die Leute – im guten oder im schlechten – über uns sagen. Denn wären wir berühmt, so ergäben sich daraus keine ernstlichen Veränderungen für unser Leben. Deshalb sollten wir die richtigen Prioritäten setzen und nach dem streben, was von wirklichem Wert, von wirklicher Bedeutung für unser Leben ist – nicht nach bloßem Ruhm, der letztlich nichts weiter ist als leeres Geräusch.

Darauf wird man vielleicht entgegnen: «Das ist nicht wahr. Genieße ich nämlich Berühmtheit, und sprechen die Menschen voller Anerkennung von mir, so verschafft mir das große Befriedigung.» Dies gibt einem in der Tat für den Augenblick eine gewisse Befriedigung. Wenn es einem aber allein darauf ankommt, so macht Shantideva deutlich, läßt sich zum Beispiel auch ständige Trunkenheit und Drogenkonsum rechtfertigen. Denn auch dadurch kann man sich einen momentanen Genuß verschaffen.

(92) Wenn ich dem Ruhm zuliebe
meinen Reichtum fortgebe oder ums Leben komme,
was können die bloßen Worte (des Ruhms) dann
bewirken?
Bin ich erst gestorben, wem werden sie dann Freude
bereiten?

Hier legt Shantideva dar, daß Menschen in manchen Fällen tatsächlich einen Großteil ihres materiellen Besitzes dem Ruhm zuliebe preisgeben würden. Und das Ruhmesstreben kann sogar so weit gehen, daß sie ihr Leben dafür opfern würden.

Wenn wir uns diese Fälle anschauen, zeigt sich, daß der Ruhm dem Betreffenden keinen Nutzen bringt. Letzten Endes handelt es sich beim Ruhm nur um leere Worte; und wem könnten diese nach dem Tod noch zugute kommen? Der eigentliche Zweck des Strebens nach Ruhm bestand darin, eine gewisse Befriedigung zu erlangen. Hat man aber sein Leben dafür geopfert, ist niemand mehr da, der den Ruhm genießen könnte. Wie besessen nach Ruhm zu trachten, ist vollkommen töricht.

(93) Kinder heulen vor Verzweiflung,
wenn ihre Sandburgen einstürzen.
Ebenso wird beim Niedergang meines Ansehens und meines guten Rufs
mein Geist wie ein kleines Kind.

Shantideva benutzt eine Analogie: Bauen Kinder beim Spielen am Strand Sandburgen, nehmen sie das so ernst, daß sie weinen und heulen, wenn die Sandburg einstürzt. Ruhmestrunkene Menschen verhalten sich ähnlich.

(94) Geräusche sind von kurzer Dauer und leblos,
daher können sie unmöglich den Gedanken hegen, mich zu loben.
– Da es ihn aber (den, der mir Lob zuteil werden läßt,) froh stimmt,
ist (mein) guter Ruf ein Freudenquell (für mich). –

(95) Doch ob dieses Lob nun mir gilt oder jemand anderem,
wie soll die Freude (dessen, der mich lobt,) mir zugute kommen?
Da es sich allein um seine Freude und sein Glück handelt,
werde ich nicht einmal einen Anteil davon erhalten.

(96) Falls ich aber doch über sein Glück beglückt sein kann,
so sollte ich gewiß allen gegenüber ebenso empfinden.
Warum bin ich dann also unglücklich,
wenn andere Gefallen finden an dem, was ihnen Freude bereitet?

(97) Nichtig ist daher das Glück,
das bei dem Gedanken aufkommt:
«Ich werde gelobt.»
Es ist das Gebaren eines Kindes.

Bei sorgsamer Betrachtung zeigt sich, daß nicht der Ruhm selbst uns beglückt, wenn Menschen uns ihre Anerkennung aussprechen. Es ist auch nicht das Geräusch der Stimme, denn Geräusche gehen vorüber und sind in gewissem Sinn unmotiviert. Die Geräusche selbst haben nicht die Absicht, uns zu erfreuen, und sie hegen uns gegenüber keine Zuneigung. Nun könnten wir meinen, daß in dem Augenblick, da jemand uns lobt oder anerkennend von uns spricht, zumindest im Geist oder im Herzen des Menschen, der das Lob ausspricht, eine Empfindung der Freude, der Zufriedenheit oder Erfüllung vorhanden ist. Darum empfinde ich Freude, wenn die Leute anerkennend von mir sprechen. In diesem Fall bleibt aber die Freude der mich lobenden Person im Herzen ebenjener Person und ist kein Bestandteil meines Geisteskontinuums. Wie also können wir an dieser Freude, diesem Glück teilhaben? Und falls wir entgegnen, dies sei nicht der vollständige Sachverhalt, sondern der schlichte Vorgang, daß jemand mich lobt, biete einem Menschen – eben demjenigen, der mir Lob zollt – die Gelegenheit, glücklich und erfreut zu sein, warum sollten wir dann nicht ebenso empfinden, wenn jemand unseren Feind lobt? Denn zumindest im Geist oder Herzen desjenigen, der unseren Feind lobt, gibt es eine Empfindung von Freude und Glück.

So folgert Shantideva in Strophe 97, das Glück oder die Freude bei dem Gedanken «ich werde gelobt» sei nichtig, das Gebaren eines Kindes.

(98) Lob und dergleichen lenken mich ab
und untergraben außerdem meine Ernüchterung (über
den Daseinskreislauf).
Ich beginne jene zu beneiden, die gute Eigenschaften haben,
und das Allervorzüglichste wird gänzlich zunichte.

(99) Tragen also jene, die so eifrig damit beschäftigt sind,
mein Ansehen und ähnliches zu zerstören,
nicht auch dazu bei, mich vor dem Sturz
in die unglückseligen Daseinsbereiche zu bewahren?

Hier weist Shantideva darauf hin, daß es in Wahrheit viele schädliche Auswirkungen hat oder Nachteile mit sich bringt, wenn man von anderen gelobt wird. Erstens: Wenn man sehr berühmt ist und mit viel Anerkennung bedacht wird, lenkt einen das von der Praxis ab. Denn wer berühmt ist, ist sehr beschäftigt und hat keine Zeit. Aber das ist noch nicht alles. Der Ruhm kann nämlich auch zweitens unsere Unzufriedenheit mit dem unerleuchteten Dasein verringern. Wird man berühmt, scheint eigentlich alles in Ordnung zu sein. Denkt man dann an das Dasein in Samsara, könnte man auf die Idee kommen: «Nun, gar nicht übel. Ganz erfreulich.» Liest man dann von den Fehlern und Mängeln des samsarischen Daseins, besteht die Gefahr, daß man denkt: «Och, das haben vielleicht bettelarme Meditierende geschrieben, die an weitentlegenen Orten gelebt haben. Über die wirkliche Welt haben sie gar nicht Bescheid gewußt.» Auf diese Weise droht also unsere Einsicht in die unbefriedigende Natur des Daseinskreislaufs verloren zu gehen. Drittens kann es einem zu Kopf steigen, wenn man berühmt ist und die Leute einen loben, und man wird womöglich sehr stolz. Mit zunehmendem Stolz wird man überheblich. Denn in den Augen der Welt hat man ja Erfolg. Zwar kann man Eifersucht auch unter Bettlern beobachten. Aber mit wachsendem Erfolg scheint die Eifersucht irgendwie noch zuzunehmen.

Dies sind also die potentiellen Gefahren, wenn andere einen loben. Daran sollte man denken. Denn diese Faktoren können letzten Endes unsere spirituelle Weiterentwicklung beeinträchtigen.

(100) Da ich nach Freiheit strebe,
können mich materieller Gewinn und die Aussicht auf Ehre nicht fesseln.
Warum sollte ich also auf die wütend sein,
die mich von dieser Fessel befreien?

(101) Jene, die mir Leid zufügen wollen,
sind wie Buddhas, die mir überreiche Segnungen zuteil werden lassen.
Sie öffnen mir die Tür, die mir den Gang in die unglücklichen Daseinsbereiche erspart.
Warum sollte ich also wütend auf sie sein?

Die buddhistischen Schriften führen uns eine Idealform menschlichen Daseins vor Augen, ausgestattet mit den acht Eigenschaften, die unserem Dasein zu Erfüllung und Vollkommenheit verhelfen – darunter auch materieller Wohlstand, weltlicher Erfolg und so weiter. Diese gelten als günstige Bedingungen. Wenn man sie konstruktiv einzusetzen vermag, können sie sehr nützlich sein. Sie vermögen nicht nur den betreffenden Menschen auf seinem spirituellen Weg zu unterstützen, sondern dieser ist mit ihrer Hilfe auch in der Lage, um so wirkungsvoller das Wohl anderer Wesen zu bewirken.

Verfügt man über die mit Wohlstand, gesellschaftlichem Rang, Bildung und dergleichen verbundenen Möglichkeiten, benötigt man allerdings unbedingt eine gewisse Selbstbeherrschung. Dann kann man sich ständig so unter Kontrolle haben, daß diese Möglichkeiten einem nicht den Charakter verderben und die fundamentale Einsicht in die grundlegend unbefriedigende Natur des Daseinskreislaufs niemals verlorengeht. In diesem Fall wird man die angemessene Einstellung zu all diesen Möglichkeiten haben und sie als Hilfsmittel auf dem Weg zum Nutzen der anderen empfindenden Wesen einsetzen. Stets ist es notwendig, ein Gleichgewicht zu bewahren, nicht in Extreme zu verfallen – und sich zugleich völlig darüber im klaren zu sein, wie man am besten und am wirkungsvollsten den Weg weitergehen kann. Im Bewußtsein all dessen braucht man die Menschen, die einem beim Trachten nach materiellem Erfolg, Wohlstand, Ruhm, gesellschaftlicher Stellung und so weiter im Weg stehen, nicht als Feinde anzusehen, sondern kann sie eher als Beschützer betrachten: Sie bewahren uns vor der möglichen Gefahr, innerlich Schaden zu nehmen und vom Weg zur Erleuchtung abzukommen.

In den Strophen 100 und 101 fordert uns Shantideva also auf, niemals unser eigentliches Ziel aus dem Auge zu verlieren. Letztendlich trachten wir nach Freiheit von Leid – nach Befreiung, Nirvana. Daher sollten wir uns keinesfalls vom Streben nach materiellem Gewinn und nach Ehre fesseln lassen. Warum also wütend sein auf Menschen, unsere Feinde zum Beispiel, die verhindern, daß wir uns bereichern? In Wahrheit helfen sie uns, diese Fessel abzustreifen.

Shantideva sagt, die Aktivität dieser Menschen komme den Segnungen Buddhas gleich. Denn durch ihre Handlungen bewahren sie uns davor, jenes Haus zu betreten, wo wir in das Zimmer des unglückseligen Daseins hineingeraten würden. Sie schieben gewissermaßen einen Riegel vor die Tür, die uns zu großem Leid führen würde. Darum sollten wir auf diese Menschen nicht wütend sein.

(102) – Was aber, wenn jemand mich hindert, verdienstvoll zu handeln? –
Wütend zu sein ist auch ihm gegenüber nicht richtig.
Keine innere Stärke kommt der Geduld gleich.
Hier sollte ich sie daher gewiß anwenden.

In Strophe 102 geht Shantideva auf die Auffassung ein, man sei zu Recht auf einen anderen Menschen wütend, wenn man sich durch sein oder ihr Handeln dazu bringen läßt, sein eigenes Verdienst zunichte zu machen.

Dies sei wahrlich kein Rechtfertigungsgrund, erklärt er. Denn die beste Übung, um Verdienst anzusammeln, positive Prägungen zu schaffen, bestehe darin, sich in Liebe und Mitgefühl zu üben. Das ist die wahre Dharmapraxis. Will man sich aber wirklich erfolgreich in Liebe und Mitgefühl üben, ist es unerläßlich, sich in Geduld und Nachsicht zu üben. Darum kommt keine innere Stärke der Geduld gleich. Keine andere spirituelle Praxis ist bedeutsamer als das Sichüben in Geduld. Auf die Handlungen eines Feindes darf man also nicht wütend reagieren. Man sollte vielmehr die Gelegenheit nutzen, sich vermehrt in Geduld und Nachsicht zu üben.

(103) Bin ich aufgrund meiner Schwächen
nicht geduldig mit diesem (Feind),
halte ich allein mich davon ab,
diese Ursache für die Ansammlung von Verdienst zu nutzen.

Erhalte ich diese Gelegenheit, heißt es hier, und es gelingt mir aufgrund meiner Schwächen dennoch nicht, meinem Feind gegenüber Geduld beziehungsweise Nachsicht aufzubringen – ja, verliere ich sogar die Beherrschung –, so vereitle ich allein diese Gelegenheit, durch Übung in Geduld Verdienst anzusammeln. In diesem Sinn sind wir selbst das Hindernis: *Wir* verlieren die Geduld.

(104) Wenn etwas ohne sein Zutun nicht eintritt
und mit ihm zustande kommt,
müßte dieser (Feind) demnach die Ursache (der Geduld)
sein.
Wie kann ich da sagen, er sei ihr Hindernis?

Hier definiert Shantideva, was mit Ursache gemeint ist. Er sagt, wenn etwas ohne dieses nicht eintreten kann und es mit diesem zustande kommt, ist das die Ursache des Geschehnisses beziehungsweise der Handlung.

Im Fall der Geduld ist die Handlung eines Feindes notwendig.

Ohne sie kann Geduld oder Nachsicht unmöglich zutage treten. Die Handlung des Feindes ist also ein unentbehrlicher Faktor, damit wir die Gelegenheit erhalten, uns in Geduld zu üben. Wie können wir daher das Gegenteil behaupten, indem wir sagen, der Feind mache es uns unmöglich, Geduld mit ihm zu haben? Tatsächlich ist der Feind die notwendige Bedingung, damit wir Geduld üben können.

(105) Wenn ich etwas verschenke, ist ein Bettler
kein Hindernis für Freigiebigkeit.
Und ich kann nicht sagen, für die Ordination sei derjenige,
der mich ordiniert, ein Hindernis.

Shantideva verwendet das Beispiel eines Bettlers – eines Menschen, der wirklich verdient, daß man ihm etwas gibt. Man kann nicht sagen, solch ein Bettler hindere einen daran, sich in Freigebigkeit zu üben. Und wie läßt sich behaupten, für jemanden, der ordiniert werden möchte, sei derjenige, der die Ordination und die Gelübde erteilt, ein Hindernis?

(106) Bettler gibt es viele auf der Welt;
rar hingegen sind jene, die einem Leid zufügen.
Habe ich nämlich andere nicht verletzt,
werden wenige Wesen mir etwas zuleide tun.

(107) Wie bei einem Schatz, auf den ich im eigenen Haus stoße,
ohne daß ich mir Mühe geben muß, ihn zu erwerben,
sollte ich daher froh sein, einen Feind zu haben.
Denn er verhilft mir zur Befreiung.

In diesen beiden Strophen erklärt Shantideva, daß es wahrlich genug Bettler auf der Welt gibt, um sich in Freigebigkeit zu üben. Hingegen existieren vergleichsweise wenige Gelegenheiten, sich in Geduld zu üben. Denn bei dem Leid, das uns ein Feind zufügt, verhält es sich so: Wenn wir es nicht provozieren, wird uns normalerweise nichts zuleide getan. Es bedarf einer Wechselwirkung. Erhält man also solch eine Gelegenheit – als habe man im eigenen Haus einen Schatz gefunden –, sollte man seinem Feind gegenüber froh und dankbar sein, daß er sie einem verschafft hat.

(108) Und weil ich bei ihm (Geduld) üben kann,
verdient er, die allerersten Früchte
meiner Geduld zu erhalten,
da er in dieser Weise ihre Ursache ist.

In Geduld und Nachsicht, darauf weist Shantideva in dieser Strophe hin, können wir uns immer nur dann üben, wenn zwei Faktoren zusammenkommen: unser eigenes Bemühen und die Gelegenheit, die unser Feind uns bietet. In Anerkennung dessen sollten wir die Früchte unserer Geduldsübung zuallererst dem Wohl unseres Feindes widmen.

(109) – Doch warum sollte ich meinem Feind Verehrung erweisen?
Er hat nicht die Absicht, mich Geduld üben zu lassen. –
Warum verehrt man dann den geheiligten Dharma?
Er hat auch nicht die Absicht, doch ist er ein trefflicher Grund, zu praktizieren.

Hier räumt Shantideva ein, man könne denken: «Warum sollte ich meinem Feind Verehrung erweisen oder seinem Beitrag Anerkennung zollen? Er hat mir diese Gelegenheit, mich in Geduld zu üben, nicht mit Absicht geboten. Demzufolge bräuchte man auch dem Dharma, einer der Drei Kostbarkeiten, keine Verehrung zu erweisen. Denn wahrer Dharma betrifft das Ende des Leids und den Weg. Und weder das Ende des Leids noch der Weg haben die Absicht, uns zu helfen. Dennoch glauben wir, daß sie unserer Verehrung und unserer Achtung würdig sind. Hier zählt also die Wirkung, nicht so sehr die Absicht auf seiten des anderen Faktors.

(110) – Gewiß doch brauche ich meinem Feind keine
Verehrung zu erweisen,
da er beabsichtigt, mir Leid zuzufügen. –
Wie könnte man sich jedoch in Geduld üben,
wenn die Menschen stets danach strebten, mir wie Ärzte
Gutes zu tun?

(111) Geduldige Hinnahme entsteht also in Abhängigkeit
von (jemandem mit) einem haßerfüllten Geist.
Daher sollte dieser Mensch ganz wie der geheiligte Dharma
der Verehrung würdig sein.
Denn er ist Ursache der Geduld.

In diesen beiden Strophen führt Shantideva aus, man könne denken: «Ja, was das Ende des Leids und den Weg anbelangt, haben Sie recht. Da liegt keine Absicht vor. Trotzdem verehren wir den Dharma. Hingegen sieht es im Fall des Feindes doch so aus: Nicht nur hat dieser Feind keinerlei Wunsch oder Absicht, uns zu helfen – er hegt den böswilligen Vorsatz, uns zu schaden. Er ist darauf aus, uns etwas zuleide zu tun. Deshalb verdient er mit Sicherheit keine Achtung oder Verehrung.»

Zweierlei macht in der Tat die Handlung des Feindes einzigartig, sagt Shantideva: die haßerfüllte Gesinnung und die Absicht, uns weh zu tun. Wäre der eigentliche Vorgang des Wehtuns ausschlaggebend, müßten hier auch die Ärzte angeführt werden. Denn ohne daß es in ihrer Absicht läge, uns ein Leid zuzufügen, bedienen sie sich oft ziemlich schmerzhafter Methoden. Manche ärztliche Behandlung beinhaltet sogar operative Eingriffe. Trotzdem sehen wir diese Handlungen nicht als schädlich oder als Aktionen eines Feindes an, denn der Arzt handelt in der Absicht, uns zu helfen. Somit macht der Vorsatz, uns zu schaden, den Feind einzigartig und gibt uns die kostbare Gelegenheit, Geduld zu üben. Wir sollten daher den Feinden, genau wie dem geheiligten Dharma, Verehrung erweisen.

Meditation
Wir wollen nun diese Sitzung zur stillen Meditation über die Praxis des Tong-len, des «Gebens und Nehmens» nutzen. Visualisieren Sie zunächst auf der einen Seite empfindende Wesen, die dringend Hilfe benötigen, sich in einem unglücklichen und leidvollen Zustand befinden. Dann visualisieren Sie auf der anderen Seite sich selbst als Verkörperung einer ichbezogenen Person, die dem Wohlergehen und den Bedürfnissen der übrigen empfindenden Wesen ziemlich gleichgültig gegenübersteht.

Achten Sie dann als neutraler Beobachter auf Ihr spontanes Empfinden: Wohin neigen sich Ihre Gefühle? Versucht ihre natürliche Anteilnahme die schwächeren empfindenden Wesen in ihrer Not zu erreichen, oder neigt sie sich mehr der Verkörperung des Egoismus zu?

Richten Sie anschließend ihre Aufmerksamkeit auf die bedürftigen und verzweifelten empfindenden Wesen, und wenden Sie ihnen all Ihre positive Energie zu. Schenken Sie ihnen im Geist Ihre Erfolge, Ihr angesammeltes Verdienst, Ihre positiven Energien und so weiter. Nehmen Sie dann ihr Leid auf sich, ihre Probleme und ihre Negativität.

Zum Beispiel können wir ein unschuldiges, Hunger leidendes Kind aus Somalia visualisieren und darauf achten, wie wir spontan auf diesen Anblick reagieren. Wenn wir ein starkes Einfühlungsvermögen in bezug auf diesen Menschen entwickeln, beruht dies nicht auf Überlegungen wie: «Er ist mein Verwandter. Sie ist meine Freundin.» Sie kennen den Betreffenden ja nicht einmal. Doch aufgrund dessen, daß die oder der andere ein Mensch ist und Sie selbst auch, läßt Ihr natürliches Einfühlungsvermögen zu, daß Sie ihm die Hand reichen. Sie können das in dieser Weise visualisieren und sich vorstellen, daß dieses Kind von sich aus über keinerlei Möglichkeit verfügt, aus seinen derzeitigen Schwierigkeiten herauszukommen. Nehmen Sie dann im Geist all seine Leiden auf sich: den Hunger, die Armut und das Empfinden, in unlösbaren Problemen zu stecken. Geben Sie anschließend im Geist diesem Kind all Ihre Fähigkeiten, Ihre Erfolge, Ihren Wohlstand und so weiter. Lassen Sie sich auf diese

Beziehung des Gebens und Nehmens ein. Auf diese Weise schulen Sie Ihren Geist. Wenn Sie visualisieren, wie Sie das Leid auf sich nehmen, ist es zweckmäßig, die Leiden, Probleme und Hindernisse in Form von Giftstoffen oder gefährlichen Waffen zu visualisieren – Dinge, die Sie normalerweise erschaudern lassen. Sie könnten auch Tiere visualisieren, deren Anblick Ihnen einfach unerträglich ist. Visualisieren Sie das, was Sie auf sich nehmen, in solch einer Form, und nehmen Sie es dann direkt in Ihr Herz auf. Bei wirkungsvoller Durchführung werden Sie bei dieser Visualisierung ein leichtes Unwohlsein empfinden – ein Hinweis darauf, daß sie ins Schwarze getroffen haben, das heißt, in die selbstbezogene, egozentrische Haltung, die uns normalerweise zu eigen ist.

Diejenigen unter Ihnen, die vielleicht Probleme mit ihrem Selbstbild haben – etwa Haß oder Wut auf sich selbst empfinden oder ein geringes Selbstwertgefühl besitzen –, sollten prüfen, ob diese spezielle Übung für sie geeignet ist oder nicht. Gut möglich, daß sie es nicht ist.

Fragen an den Dalai Lama

Frage: Was Shantideva schreibt, klingt so, als sei die Entscheidung, Bodhichitta zu entwickeln oder den Bodhisattva-Weg einzuschlagen, alleinige Angelegenheit des Intellekts. Wo vernimmt man hier die Sprache des Herzens?

Dalai Lama: Im Buddhismus unterscheidet man drei Arten der Einsicht, drei Stufen des Verstehens. Zuerst kommt die Stufe des Hörens oder Lernens, das Anfangsstadium – man liest oder hört von etwas. Aufgrund dessen entwickeln Sie unmittelbar ein gewisses Verständnis. Im zweiten Stadium denken Sie, nachdem Sie den Sachverhalt oder das Thema kennengelernt, von ihm gelesen oder gehört haben, fortwährend darüber nach. Und indem Sie sich unentwegt damit vertraut machen und darüber nachdenken, wird Ihr Verständnis klarer. Zu diesem Zeitpunkt beginnen sich bestimmte Empfindungen oder Erfahrungen bei

Ihnen einzustellen. Die dritte Stufe wird die «meditativ erworbene Einsicht» genannt: Hier erfassen Sie den betreffenden Sachverhalt nicht nur intellektuell, sondern können ihn durch meditative Erfahrung auch empfinden. Es kommt also zu einer Angleichung Ihres Wissens und Ihrer Erfahrung.

Im Anfangsstadium ist eine Kluft zwischen intellektueller Einsicht und dem Wissensgegenstand zu verzeichnen. Auf der Ebene «meditativ erworbener Einsicht» hingegen besteht diese nicht. Hier handelt es sich um Erfahrungswissen. Es mag ein paar Ausnahmefälle geben, in denen jemand nicht alle Stufen zu durchlaufen braucht. Doch im allgemeinen erfordert Dharmapraxis, die ja meist nicht spontan zustande kommt, ein bewußtes Bemühen unsererseits, und dann müssen wir diese Stufen absolvieren. Ein so verlaufender Verstehensprozeß gibt außerdem dem Sachverhalt, mit dem er sich befaßt, einen viel stärkeren Erfahrungsbezug, rückt ihn uns näher ans Herz, und er bringt viel mehr Spontaneität mit hinein.

Man kann einen Vergleich zu unseren in Täuschung und Irrtum befangenen Geisteszuständen, unseren störenden Emotionen, ziehen. Störende Emotionen kommen im allgemeinen spontan zustande. Richten sie sich auf ein spezielles Objekt, empfinden wir zum Beispiel einem Menschen gegenüber Wut oder Haß und wir schenken ihnen keine Beachtung, ist es wenig wahrscheinlich, daß sie heftig werden. Denken wir hingegen daran, welch außerordentliches Unrecht man uns zugefügt und wie unfair man uns behandelt hat, und sinnen wir immer weiter darüber nach, so nährt das den Haß, macht ihn stark und heftig.

Ebenso können Sie, wenn Sie sehr an einem Menschen hängen, auch dies noch weiter nähren. Etwa indem Sie daran denken, wie schön er oder sie ist und welche herausragenden Eigenschaften der oder die Betreffende in Ihren Augen besitzen. Und indem Sie damit fortfahren, wird Ihre Anhaftung immer intensiver. Dies zeigt, daß auch störende Emotionen immer heftiger und stärker werden, wenn man sich fortwährend mit ihnen beschäftigt.

Wie bereits dargelegt, erreicht man Einsicht und Verständnis im Anfangsstadium durch Lernen oder Hören. Lesen gehört ebenfalls dazu. Wenn Sie dann über das Thema nachsinnen, es durchdenken und analysieren, werden Sie den Punkt erreichen, an dem Einsichten zutage treten. Der tibetische Ausdruck dafür lautet *nyam ogtu chupa* (nyams 'og tu chud pa). Das heißt soviel wie: Man bekommt das Gefühl, die Sache erfaßt zu haben. Man empfindet Vertrautheit, fühlt sich dem Thema verbunden. Es kommt Ihnen nicht mehr fremd vor.

Von einem gewissen Punkt an entwickeln Sie eine Art Erfahrungswissen. Der tibetische Ausdruck hierfür läßt sich mit «die auf Bemühung angewiesene Erfahrung» wiedergeben. Diese Art von Erfahrung setzt bewußte Bemühung und Anstrengung Ihrerseits voraus. Indem Sie sich mit dem Gegenstand immer weiter vertraut machen, erreichen Sie allmählich einen Punkt, an dem Ihre Erfahrung spontan, an dem sie Ihnen fast zur zweiten Natur wird. Dann brauchen Sie nicht länger den gesamten Prozeß zu durchlaufen – nachzudenken und bewußtes Bemühen daranzusetzen. Im Fall des Mitgefühls zum Beispiel mag dies zuvor immer notwendig gewesen sein: Sie mußten nachdenken, meditieren und so weiter. An diesem Punkt jedoch genügt der bloße Anblick eines leidenden Wesens, um Sie spontan in einen Zustand wirklichen Mitgefühls zu versetzen. Diesen Zustand bezeichnet man als die «spontane, unangestrengte Erfahrung».

Es scheint also ein Voranschreiten von Stufe zu Stufe zu geben. Es wäre falsch, zu glauben, die Spontaneität unserer Erfahrung gehe ganz und gar in die eine, das intellektuelle Verständnis in eine vollkommen andere Richtung – als seien beide völlig voneinander getrennt und stünden in keiner Beziehung zueinander. Das trifft nicht zu. Tatsächlich gilt für jedes Verständnis und jede Erfahrung, die man durch den Prozeß intellektuellen Verstehens und meditativer Übung entwickelt, daß sie sehr beständig und dauerhaft sind, sobald man sie einmal erreicht hat.

Im Unterschied dazu mögen Sie mitunter eine spontane Erfahrung machen, die im jeweiligen Moment fesselnd und stark ist. Ohne intellektuelle Grundlage ist sie jedoch nicht beständig.

Wenn nach ein paar Tagen die Erfahrung abklingt, sehen Sie sich wieder in Ihr gewöhnliches Ich zurückversetzt, ohne daß diese Erfahrung bei Ihnen viel bewirkt hätte. Sie ist also nicht verläßlich.

Ich denke, es gibt unterschiedliche Erfahrungsebenen. Für mich zum Beispiel gab es Zeiten, da bestand Bodhichitta aus bloßen Worten. Natürlich verstand ich auf sprachlicher Ebene deren Bedeutung. Aber es war nicht viel Gefühl dabei. In bezug auf Leerheit, *shunyata*, verhielt es sich fast genauso.

Daraufhin habe ich Jahr um Jahr, Jahrzehnt um Jahrzehnt darüber nachgedacht. Und schließlich waren diese Worte, wenn ich über sie nachdachte, keine bloßen Worte mehr, sondern es war noch etwas anderes vorhanden.

Frage: Als Mutter kleiner Kinder und tragende Säule unseres Haushalts habe ich in meinem alltäglichen Leben wenige freie Momente. Mein soziales Umfeld ist vollkommen weltlich eingestellt und für die Dharmapraxis keine Unterstützung, dem Dharma allerdings auch nicht feindlich gesonnen. Es bringt mich ziemlich durcheinander, wenn ich mir vorzustellen versuche, was Dharmapraxis in meiner derzeitigen Lebenssituation hieße. Trotzdem möchte ich positive Veränderungen vornehmen und mich bemühen, Disziplin, Bodhichitta und Einsicht zu entwickeln. Welche Schwerpunkte würden Sie einem Anfänger unter diesen Voraussetzungen empfehlen?

Dalai Lama: Auch ich könnte über Zeitmangel klagen. Ich bin sehr beschäftigt. Strengt man sich jedoch an, kann man immer ein wenig Zeit finden – frühmorgens etwa. Ferner gibt es das Wochenende. Man kann ein wenig Freizeit opfern. Wenn Sie sich also anstrengen und nach Kräften bemühen, können Sie vielleicht, sagen wir, dreißig Minuten am Morgen und dreißig Minuten am Abend aufbringen.

Wie dem auch sei, ich finde es sehr wichtig, zuallererst ein allgemeines Verständnis, eine Art Überblick über die Grundzüge des buddhistischen Weges zu entwickeln. Wenn wir uns ernstliche Gedanken machen und Dharmapraxis im wahren Wortsinn verstehen, sollten wir den Dharma vom eigenen Geisteszustand her begreifen, das heißt, von unserem psychischen und emotionalen Zustand aus.

Man sollte sein Verständnis des Dharma nicht auf einige körperliche oder verbale Aktivitäten begrenzen, etwa das Rezitieren oder Singen von Gebetstexten. Wenn sich Ihr Verständnis von Dharmapraxis hierauf beschränkt, benötigen Sie selbstverständlich eine spezielle, eigens für diese Praktiken vorgesehene Zeit. Denn Sie können nicht umhergehen und Ihre täglichen Routinearbeiten wie Kochen und dergleichen ausführen, während Sie Mantras rezitieren. Das wäre für die Menschen um Sie herum eine ziemliche Störung.

Verstehen Sie hingegen Dharmapraxis in ihrem wahren Sinn, dann ist Ihnen klar, daß sie mit psychischem und emotionalem Wohlbefinden zu tun hat. Deshalb können Sie alle 24 Stunden des Tages dafür nutzen.

Bemerken Sie zum Beispiel, daß sie im Begriff sind, jemanden zu beleidigen, dann sorgen Sie dafür, daß Sie dies unterlassen. Sehen Sie sich mit einer Situation konfrontiert, in der Sie womöglich die Beherrschung verlieren, seien Sie augenblicklich achtsam, und sagen Sie sich: «Nein, das ist nicht der richtige Weg.» Dies ist wirkliches Sichüben im Dharma. In diesem Licht betrachtet, werden Sie stets Zeit haben.

Auch wenn Sie über die vergängliche, von Augenblick zu Augenblick sich ändernde Natur der Erscheinungen meditieren, gibt es ringsum eine Fülle von Beispielen, die Ihnen diesen Sachverhalt vergegenwärtigen. Wichtig ist jedoch, sich zunächst einmal Kenntnisse anzueignen. Denn ohne Wissen läßt sich schwerlich praktizieren.

Frage: Was sollte man einem geliebten Menschen sagen, der über eine dritte Person voll Haß und Wut spricht? Einerseits möchte man Mitgefühl für die Empfindungen dieses geliebten Menschen zeigen. Andererseits will man den Haß nicht bestärken oder ihn billigen. Was kann man da sagen?

Dalai Lama: Hierzu möchte ich Ihnen gern eine Geschichte

erzählen. Es gab einmal einen Kadampa-Meister namens Gampowa, der zahlreiche Verpflichtungen hatte. Eines Tages beklagte er sich bei dem Kadampa-Meister Dromtönpa, er habe kaum noch Zeit für seine Meditation beziehungsweise für seine Dharmapraxis. Dromtönpa erwiderte: «Ja, das stimmt. Ich habe auch keine Zeit.» Augenblicklich war eine Übereinstimmung erzielt. Daraufhin fügte Dromtönpa wohlweislich hinzu: «Doch weißt du, meine Aktivitäten dienen dem Dharma. Darum bin ich zufrieden.» Wenn Sie also feststellen, daß einer Ihrer Lieben aus Wut oder Haß gegen jemanden loswettert, sollten Sie vielleicht zunächst mit Zustimmung und Sympathie reagieren. Haben Sie so sein oder ihr Vertrauen gewonnen, können Sie sagen: «Aber ...»

Frage: Würden Sie bitte an diesem historischen Tag der Unterzeichnung eines Friedensabkommens zwischen den Israelis und den Palästinensern etwas zu diesem bedeutungsvollen Ereignis sagen und vielleicht eine Segnung für die Fortsetzung des Friedensprozesses im Nahen Osten aussprechen, da die schwierige Arbeit jetzt erst beginnt?

Dalai Lama: Heute morgen führten wir ein Gespräch, bei dem ich anmerkte, dies könne man nur loben. Sicher wird es Sie interessieren zu hören, daß ich bei dieser Gelegenheit Premierminister Rabin wie auch PLO-Chef Yassir Arafat einen Brief geschrieben habe.

Frage: Bitte geben Sie uns eine umfassendere Erläuterung zu den hilfreichen Mitteln.

Dalai Lama: Das ist schwierig. Im Vajrayana umfaßt die Methode viele verschiedene Ebenen. Ein gewisses Verständnis davon zu gewinnen, was mit Weisheit gemeint ist – dem unerläßlichen Ergänzungsfaktor zur Methode –, fällt vergleichsweise leicht. Die hilfreichen Mittel sind aufgrund ihrer Vielfalt und Komplexität viel schwerer zu verstehen.

Ganz allgemein kann man die hilfreichen Mittel, den methodischen Aspekt des Weges, als jene Übungen, Meditationen oder Aspekte des Weges definieren, die sich hauptsächlich auf die konventionelle Seite der Wirklichkeit beziehen. Wir haben die konventionelle Wirklichkeit und die letztendliche Wirklichkeit. Mit anderen Worten: Erscheinung und Leerheit. Und die Techniken, Meditationen und Übungen, die sich in erster Linie auf die letztendliche Natur der Wirklichkeit – Leerheit – beziehen, bilden den Weisheitsaspekt des Weges. Diejenigen hingegen, die sich vorrangig mit der Ebene der Erscheinungen befassen, mit dem konventionellen Aspekt der Wirklichkeit, kann man im großen und ganzen als hilfreiche Mittel oder den Methodenaspekt bezeichnen.

Auch kann man feststellen, daß viele Bestandteile der hilfreichen Mittel, des methodischen Aspekts, Liebe, Mitgefühl und so weiter, keine Erkenntniskräfte beziehungsweise kognitiven Faktoren sind. Nicht kognitiv sind sie in dem Sinn, daß es hier mehr um die affektive oder emotionale Seite der Psyche geht. Der Weisheitsaspekt hat eine stärker kognitive Komponente, ist mehr mit dem Begriffsvermögen und Verstehen verknüpft. Doch es ist sehr schwierig, detailliert zu erklären, worin genau hilfreiche Mittel bestehen.

Frage: Ein Bodhisattva-Gelübde verlangt, jemandem zu vergeben, der sich entschuldigt. Wie steht es mit der Vergebung bei jemandem, der sich nicht entschuldigt? Ist es anzustreben, von jemandem, der einem unrecht getan hat, eine Entschuldigung zu verlangen? Welche Beziehung besteht zwischen Vergebung und Geduld?

Dalai Lama: Bodhisattvas wird nahegelegt, eine Entschuldigung anzunehmen, weil ansonsten die andere Person verletzt wäre. Sie würde denken: «Oh, er oder sie hat mir noch immer nicht vergeben.» Dies geschieht also zum Schutz der anderen Person. Wenn sich jemand, der Ihnen unrecht getan hat, nicht entschuldigt, hat es keinen Zweck, danach zu verlangen. Dies wäre wie ein Erbetteln. Und dadurch würde der oder die Betreffende sich nur um so unwohler fühlen.

Frage: Mir fällt es schwer, an die Reinkarnation zu glauben. Wie kann ich das ändern?

Dalai Lama: Das ist nur allzu verständlich; selbst für uns Tibeter ist das nicht leicht, mag auch unser Vertrauen, unser Glaube an die Reinkarnation oder Wiedergeburt noch so stark sein. Unterziehen wir nämlich den Gehalt unseres Glaubens einer sorgfältigen und redlichen Überprüfung, wird es manchmal problematisch. Denn anders als beim Glauben an die Festigkeit der materiellen Dinge um uns herum – für deren Existenz es ganz handfeste Beweise gibt –, ist es bei der Wiedergeburt und ähnlichen Sachverhalten sehr schwer, sich auf konkrete Dinge zu stützen.

Fragen Sie jedoch diejenigen, die der Möglichkeit einer Wiedergeburt gegenüber äußerst skeptisch sind oder mit Bedacht verneinen, daß es eine solche geben kann, nach den Gründen ihrer Ablehnung oder extremen Skepsis, werden sie letztlich sagen: «Ich finde einfach, daran kann man nicht glauben.»

Die philosophischen Lehren lassen sich ganz generell in zwei große Gruppen unterteilen: Auf der einen Seite hat man das Lager, das sich dem Glauben an die Wiedergeburt oder Reinkarnation anschließt; und auf der anderen Seite dasjenige, das sich dem Glauben an die Wiedergeburt oder Reinkarnation nicht anschließt beziehungsweise bestreitet, daß es eine Wiedergeburt geben kann. Aber in Wahrheit ist es bei genauer Betrachtung nicht so, daß die zweite Gruppe Beweise gefunden hätte, mit denen sich die Lehre von der Wiedergeburt widerlegen ließe. Vielmehr haben sie keinen Beweis dafür, daß es die Wiedergeburt gibt oder der Glaube daran gerechtfertigt ist. Es ist also wichtig, daß man zwischen beidem zu unterscheiden vermag: keinen Beweis für etwas gefunden zu haben; oder aber einen Beweis gefunden zu haben, der etwas widerlegt. Das sind zwei verschiedene Dinge.

Hier ist es notwendig, daß man versteht, auf welche Weise man etwas beweist oder widerlegt. Auch müssen wir erkennen, wie weit eine bestimmte logische Beweisführung oder Begründung reicht. Zum Beispiel gibt es Beweisführungen der folgenden Art: Sollte ein Phänomen existieren, dann müßten wir es auch durch eine bestimmte Analysemethode ausfindig machen können. Gehört das Phänomen in die Kategorie der existenten Phänomene, dann unterzieht man es der Analyse. Kann man es nicht ausfindig machen, so kann dies als Beweis dafür gelten, daß das Phänomen nicht existiert. Würde es nämlich existieren, sollte man es durch diese Methode ausfindig machen können. Jedoch gibt es Phänomene, die außerhalb der Reichweite einer derartigen Beweisführung liegen.

Bei der Wiedergeburt handelt es sich um eine Frage, die vor dem Hintergrund eines Bewußtseinskontinuums zu begreifen ist. Sie läßt sich nicht im Rahmen der körperlichen Daseinskontinuität klären – schon gar nicht im Hinblick auf das, was nach dem Tod mit dem Bewußtsein geschieht.

Aber von letzterem ganz abgesehen: Es ist äußerst schwer, zu bestimmen, worin die Natur des Bewußtseins und dessen Beziehung zum Körper besteht; ob es überhaupt ein separates Etwas namens «Bewußtsein», das immateriell ist, gibt oder nicht. Ist das Bewußtsein vielleicht bloße Illusion? Ein weites Feld, für das die moderne Wissenschaft keine klaren und eindeutigen Antworten parat hat.

Andererseits finden wir jedoch selbst heutzutage noch außergewöhnliche Menschen, die sich an Erlebnisse in einem früheren Dasein zu entsinnen vermögen. Ferner können wir feststellen, daß manche Leute durch Meditation Erfahrungen machen, die höchst geheimnisvoll sind.

Vierter Tag

Den empfindenden Wesen dankbar sein

Nagarjuna huldigt Buddha Shakyamuni, indem er ihn als den Lehrer rühmt, der die Philosophie der Leerheit darlegt. Dieser Philosophie zufolge ist keinem einzigen Ding und keinem einzigen Geschehen ein wesensmäßiges Dasein, eine wesensmäßige Identität zu eigen; und obgleich ihnen wahre Identität fehlt, ihnen kein wahres Dasein zukommt, steht es in ihren Kräften, Wirkungen und dergleichen hervorzubringen. Klarheit darüber gewinnt man durch Einsicht in die Natur der Wirklichkeit – in das bedingte Entstehen sämtlicher Erscheinungen, in ihre wechselseitige Bedingtheit. Nagarjuna huldigt Buddha Shakyamuni, der zur Darlegung dieser Philosophie der Leerheit, des Leer-Seins von einer eigenständigen oder wesensmäßig gegebenen Wirklichkeit, das abhängige Entstehen der Phänomene erläutert hat.

Generell finden wir in den Schriften des Mahayana verschiedene Arten der Beweisführung, die belegen sollen, daß den Erscheinungen kein wesensmäßiges Dasein, keine wesensmäßige Identität zu eigen ist. Dazu zählen Versuche, die namentliche und begriffliche Entstehung der Dinge zu analysieren. Durch solche Analysen gelangt man zu dem Schluß, daß die Dinge keine wesensmäßige Wirklichkeit haben. Ferner finden wir solche argumentativen Vorgehensweisen wie «die Untersuchung der Übereinstimmungen und der Unterschiede zwischen den Erscheinungen». Wir stoßen auch auf andere Argumentations- oder Beweisformen, bei denen die Erscheinungen unter dem Gesichtspunkt der Kausalität untersucht werden, das heißt, im Hinblick auf ihre Fähigkeit, Wirkungen hervorzurufen.

Die überzeugendste unter all diesen Arten der Beweisführung ist die von Nagarjuna verwendete, die sich auf das Prinzip des bedingten Entstehens stützt. Beweisen wir, daß man einem bestimmten Ding oder Geschehnis kein wesensmäßiges Dasein, keine wesensmäßige Wirklichkeit und Identität zusprechen kann, weil es seiner Natur nach in Abhängigkeit von anderen Bedingungen entstanden ist, bestreiten wir dadurch nicht das Vorhandensein der betreffenden Phänomene. Vielmehr versuchen wir ihre Existenz und ihre Identität von ihren Beziehungen zu anderen Phänomenen aus zu begreifen. In gewissem Sinn läßt sich sagen, daß ihre Existenz und ihre Identität im Hinblick auf andere Phänomene zutage treten.

Diese Art von Beweisführung, die sich in hohem Maß auf die wechselseitige Bedingtheit aller Wirklichkeitsbereiche stützt, ist insofern einzigartig, als sie uns zum «Mittleren Weg» hinzuführen vermag – einem von den Extremen des Absolutheitsdenkens und des Nihilismus freien Standpunkt. Dieser hält weder an einer Art wesensmäßiger Wirklichkeit fest noch negiert er die Existenz und Identität der Phänomene. Von der Position des Mittleren Weges aus erkennt man an, daß es eine – bedingte, in Erscheinung tretende und unter dem Aspekt ihrer Wechselwirkungen und Wechselbeziehungen zu verstehende – konventionelle Wirklichkeit gibt.

Daher stoßen wir in Chandrakirtis «Eintritt in den Mittleren Weg» auf die Feststellung, daß man den grundlegenden buddhistischen Kausalitätsbegriff – ein Wirklichkeitsverständnis, beruhend auf der Einsicht, daß alles auf Bedingungen zurückgeht – erfassen kann, indem man ein Verständnis der Existenz und der Identität der Erscheinungen gewinnt. Dazu wiederum muß man die wechselseitige Bedingtheit aller Wirklichkeitsbereiche verstehen; man muß begreifen, daß die Erscheinungen in gewissem Sinn ihr Dasein und ihre Identität dieser Wechselbeziehung verdanken. So wird man die Vorstellung, es gebe unbedingte oder unverursachte Erscheinungen, als Irrtum erkennen können. Denn die Dinge treten aufgrund der Wechselwirkung mit anderen Faktoren, aufgrund von Ursachen und Bedingungen ins Dasein.

Durch diese Einsicht in die Bedingtheit der Wirklichkeit wird man auch den Schöpfungsgedanken – die Vorstellung von einer Schöpfung, die ein absolutes, nicht bedingtes Wesen ins Werk gesetzt hat – widerlegen können. Denn Kausalität ist auch hier in dem Sinn zu verstehen, daß alles nur auf Bedingungen zurückgeht. Ebenso läßt sich der Vorstellung begegnen, irgend etwas könne ins Dasein treten aufgrund von Ursachen, die mit ihm identisch beziehungsweise von ihm vollkommen unabhängig sind. Von all diesen Extremen kann man sich freimachen und sich den grundlegenden Kausalitätsbegriff in seinem wahren Sinn zu eigen machen.

Wenn wir zu verstehen versuchen, was es bedeutet, «daß alles auf Bedingungen zurückgeht», oder wie die Dinge und Geschehnisse in völliger Abhängigkeit von anderen Umständen und Bedingungen ins Dasein treten, dürfen wir allerdings die zahlreichen, hier lauernden Probleme nicht außer acht lassen.

Nehmen wir zum Beispiel die Fünf Anhäufungen, die *skandhas.* Betrachten wir das Kontinuum der subtilsten Anhäufung, das Bewußtsein also, und auch unser «Ich»- oder «Selbst»-Empfinden, so beruht die persönliche Identität auf dem Kontinuum der subtilen Anhäufung, dem generellen «Ich»-Empfinden. Und dieses ist nicht näher bestimmt: weder als Mensch noch als Individuum einer bestimmten ethnischen Herkunft, noch in irgendeiner anderen Hinsicht. Es weist keinerlei Attribute auf. Bei dem bloßen «Ich»-Empfinden, der bloßen Identität – jenem «Ich», jenem Selbstbewußtsein, das sich aus der subtilen Anhäufung herleitet –, handelt es sich um ein anfangloses Kontinuum. Daher läßt sich nicht sagen, jenes «Selbst» oder «Ich», das mit unserer Identität als Mensch assoziiert wird, komme nur einem einzigen Leben zu. Wir können nicht sagen, es sei ein Mensch; wir können nicht sagen, es sei ein Tier. Doch wir können sagen, daß es ein Wesen ist.

Weiterhin läßt sich im Hinblick auf dieses Kontinuum behaupten: Jenes Selbst wie auch jenes Selbstbewußtsein, das subtile Skandha, gehen aus dem vorigen Moment hervor, der aus dem ihm vorausgegangenen Augenblick hervorgeht, und so fort. Denn es handelt sich dabei um einen kontinuierlichen Prozeß. Trotzdem können wir nicht sagen, hier handele es sich um ein karmisches Resultat. Karma spielt nämlich für die Fortsetzung dieses kontinuierlichen Prozesses keine Rolle: Daß dieser Prozeß weitergeht, dieses Kontinuum sich fortsetzt, ist einfach ein naturgegebenes Faktum.

Schaut man hingegen auf eine etwas grobstofflichere Ebene, zum Beispiel auf die des menschlichen Daseins, so haben wir da den menschlichen Körper und die menschliche Identität. Sie lassen uns sagen: «Ich bin ein Mensch.» Dieses Selbstbewußtsein und die Skandhas, auf denen diese Identität beruht, kann man als karmisches Resultat bezeichnen. Wenn wir nämlich «menschlicher Körper» und «menschliches Dasein» sagen, sprechen wir über die Auswirkung oder die Frucht positiven Karmas, der verdienstvollen Handlungen, die man in der Vergangenheit angesammelt hat. Hier spielt das Karma also eine Rolle.

Nehmen wir den Fall eines menschlichen Körpers. Generell können wir zwar sagen, er sei das Resultat guten Karmas. Gehen wir jedoch seinem physischen Ursprung nach, fragen wir, welche stoffliche Ursache der Ursprung des physischen Körpers habe, so läßt er sich mit Hilfe des Kausalitätsprinzips auf das ihm vorausgehende Moment, die Fortpflanzungssäfte der Eltern, zurückführen – und dann immer weiter zurück. Wir können den physischen Ursprung, im Fall dieses speziellen kosmischen Systems zum Beispiel, bis zu einem Punkt zurückverfolgen, an dem lediglich vollkommen leerer Raum existiert. Die buddhistische Kosmologie lehrt, daß jegliche Materie vor der Evolution eines speziellen kosmischen Systems sogenannten «Raumpartikeln» innewohnt. Es ist also ebenfalls ein naturgegebenes Faktum, ein Naturgesetz, daß die materiellen Elemente, vom Kausalitätsprinzip vorangetrieben, ihr Kontinuum fortführen. Karma spielt auch hier keine Rolle.

Die Frage ist jetzt: An welchem Punkt oder auf welcher Stufe betritt das Karma die Bildfläche? Auf der Stufe des leeren Raumes führen die Raumpartikel ihr materielles Kontinuum fort. Dadurch entstehen verschiedene, aus diesen Partikeln zusammengesetzte Strukturen, die laut wissenschaftlicher Theorie zur Molekularstruktur führen. Mit zunehmender Komplexität erreicht dies einen Punkt, an dem die Zusammensetzung der materiellen Partikel für die Individuen, die die Welt bewohnen, einen Unterschied ausmacht. Mit anderen Worten: Die materielle Ebene gewinnt direkte Bedeutung für die Erfahrungen von Freude und Leid, die diese Individuen haben. Meiner Ansicht nach beginnt auf dieser Stufe das Karma eine Rolle zu spielen. Auf diese Probleme möchte ich mit weiteren Überlegungen eingehen.

Weil dies so komplex ist, finden wir dazu in der buddhistischen Literatur unterschiedliche Denkansätze. Man glaubt, daß vier Grundprinzipien in der Natur verankert sind. Bei den ersten drei handelt es sich um das Prinzip des Naturgesetzes, das Prinzip der Bedingtheit und das Prinzip der Funktionen. Auf der Grundlage dieser drei Prinzipien kann man dann von der Logik Gebrauch machen beziehungsweise zu Schlußfolgerungen gelangen. Das ist das Prinzip des logischen Beweises. Ohne gewisse Grundlagen, auf die man zurückgreifen kann, lassen sich jedoch keine logischen Überlegungen anstellen und keine Schlußfolgerungen ziehen.

So könnte man sagen, die Gesetze der Chemie seien deshalb für uns erkennbar, weil es bestimmte Prinzipien gibt, genannt «das Prinzip der Bedingtheit» und «das Prinzip der Funktionen». Gehen gewisse Elemente eine chemische Reaktion ein, treten dadurch neue Eigenschaften zutage. In der chemischen Reaktion wird für uns deutlich, was diese Elemente miteinander – aufgrund ihrer Wechselbeziehung – bewirken können, und daraus lassen sich die Gesetze der Chemie ableiten.

Hier wird man sich vielleicht die Frage stellen: «Warum gibt es in der Natur, als müsse dies so sein, den Bereich der Materie und den Bereich des Geistes – den spirituellen Bereich und den Bereich des Bewußtseins?» Dafür gibt es keine rationale Erklärung. Es ist einfach ein Faktum.

Im Licht dieser philosophischen Erwägungen kommen wir zu dem Schluß, daß es den Dingen und Ereignissen letztlich an wesensmäßiger Existenz beziehungsweise wesensmäßiger Identität fehlt. Ihr Dasein und ihre Identität gewinnen sie lediglich in bezug auf andere Faktoren, Ursachen und Bedingungen. Und bei jener Auffassung, die so an den Dingen und Geschehnissen festhält, als verfügten sie über eine wesensmäßige Existenz und Identität, einen wesensmäßigen Daseinsstatus, handelt es sich daher um einen Zustand der Unwissenheit.

Mit Hilfe der Einsicht in die leere Natur der Erscheinungen werden wir den illusionären Charakter dieser Vorstellung durchschauen können. Diese Einsicht ist nämlich jener verkehrten Wahrnehmungsweise direkt entgegengesetzt. Man darf also darauf vertrauen, daß sich nicht allein die Unwissenheit beheben läßt, sondern auch all jene in Irrtum und Täuschung befangenen Zustände, die sich aus ihr ergeben.

Bei der weitergehenden Erörterung dieser Fragen führt Maitreya in seinem Text «Erhabene Kontinuität» drei Gründe an, die den Schluß zulassen, daß die Essenz der Buddhaschaft den Geist aller empfindenden Wesen durchdringt. Erstens, so sagt er, strahlen die Aktivitäten des Buddha ins Herz aller empfindenden Wesen aus. Dies kann man nun auf zweierlei Weise verstehen: einmal in dem Sinn, daß in jedem empfindenden Wesen ein positives Potential vorhanden ist; und dieses positive Potential könnte man als die Aktivität des vollkommen erleuchteten und mitfühlenden Buddha ansehen. Man könnte dies aber auch in einem tieferen Sinn dahingehend verstehen, daß alle empfindenden Wesen über das Potential zur Vollendung verfügen. Sämtlichen empfindenden Wesen wohnt also eine Art vollendetes Wesen inne, und es strahlt aus. Dies sind die beiden Verständnismöglichkeiten. Zweitens besteht, von der letztendlichen Natur der Wirklichkeit her gesehen, vollständige Gleichheit zwischen dem samsarischen Zustand und Nirvana. Drittens kommt dem Geist, der uns allen innewohnt, keine wesensmäßige Wirklichkeit und keine unabhängige Existenz zu. Infolgedessen können wir die ihn trübende Negativität, seine in Irrtum und Täuschung befangenen Zustände, beseitigen. Aus diesen drei Gründen kommt Maitreya zu dem Schluß, daß alle empfindenden Wesen die Essenz der Buddhaschaft in sich tragen.

Um diesen Samen, der unserem Herzen oder unserem Geist innewohnt, aktivieren zu können, müssen wir allerdings Mitgefühl entwickeln. Indem man allumfassendes Mitgefühl entwikkelt, wird man diesen Samen aktivieren können. Und dies bewirkt bei dem Betreffenden eine verstärkte Neigung zum Weg des Mahayana. Darum ist es unerläßlich, sich in Geduld und Nachsicht zu üben. Lassen Sie uns also zum Thema Geduld zurückkommen.

(112) Daher hat der Erleuchtete gesagt,
daß der Bereich der empfindenden Wesen einem Buddhabereich (ähnlich ist).
Denn viele, die jene Wesen zufriedengestellt haben,
erlangten dadurch Vollendung.

Den empfindenden Wesen, zum Beispiel unseren Feinden und jenen Menschen, die uns Verletzungen und Leid zufügen, verdanken wir die kostbaren Gelegenheiten, uns in Geduld und Nachsicht zu üben und vielfaches Verdienst anzusammeln. Darum hat Buddha gesagt, in beiden Bereichen, dem der Buddhas und dem der empfindenden Wesen, könne man Verdienst ansammeln.

(113) Die empfindenden Wesen und die Siegreichen
können gleichermaßen die Qualitäten eines Buddha erlangen.
Warum also achte ich jene nicht
in derselben Weise, wie ich die Siegreichen achte?

Wer sich dieser Tatsache bewußt ist und aufgrund dessen die empfindenden Wesen zufriedenstellt, erklärt Shantideva in Strophe 112, wird dadurch zur Vollendung gelangen. Aus diesem Grund können wir also feststellen: Die empfindenden Wesen und die Buddhas, die voll Erleuchteten, gleichen einander darin, daß sie beide Einflüsse oder Bedingungen sind, die zur Vollendung führen.

Wie kommt es also, daß wir zwischen beiden einen Unterschied machen und den Buddhas, den vollkommen Erleuchteten, Verehrung erweisen, den empfindenden Wesen hingegen nicht? Warum verehren und achten wir nicht die empfindenden Wesen und erkennen ihren Beitrag zu unserer Erleuchtung nicht an?

Tatsächlich stellen wir bei eingehender Untersuchung fest, daß es in der wechselseitigen Beziehung zu anderen empfindenden Wesen mehr Gelegenheiten für uns gibt, großes Verdienst anzusammeln, als in der Beziehung zum Buddha. In bezug auf den Buddha können wir Verdienst ansammeln, indem wir Glauben und Vertrauen entwickeln, Opfer darbringen und so weiter. Viele Übungen, die unser Verdienst steigern, können wir jedoch nur durchführen, indem wir zu anderen empfindenden Wesen in Beziehung treten, auf sie eingehen und reagieren.

Dies gilt auch, wenn wir in Zukunft eine günstige Wiedergeburt erreichen wollen. Denn dazu müssen wir ein ethisch diszipliniertes Leben führen, dürfen uns mit Körper, Rede und Geist nicht auf negative oder verwerfliche Handlungen einlassen – wie zum Beispiel Töten, sexuelle Verfehlungen, Stehlen, Lügen und dergleichen mehr. Um dies tun oder lassen zu können, benötigen wir andere Wesen. Diese Handlungen lassen sich nicht im luftleeren Raum ausführen.

Selbst wenn wir eine günstige Daseinsform erreichen, einen menschlichen Körper zum Beispiel, sind zahlreiche Eigenschaften, die wir für wünschenswert halten – ein liebenswürdiges Aussehen, materieller Wohlstand und so weiter – ebenfalls das Ergebnis verdienstvoller Handlungen. So ist ein liebenswürdiges Aussehen das Resultat von Geduld und Nachsicht; und materieller Wohlstand erwächst daraus, daß man sich in Großzügigkeit übt. Auch diese Handlungen werden nur durch die Gegenwart anderer empfindender Wesen ermöglicht. Sie können nicht im luftleeren Raum stattfinden.

Dies gilt bereits im Hinblick auf das begrenzte Ziel, eine günstige Wiedergeburt zu erlangen. Um so mehr trifft es für den Weg zu, der uns zur vollständigen Befreiung aus Samsara führt. Auf ihm müssen wir uns in vielen weiteren Dingen üben. Um vollständige Erleuchtung zu erreichen, ist es zum Beispiel notwendig, sich in Liebe, Mitgefühl und vielen anderen Aspekten des Weges zu üben. Bei all diesen Dingen stellen wir fest, daß wir noch nicht einmal damit beginnen können, solange wir keine wechselseitigen Beziehungen zu anderen empfindenden Wesen pflegen.

Vergleichen wir also die Buddhas und die empfindenden Wesen unter dem Gesichtspunkt, wieviel sie zur Ansammlung von Verdienst beitragen, so scheinen die empfindenden Wesen in der Tat einen größeren Beitrag dafür zu leisten als die Buddhas.

Nehmen wir ein Beispiel: Einsicht in die Natur der Leerheit hervorbringen. Dies ist ein ganz wesentlicher Weisheitsfaktor, dessen Verwirklichung wir als Praktizierende anstreben müssen. Wird diese Einsicht jedoch nicht durch den Methodenfaktor – durch Bodhichitta also – ergänzt, dann spielt es keine Rolle, wie klar diese Einsicht auch immer sein mag. Sie wird niemals jene Stufe erreichen, auf der sie als direktes Gegenmittel zu den Beeinträchtigungen unseres Erkenntnisvermögens dienen kann.

Wollen wir uns an einem nach herkömmlichem Verständnis frohen und glücklichen Leben erfreuen, so sind selbst dazu, wie bereits an anderer Stelle angesprochen, bestimmte Umstände wie zum Beispiel gute Gesundheit erforderlich. Damit man sich einer guten Gesundheit erfreuen kann, spielen abermals andere empfindende Wesen eine große Rolle. Denn man muß sich das dafür erforderliche Verdienst erwerben.

Betrachten wir außerdem genau, von welchen materiellen Möglichkeiten oder Voraussetzungen wir Gebrauch machen, um uns des Lebens zu erfreuen, so stellen wir fest, daß es kaum irgendeinen materiellen Gegenstand gibt, dessen Vorhandensein wir nicht anderen Menschen verdanken. Bedenkt man es recht, kommen all diese Möglichkeiten infolge der Bemühungen vieler Menschen zustande. Direkt oder indirekt haben zahlreiche Leute daran mitgewirkt.

Ebenso benötigen wir, um uns eines glücklichen Lebens zu erfreuen, gute Gesellschaft, einen Kreis von Freunden. Sprechen wir über Freunde und Gefährten, so reden wir über unsere wechselseitigen Beziehungen zu anderen Menschen. Diese Beziehungen mögen bisweilen mühselig sein, vielleicht streitet man sich und schmäht einander. Dessenungeachtet müssen wir einem glücklichen Leben zuliebe Freundschaften aufrechtzuerhalten und ein Leben zu führen versuchen, in dem wir genügend wechselseitige Beziehungen zu anderen Menschen haben. Wir sehen also, daß selbst bei diesen drei Faktoren eine unauflösliche Verbindung zu den Bemühungen und der Mitwirkung anderer Menschen besteht.

Nicht nur in unserem gewöhnlichen Zustand, sondern auch wenn wir uns auf dem Weg befinden oder im daraus sich ergebenden Zustand der Buddhaschaft stellen wir, wenn wir solchen Gedanken nachgehen, fest: Zwar sind Buddhas vollkommen erleuchtet, und sicher sind sie ganz heilige Wesen. Doch in Hinblick auf ihre Güte und ihren Beitrag zu unserem Wohlergehen spielen offenbar die empfindenden Wesen eine größere Rolle. Daher schulden wir den empfindenden Wesen größeren Dank als den Buddhas.

Von einem anderen Gesichtspunkt aus können wir erkennen, daß die Buddhas, die vollständig erleuchteten Wesen, ihre Selbstverwirklichung ganz und gar vervollkommnet haben. Deshalb haben sie, platt ausgedrückt, nichts anderes mehr zu tun, als den empfindenden Wesen von Nutzen zu sein. Auf eine Weise ist das ihre Pflicht und Schuldigkeit. In gewissem Sinn gibt es daran nichts zu bewundern oder zu bestaunen: Buddhas wirken zum Wohl der empfindenden Wesen. Punkt. Denken wir hingegen an die empfindenden Wesen mit all ihren Schwächen, Fehlern und unvermindert vorhandenen trügerischen Geisteszuständen, störenden Emotionen und dergleichen, so kann man angesichts dieser Beschränkungen ihren Beitrag zu unserem Wohlergehen gar nicht hoch genug einschätzen. Daher sollten wir ihnen gegenüber um so größere Dankbarkeit empfinden.

Indem man solchen Gedanken nachgeht, kann man die Frage stellen: «Wer ist gütiger zu uns, die Buddhas oder die empfindenden Wesen?» Erwägt man dies sorgfältig, wird man die Antworten, die «Eintritt in den Weg zum Erwachen» hierauf gibt, keineswegs für überzogen halten.

Was also ist mit der Gleichheit der Buddhas und der empfindenden Wesen gemeint? Shantideva erklärt, diese Gleichheit bestehe nicht hinsichtlich der Verwirklichung; vielmehr in dem Sinn, daß sie für unser Unterfangen, Verdienste anzusammeln und erleuchtet zu werden, unverzichtbar sind. In dieser Hinsicht sind Buddhas und empfindende Wesen gleich.

(114) (Selbstverständlich) besteht keine Gleichheit in bezug auf die Güte ihrer Absichten,
sondern nur in bezug auf die Früchte (die sie hervorbringen);
in dieser Hinsicht haben sie also vortreffliche Eigenschaften,
und darum (heißt es, sie seien) gleich.

(115) Verehrt man andere mit liebevollem Geist, verdankt man (jegliches Verdienst daraus)
den vortrefflichen Eigenschaften der empfindenden Wesen.
Und ebenso verdankt man, wenn man zum Buddha Vertrauen hat,
Buddhas vorzüglichen Eigenschaften das daraus erwachsende Verdienst.

(116) Darum wird gesagt, sie hätten gleichen Anteil daran,
Buddha-Qualitäten zustande zu bringen.
Doch (an guten Eigenschaften) kommt niemand von ihnen den Buddhas gleich.
Denn sie sind grenzenlose Ozeane der Vortrefflichkeit.

(117) Selbst wenn man die drei Bereiche als Opfer darbrächte,
würde dies nicht ausreichen, um jenen wenigen Wesen Verehrung zu erweisen,
in denen auch nur ein Teil der guten Eigenschaften
aus der einzigartigen Ansammlung von Vortrefflichkeit zum Vorschein kommt.

(118) Da also die empfindenden Wesen Anteil daran haben,
daß die höchsten Buddha-Qualitäten entstehen,
ist es doch gewiß richtig, ihnen Verehrung zu erweisen,
da sie einander in dieser Hinsicht durchaus gleichen?

Wenn wir meinen, Bodhichitta und Herzensgüte seien unserer Verehrung würdig, dann sollten wir, darauf weist Shantideva in diesen Strophen hin, auch die empfindenden Wesen als verehrungswürdig ansehen. Denn die Vortrefflichkeit von Bodhichitta und Herzensgüte geht auf die Vortrefflichkeit der empfindenden Wesen zurück. Messen wir Verdiensten wie denjenigen, die man durch Vertrauen zum Buddha erlangt, hohen Wert bei, so geschieht das um der Vortrefflichkeit des Buddha willen. Insofern heißt es, die Buddhas und die empfindenden Wesen seien gleich. Tatsächlich kann man den Beitrag der empfindenden Wesen zu unserer Erleuchtung durch nichts entgelten oder aufwiegen. Dies könnten wir noch nicht einmal, wenn wir den Buddhas materielle Güter opfern würden, die alle drei Bereiche ausfüllen. Shantideva kommt zu dem Schluß, daß wir zumindest im Hinblick auf die Güte, die sie uns erweisen, allen Grund haben, die empfindenden Wesen zu verehren und zu achten.

(119) Überdies, welche andere Möglichkeit haben wir, (den Buddhas) Dank zu erweisen,
die uns unermeßlichen Nutzen bringen
und sich, ohne selbst nach etwas zu verlangen, der Welt annehmen,
als die empfindenden Wesen zufriedenzustellen?

(120) Diesen Wesen Nutzen zu bringen wird also jenen zum Dank gereichen,
die ihren Körper opfern und sich um dieser Wesen willen in die tiefsten Höllen begeben.
Daher werde ich mich in allem (was ich tue) makellos verhalten,
selbst wenn sie mir sehr viel Leid zufügen.

(121) Wenn jene, die ich zuhöchst verehre, ihnen zuliebe
nicht einmal auf ihren Körper Rücksicht nehmen,
warum bin ich dann solch ein selbstherrlicher Narr?
Warum handle ich nicht als ihr Diener?

(122) Das Glück der Wesen erfreut die Siegreichen;
hingegen bereitet es ihnen Unbehagen, wenn den Wesen Leid widerfährt.
Indem ich die Wesen zufriedenstelle, erfreue ich die Siegreichen.
Füge ich ihnen Leid zu, tue ich den Siegreichen etwas zuleide.

Wenn es uns ernst damit ist, den Buddhas für ihre Güte Dank zu erweisen und sie zu verehren, so legt Shantideva in diesen vier Strophen dar, gibt es dafür keine bessere Möglichkeit, als die empfindenden Wesen zufriedenzustellen. Das Wohlergehen und die Interessen der empfindenden Wesen liegen den vollkommen Erleuchteten sehr am Herzen. So sehr, daß die Buddhas zufrieden sind, wenn man den empfindenden Wesen von Nutzen ist. Und wenn man ihnen etwas zuleide tut, bereitet dies den Buddhas Unbehagen. Ist es einem also ernst damit, daß man die Buddhas durch verdienstvolle Handlungen zufriedenstellen will, dann kann man dies am besten erreichen, indem man anderen empfindenden Wesen Achtung erweist und ihre Güte anerkennt. Dies faßt Shantideva so zusammen:

(123) Genau wie ein angenehmes Sinnesobjekt meinem Geist keine Freude bereiten würde,
wenn mein Körper in Flammen stünde,
so können sich jene, die das Mitgefühl verkörpern, keinesfalls freuen,
wenn die Lebewesen Schmerzen haben.

Die nächsten drei Strophen lauten folgendermaßen:

(124) Da ich den Lebewesen Leid zugefügt habe,
gebe ich heute all meine unheilvollen Taten öffentlich bekannt.
Sie haben für jene, die das Mitgefühl verkörpern, Unbehagen mit sich gebracht.
Bitte habt Nachsicht mit mir, höchste Buddhas, daß ich euch dieses Unbehagen bereitet habe.

(125) Von nun an werde ich, um die Tathagatas zu erfreuen,
der Welt dienen und endgültig aufhören (Leid zu verursachen).
Sollten mir auch viele Wesen Fußtritte versetzen und auf dem Kopf herumtrampeln,
möge ich dies, selbst auf die Gefahr hin zu sterben, zur Freude der Weltenschützer nicht vergelten.

(126) Kein Zweifel, diejenigen, die von mitfühlender Natur sind,
sehen all diese Wesen (als ebenso wichtig) wie sich selbst an.
Überdies erblicken jene, die (in dieser Buddha-Natur) die Natur der empfindenden Wesen sehen, die Buddhas selbst.
Warum also erweise ich (den empfindenden Wesen) keine Achtung?

Dann kommt Shantideva zu dem Schluß:

(127) (Die Lebewesen zufriedenzustellen) erfreut die Tathagatas
und läßt auch mich in vollkommener Weise ans Ziel kommen.
Außerdem vertreibt es den Schmerz und das Leid der Welt.
Darum sollte ich mich stets darin üben.

Diese Übungen und Betrachtungen können auch diejenigen durchführen, die an eine Schöpfung und einen Schöpfer glauben, indem sie an die Stelle der Buddhas oder vollkommen erleuchteten Wesen Gott setzen. Ist es einem nämlich ernst mit einer Lebensführung, die mit Gottes Willen übereinstimmt, ihn zufriedenstellt und den Grundsatz, Gott zu lieben, wahrt, so käme dies in der Art und Weise, wie man mit anderen empfindenden Wesen – zumindest mit seinen Mitmenschen – umgeht, wirklich zum Ausdruck. Das Ideal wahrer Gottesliebe muß man also durch sein Verhalten den Mitmenschen gegenüber in die Tat umsetzen.

Nach christlichem Verständnis vollzieht sich die Beziehung des Menschen zu Gott innerhalb eines einzigen Lebens. Die Vorstellung von vorausgegangenen Leben gibt es hier nicht; vielmehr glaubt man, das individuelle Leben sei von Gott geschaffen. Infolgedessen herrschen innerhalb dieser Beziehung weniger Distanz und eine gewisse Vertrautheit. Führt man die Übungen in diesem Rahmen durch, wird sich bestimmt eine Wirkung einstellen; sie werden einen ganz wesentlichen Einfluß darauf haben, wie man sich verhält und sein Leben führt.

Ich werde die restlichen Strophen vorlesen:

(128) Würden zum Beispiel einige Männer des Königs
vielen Menschen Leid zufügen,
so würden weitsichtige Menschen sich für dies Leid nicht revanchieren,
selbst wenn sie (dazu) imstande wären.

(129) Denn sie sehen ein, daß diese Männer nicht allein sind,
sondern die Macht des Königs im Rücken haben.
Ebenso sollte ich schwache Wesen nicht unterschätzen,
die mir ein wenig Leid zufügen.

(130) Denn ihnen stärken die Wächter der Hölle den Rücken
und all jene, die das Mitgefühl verkörpern.
(Indem ich mich verhalte) wie die Untertanen jenes hitzigen Königs,
sollte ich also alle empfindenden Wesen zufriedenstellen.

(131) Könnte solch ein König, selbst wenn er
wütend würde, Höllenqualen hervorrufen,
die Frucht, die ich hinnehmen müßte,
wenn ich die empfindenden Wesen verärgern würde?

(132) Und selbst wenn solch ein König gütig wäre,
könnte er mir unmöglich die Buddhaschaft gewähren,
die Frucht, die ich erhielte,
indem ich die empfindenden Wesen zufriedenstellte.

(133) In Zukunft Buddhaschaft zu erreichen,
und außerdem Ruhm, Ansehen und Glück noch in diesem Leben:
Dies alles hängt davon ab, ob ich die empfindenden Wesen zufriedenstelle.
Warum sehe ich das nicht ein?

Der Schlußvers lautet:

(134) Innerhalb des Daseinskreislaufs ruft Geduld
Schönheit, Gesundheit und Ansehen hervor.
Infolgedessen werde ich sehr lange leben
und die unermeßlichen Freuden der alles regierenden Chakra-Könige gewinnen.

Damit sind wir am Ende von «Geduld», dem sechsten Kapitel in Shantidevas «Eintritt in den Weg zum Erwachen», angelangt.

Meditation

Wir wollen über Gedankenlosigkeit meditieren – wobei es sich aber nicht lediglich um einen stumpfen oder «erloschenen» Geisteszustand handelt. Zunächst einmal sollten Sie die nötige Entschlossenheit aufbringen, einen Zustand der Gedankenlosigkeit aufrechtzuerhalten. Normalerweise ist unser Geist vornehmlich auf äußere Objekte gerichtet. Unsere Aufmerksamkeit und unsere Konzentration folgen unseren Sinneswahrnehmungen. Ziehen Sie also Ihren Geist nach innen zurück, und lassen Sie ihn nicht den Gegenständen der Sinneswelt hinterherjagen. Zugleich sollten Sie jedoch nicht so vollständig entrückt sein, daß eine Art von Stumpfheit einkehrt. Sie sollten einen Zustand vollkommener Wachheit und Achtsamkeit aufrechterhalten. Versuchen Sie dann diesen natürlichen Zustand Ihres Bewußtseins wahrzunehmen – unbeeinträchtigt von Gedanken an die Vergangenheit, von Dingen, die sich zugetragen haben, von Erinnerungen und so weiter; ebensowenig beeinträchtigt von Gedanken an die Zukunft, Zukunftsplänen etwa oder Erwartungen, Befürchtungen und Hoffnungen. Versuchen Sie vielmehr, in dem natürlichen Zustand zu verweilen.

Dieser ähnelt ein wenig einem Fluß mit ziemlich starker Strömung, in dem Sie das Flußbett nicht deutlich erkennen können. Gäbe es eine Möglichkeit, dem Wasserzufluß und ebenso dem Abfließen des Wassers unmittelbar Einhalt zu gebieten, dann könnten Sie im zur Ruhe gekommenen Wasser das Flußbett ganz deutlich erblicken.

Können Sie Ihren Geist davon abhalten, den Sinnesobjekten hinterherzulaufen, und ihn davor bewahren, ganz zu «erlöschen», dann werden Sie eine grundlegende Ruhe, eine grundlegende geistige Klarheit wahrnehmen, die unter all dieser Aufgewühltheit der gedanklichen Abläufe vorhanden ist. Sie sollten das versuchen, obgleich es anfangs sehr schwierig ist. Vor allem zu Beginn besteht die Gefahr einzuschlafen, da es keinen speziellen Gegenstand gibt, auf den man die Aufmerksamkeit richten könnte.

Wenn Sie die ersten Erfahrungen mit dem natürlichen Bewußtseinszustand machen, wird es so scheinen, als gebe es da eine Art Mangel, eine Lücke oder Leere. Und zwar deshalb, weil wir daran gewöhnt sind, unseren Geist wie einen äußeren Gegenstand zu begreifen, so, wie wir dazu neigen, die Welt mittels unserer Konzepte, Vorstellungen und so weiter zu betrachten. Ziehen Sie dann den Geist von diesen äußeren Gegenständen zurück, kommt es ihnen beinahe so vor, als würden Sie ihn nicht mehr wiedererkennen. Da ist eine Art Mangel, eine Art Lücke. Während Sie jedoch langsam Fortschritte machen und sich daran gewöhnen, werden Sie eine grundlegende Klarheit wahrnehmen, so etwas wie einen Lichtglanz. In diesem Moment beginnen Sie den natürlichen Geisteszustand wahrzunehmen und zu verwirklichen.

Dieser Zustand sollte jedoch nicht mit der wirklichen Einsicht in Leerheit oder der Meditation über Leerheit verwechselt werden. Auch sollten Sie nicht die Illusion haben, es handele sich um eine sehr tiefe meditative Erfahrung. Das ist etwas unter Nichtbuddhisten ebenso wie unter Buddhisten Wohlbekanntes, insbesondere auf hohen Stufen meditativer Sammlung, die man mit dem Ausdruck «formlose Geisteszustände» bezeichnet: raumgleiches, grenzenloses, unendliches Bewußtsein. Dies sind verschiedene Bewußtseinsebenen, auf denen es eine gewisse Einsgerichtetheit und Stabilität gibt und auf denen die Stabilität und die Ruhe noch größer sind. Bei ihnen handelt es sich nicht um besonders tiefe meditative Zustände. Allerdings trifft es zu, daß viele der tiefen meditativen Erfahrungen diese Art von Geistesruhe zur Grundlage haben.

Fangen Sie die Meditation mit einer einfachen Atemübung an. Richten Sie Ihr Augenmerk auf das rechte und das linke Nasenloch, atmen Sie dreimal ein und aus, und konzentrieren Sie Ihre Aufmerksamkeit auf den Atem. Seien Sie einfach des Einatmens und des Ausatmens gewahr; dann atmen Sie wieder ein und wieder aus, dreimal. Beginnen Sie danach die Meditation.

Frage: Eure Heiligkeit und andere Lehrer fordern uns nachdrücklich dazu auf, uns angesichts der weltlichen Errungenschaften anderer Menschen, angesichts ihres Glücks und der Dinge, die sie erwerben, wahrhaft zu freuen – so, wie es auch bei Shantideva im sechsten Kapitel und in «Der Weg zur Glückseligkeit» dargelegt wird. Wenn wir jedoch mit Sicherheit wissen, daß ein Mensch etwas mit unlauteren Mitteln erreicht oder erworben hat – zum Beispiel, indem er gelogen, gestohlen, betrogen und anderen etwas zuleide getan hat –, wie kann man sich darüber freuen?

Dalai Lama: Sie haben recht, daß wir äußerlichen Erfolgen gegenüber, die jemand mit unbilligen Mitteln wie Lügen, Stehlen oder Betrügen errungen hat, nicht dieselbe Haltung haben sollten wie wirklichen Errungenschaften und wahrem Glück gegenüber. Allerdings sollte man dabei nicht vergessen, daß zwar die unmittelbaren Umstände, die der betreffenden Person Freude und Glück gebracht haben, mit unlauteren Mitteln herbeigeführt worden sein mögen – daß dies aber, wie man bei genauer Untersuchung herausfinden wird, eben nur die unmittelbaren Umstände sind: Die eigentliche Ursache dieses Glücks sind seine oder ihre Verdienste in der Vergangenheit. Man muß also den Unterschied zwischen den unmittelbaren Umständen und den langfristigen Ursachen sehen.

Ein Kennzeichen der karmischen Lehre ist die genaue Entsprechung zwischen Ursache und Wirkung. Negative Aktivitäten oder unheilvolle Handlungen können unmöglich Glück und Freude zur Folge haben. Glück und Freude sind definitionsgemäß die Frucht heilsamer Handlungen. Von diesem Blickpunkt aus sind wir imstande, nicht so sehr das augenblickliche Handeln, sondern die wahren Ursachen des Glücks in Betracht zu ziehen.

Frage: Wie ist es im Fall von Ungerechtigkeit? Sollen wir Sie hinnehmen und für unsere Geduld Nutzen daraus ziehen, oder sollen wir versuchen, die gesellschaftliche Struktur, die sie hervorgerufen hat, zu verändern? Wo findet man da den Mittelweg?

Dalai Lama: Mit Sicherheit müssen Sie die Initiative ergreifen, um die Situation zu ändern. Daran habe ich keinen Zweifel.

Obgleich Shantidevas Unterweisungen vor vielen Jahrhunderten geschrieben wurden, sollten wir in ihnen einen Kraftquell zur Veränderung unserer heutigen Gesellschaft sehen. Shantideva legt uns nicht nahe, vollkommen unterwürfig und passiv zu bleiben und nichts zu unternehmen. Vielmehr sollten wir Geduld und Nachsicht entwickeln, um die so gewonnene Kraft dann zur Veränderung der Situation zu nutzen.

Frage: Nachdem mir jemand unrecht getan hat, behalte ich dies in Erinnerung, denke weiterhin daran und werde immer wieder aufs neue wütend. Wie kann ich dies vermeiden?

Dalai Lama: Wenn Sie an den Menschen denken, der diese Wut in Ihnen hervorgerufen hat, und die Situation aus einem anderen Blickwinkel betrachten, wird der oder die Betreffende gewiß auch viele positive Eigenschaften haben. Außerdem werden Sie bei eingehender Betrachtung feststellen, daß das Geschehnis, auf das Sie anfangs mit Wut reagiert haben, Ihnen gewisse Gelegenheiten geboten hat – etwas, das ansonsten nicht möglich gewesen wäre, selbst von ihrem Standpunkt aus. Sie können also ein einzelnes Geschehnis unter vielen verschiedenen Blickwinkeln sehen. Können Sie jedoch beim besten Willen der Handlung der betreffenden Person keine entsprechende Perspektive abgewinnen, dann mag es für den Moment das beste sein, wenn Sie versuchen, einfach nicht mehr daran zu denken.

Frage: Eure Heiligkeit, würden Sie bitte die Beziehung zwischen der Einsicht in Leerheit, bedingtem Entstehen und Geduld noch weiter erläutern? Würde das Sichüben in Geduld ohne diese Einsicht in Leerheit und bedingtes Entstehen immer oberflächlich bleiben?

Dalai Lama: Was wir hier mit dem Wort «oberflächlich» bezeichnen, kann man wiederum aus unterschiedlichen Perspektiven betrachten. Aus der Perspektive einer vertieften Praxis wird jedes von seinem Ergänzungsfaktor – Weisheit und Verständnis von Leerheit – getrennte Sichüben in Geduld in gewissem Sinn oberflächlich bleiben, da es Wut und Haß wohl nicht vollauf beseitigen kann. Das heißt jedoch nicht, daß wir solange warten müssen, bis wir wirkliche Einsicht in Leerheit erzielt haben, um mit unserer Übung in Geduld zu beginnen. Das ist damit nicht gemeint.

Sogar in den Schriften des Mahayana wird die starke Verwirklichung vieler Bodhisattvas ohne wirkliche Einsicht in Leerheit erwähnt. Das Problem ist: Müßten wir nach solch einem Bodhisattva suchen, wäre es ziemlich schwierig, einen zu finden. Ich denke, unter den Tibetern gibt es einige mit wirklich tiefgründiger Erfahrung von Bodhichitta. Außerdem gibt es, glaube ich, unter meinen Freunden einen, der wirklich den Zustand des ruhigen Verweilens (auf sanskrit: *shamata*) erreicht hat. Nach eigener Aussage hat er den Zustand des ruhigen Verweilens innerhalb von vier Monaten erreicht, was etwas ganz Erstaunliches ist. Aber er hat mir auch erzählt, daß er es schwierig findet, Bodhichitta zu entwickeln. Daher zeigt er kein ausgeprägtes Interesse an Tantrayana, weil Tantrayana-Praxis ohne Bodhichitta sinnlos ist. Im Verlauf unseres Gesprächs habe ich mich mit ihm ein wenig über meine Praxis unterhalten. Von seinen Erfahrungen hat er mir erzählt, weil wir sehr gute Freunde geworden sind. Ansonsten machen diese Menschen nie auf sich aufmerksam. Leute wie ich, die über keine Erfahrungen verfügen, mögen es manchmal, auf sich aufmerksam zu machen.

Frage: Kann ein Schüler einen tibetischen Lehrer haben, den er nur ein- oder zweimal im Jahr sieht?

Dalai Lama: Das ist sehr wohl möglich. Entscheidend ist, wie ich bereits dargelegt habe, daß der oder die Betreffende als Lehrer über die Mindestqualifikation verfügt. Wichtig ist ferner, daß sich der Schüler nur die wichtigsten Fragen für diesen Lehrer aufspart und keine törichten Fragen stellt.

Frage: Wenn bestimmte Bedingungen, irrige Vorstellungen oder Einflüsse einen Menschen veranlassen, anderen etwas zuleide zu tun und/oder sich irrational zu verhalten, wann ist es dann gerechtfertigt, daß er oder sie für dieses Handeln bestraft oder von anderen eingesperrt wird?

Dalai Lama: Nach meinem Empfinden könnte es hierbei wichtig sein, zwischen Bestrafung in Form von Vorbeugung und Bestrafung als Vergeltung für die begangene Tat zu unterscheiden. Man kann es wohl rechtfertigen, jemanden zu bestrafen, um dadurch in Zukunft ähnliche Handlungen zu verhindern.

Das ruft mir die Todesstrafe in Erinnerung. Ich finde es sehr, sehr traurig, daß sie noch existiert. Einige Nationen unterbinden sie und nehmen von Todesurteilen Abstand. Das ist meiner Meinung nach sehr gut.

Frage: In den Großstädten sind viele Menschen für uns Fremde, die wir nur einmal treffen und dann nie wiedersehen. Es herrscht viel Gleichgültigkeit. Gibt es eine spezielle Technik für Mitgefühl bei solch kurzen Begegnungen?

Dalai Lama: Einem anderen Menschen eine Empfindung von Mitgefühl und Liebe entgegenzubringen setzt nicht notwendigerweise voraus, daß man diesen Menschen kennt. Ansonsten gäbe es allein schon infolge der Vielzahl von empfindenden Wesen keine Möglichkeit, allumfassendes Mitgefühl zu entwikkeln, solange man nicht voll erleuchtet ist.

Man kann dies mit der Einsicht in die dynamische, vergängliche Natur aller Erscheinungen vergleichen. Falls diese es erfordern würde, mit jedem einzelnen Ding und Geschehnis vertraut zu sein, wäre sie unmöglich. Mittels eines allgemeingültigen Ansatzes kann man jedoch sehen, daß sämtliche Dinge und Geschehnisse, die aufgrund von Ursachen und Bedingungen ins Dasein treten, unbeständig und vergänglich sind. Man kann sich also eine weit umfassendere Betrachtungsweise zu eigen machen und dann die unbeständige Natur der Erscheinungen erkennen. In entsprechender Weise vermag man eine Vorstellung davon zu gewinnen, daß alle Erfahrungen, die aus verunreinigten Handlungen resultieren, letztendlich unbefriedigend sind. Um sich dies zu vergegenwärtigen, muß man nicht jede einzelne Erfahrung machen und denken: «Dies ist unbefriedigend, das ist unbefriedigend und jenes ist unbefriedigend.» Sie können diese Einsicht durch eine umfassendere Betrachtungsweise entwickeln.

Ebenso können Sie, wenn Sie allumfassendes Mitgefühl entwickeln, ganz allgemein Mitgefühl für alle empfindenden Wesen aufbringen. Dazu stellen Sie sich vor, daß sämtliche Wesen, die fähig sind, Freude und Leid zu empfinden, und die ihr Leben als etwas Kostbares ansehen, diesen angeborenen, instinktiven Wunsch haben, glücklich zu sein und Leid zu überwinden. Darum wünsche ich, daß sich ihr Verlangen erfüllen und daß ich fähig sein möge, sie dabei zu unterstützen. Auf diese Weise kann man allumfassendes Mitgefühl entwickeln.

Frage: Wenn man sich mit Lamrim und Dzogchen befaßt und dies praktiziert, ist es dann notwendig oder zweckmäßig, Yidam-Yoga oder Anuttara-Yoga-Tantra zu praktizieren?

Dalai Lama: Damit man sich der Dzogchen-Meditation widmen kann, sind zur Vorbereitung zunächst einmal rituelle Einweihungen und Segnungen erforderlich, die die Praxis des höchsten Yoga-Tantra betreffen. Eine erfolgreiche Dzogchen-Praxis setzt also die Praxis des höchsten Yoga-Tantra voraus. Wenn bestimmte Lehrer Unterweisungen zu Dzogchen und zu den vorbereitenden Übungen geben, ordnen sie möglicherweise diese Praxis nicht unmißverständlich einem speziellen Tantra zu. Betrachtet man jedoch die Unterschiede zwischen *maha, anu* und *ati*, den drei inneren Yogas in der Terminologie der Nyingma-Überlieferung, so muß man wissen, daß es sich bei diesen Einteilungen in der Tat um solche innerhalb des höchsten Yoga-Tantra handelt.

Frage: Eure Heiligkeit, würden Sie bitte erläutern, welche Rolle die Einsamkeit für das Erreichen der Erleuchtung spielt? Inwiefern existieren in einer klösterlichen Umgebung ähnliche Bedingungen?

Dalai Lama: Tatsächlich herrscht in manchen Klöstern starke Betriebsamkeit und Aktivität. Früher lebten zahlreiche große Meditierende in den Klöstern. Einige meiner Freunde haben manchen von ihnen gekannt. Um sich zurückziehen und ihren Übungen intensiv widmen zu können, bedienten sich diese Meditierenden einer speziellen Methode: Sie verschlossen ihre Tür so, daß es von außen wirkte, als sei niemand da. Einige von ihnen haben in der Tat eine sehr hohe Ebene der Verwirklichung erreicht, manche sogar das, was man als die Vollendungsstufe im höchsten Yoga-Tantra bezeichnet.

Das Wort für Kloster lautet *gompa* (tib.: *dgon pa*). Etymologisch beinhaltet es die Vorstellung von einem einsamen, außerhalb der Stadt gelegenen Ort. Daher gab es in manchen Klöstern Tibets strikte Vorschriften: etwa, daß man keine Hunde halten durfte, weil diese bellen und Lärm machen würden. Man durfte nicht einmal zu rituellen Zwecken Glocke, Becken, Handtrommel oder Trommel ertönen lassen. Das einzige Geräusch kam von jenen Mönchen, die auf dem dafür vorgesehenen Hof über den Dharma debattierten. Ansonsten war jede geräuschvolle Aktivität untersagt.

Heutzutage scheinen die Menschen unglücklicherweise der Ansicht zu sein, ein Kloster, in dem keine rituellen Handlungen vorgenommen werden, keine Trommeln, Becken oder Glocken erklingen, sei kein vollwertiges Kloster. Das ist eine ganz falsche und bedauerliche Auffassung. Klöster müssen von Meditation erfüllt sein und von Selbstdisziplin in der Meditation. Andernfalls ist ein Kloster ganz so wie jede andere Institution.

Frage: Was muß ich bedenken, wenn ich mich zu entscheiden versuche, ob ich zum jetzigen Zeitpunkt die Bodhisattva-Gelübde ablegen soll? Ich will mich in den Sechs Befreienden Qualitäten üben, frage mich aber, ob ich dazu in der Lage bin.

Dalai Lama: Morgen werde ich die Zeremonie durchführen, bei der man die Bodhisattva-Gelübde ablegen kann. Zuvor wird – unabhängig von den Gelübden – eine Zeremonie zur Entwicklung von Bodhichitta stattfinden. In Ihrem Fall mag es eher ratsam sein, nicht die Bodhisattva-Gelübde abzulegen, sondern Bodhichitta zu entwickeln.

Ich kenne Ihre spezielle Situation nicht. Falls Sie mit dem Buddhismus ganz allgemein und insbesondere mit dem Mahayana-Buddhismus schon in Berührung gekommen sind, mag es etwas anderes sein. Ansonsten aber, falls Sie hier zum ersten Mal mit dieser Art von Übung, mit den Bodhisattva-Übungen, Kontakt haben, ist es vielleicht klüger, an diesem Punkt nicht die Bodhisattva-Gelübde abzulegen.

Frage: Was sollte der Sangha – ob als Gruppe oder als Einzelperson – tun, um anderen von Nutzen zu sein?

Dalai Lama: Das ist ein sehr schwieriger Punkt. Denn für die buddhistischen Mönche und Nonnen im Westen, insbesondere für letztere, gibt es keine etablierten und zuverlässigen Strukturen, die ihnen Unterstützung gewähren. Über dieses Problem müssen wir uns noch viele Gedanken machen. Wenn jedoch einzelne Mönche und Nonnen etwas zum gesamtgesellschaftlichen Leben beitragen können, so ist das ganz ausgezeichnet und wunderbar. Denn darin liegt ja der eigentliche Zweck unseres spirituellen Bemühens.

So wie bei unseren christlichen Brüdern und Schwestern: Christliche Mönche und Nonnen leisten eine umfangreiche und engagierte Arbeit im Dienst der Gesellschaft, vor allem im Bereich der Erziehung, aber auch auf dem Gesundheitssektor. Das ist wirklich wundervoll. Traditionell spielt diese Art von Praxis unter buddhistischen Mönchen und Nonnen bis heute nur eine geringe Rolle. Daher habe ich, als wir nach Indien kamen – ich glaube Anfang 1960 oder '61 –, die für unsere Klöster maßgeblichen Leute eindringlich gebeten, unsere Mönche und Nonnen mehr Aufgaben in diesen beiden Bereichen übernehmen zu lassen. Bis jetzt sind jedoch nur spärliche Reaktionen erfolgt.

Ferner gibt es die buddhistischen Mönche und Nonnen aus dem Westen. Zwar existieren hier und da in Europa, Australien und andernorts ein paar Einrichtungen für sie; doch allenthalben stößt man im Moment noch auf Schwierigkeiten. Das wird natürlich Zeit brauchen.

Daher bewundere ich wirklich jene Mönche und Nonnen, die trotz der vielen Schwierigkeiten ihre Gelübde und ihren Enthusiasmus aufrechterhalten. Im vergangenen März hatten wir ein sehr fruchtbares Treffen in Dharamsala. Zahlreiche Nonnen nahmen daran teil, einige sind auch hier. Die Schilderung ihrer Probleme hat mich zu Tränen gerührt. Sie verstehen es wirklich, die Herzen ihrer Zuhörer zu erreichen.

Frage: Könnten Sie denjenigen, die erst spät im Leben zum Buddhismus kommen, zu praktizieren beginnen und die Schriften in all ihrer Komplexität studieren, einen Rat geben?

Dalai Lama: Seien Sie unbesorgt. Hierfür gibt es einen Präzedenzfall, aus dem Sie Kraft und Ermutigung schöpfen können. Zur Zeit des Buddha gab es ein Familienoberhaupt namens Pelgye. Im Alter von achtzig Jahren faßte Pelgye den Entschluß, sich ernstlich der Dharmapraxis zu widmen. In der Folge wurde er von seinen Söhnen und Enkelkindern verspottet und beleidigt. Schließlich gab er sein bisheriges Leben als Haushaltsvorstand auf und ließ sich zum Mönch ordinieren. Noch im Alter von achtzig Jahren erreichte er eine hohe Stufe der Verwirklichung.

Als mein vorzüglicher Lehrer Ling Rinpoche Abt des Gyuto-Klosters wurde, war sein unmittelbarer Vorgänger ein ausgezeichneter Gelehrter. Dieser gehörte jedoch in jungen Jahren zu den *dopdops*, jenen «törichten Mönchen», die kein Interesse an Ausbildung und Studium haben, sondern nur daran, zu spielen und dies und das zu unternehmen. Manchmal sind sie Unruhestifter – nicht bloß im Kloster, sondern auch in der Stadt. Zuweilen streiten sie sich. Sie setzen sogar Schwerter ein, und das ist sehr töricht, sehr schlimm.

So war auch dieser Mensch. Bis zum Alter von fünfundzwanzig Jahren blieb er so. Dann hat er sich irgendwie geändert und all seine Energie ins Studium gelegt. Daraufhin wurde er zum führenden Gelehrten. Solche Geschichten sollten uns Hoffnung machen.

Ich glaube, recht viele große Meister und Lehrer der Vergangenheit hatten zunächst viele Schwierigkeiten in ihrem Leben. Im Alter von dreißig, vierzig oder fünfzig Jahren begannen sie dann ernstlich zu praktizieren und wurden große Meister. Es gibt viele solcher Geschichten. Zwar verschlechtert sich im Alter unsere physische Verfassung, aber der Geist ist noch relativ gut in Schuß.

Außerdem gibt es im buddhistischen Glauben die Lehre von der Wiedergeburt. Es ist also nie zu spät. Selbst wenn Sie nur ein Jahr vor Ihrem Tod zu praktizieren beginnen, wird sich dadurch der Ertrag Ihrer Bemühungen um nichts verringern. Denn es folgt eine weitere Geburt. Man nimmt den Ertrag mit und knüpft im nächsten Leben daran an.

Der große Sakya Pandita Kunga Gyaltsen hat gesagt, Wissen sei etwas, das man entwickeln und sich aneignen müsse – selbst, wenn man die Gewißheit habe, morgen zu sterben. Sie können es in Ihrem nächsten Leben in Anspruch nehmen: ganz so, als hätten Sie jemanden gebeten, etwas für Sie aufzubewahren.

Für Menschen, die nicht an Wiedergeburt glauben, sind diese Argumente allerdings ziemlich töricht.

Frage: Eure Heiligkeit, erläutern Sie bitte die Bedeutung des Gebets im Buddhismus. An wen oder was richten sich die Gebete, wenn es keinen Schöpfer gibt?

Dalai Lama: Es gibt zwei Arten von Gebeten. Ich denke, in erster Linie sind Gebete einfach Gedächtnisstützen innerhalb Ihrer täglichen Praxis. Die Verse sehen zwar aus wie Gebete, helfen uns jedoch tatsächlich, in Erinnerung zu behalten, wie man spricht, wie man mit anderen Problemen, anderen Menschen umgeht. In meiner eigenen Praxis nimmt das Gebet bei gemächlichem Tempo ungefähr vier Stunden in Anspruch. Ziemlich viel. Zum größten Teil besteht meine Praxis, glaube ich, aus Wiederholung: Mitgefühl, Vergebung und – selbstverständlich – *shunyata*. Einen Großteil macht in meinem Fall außerdem die Visualisierung der Gottheiten und des Mandala aus; ferner unterstützende tantrische Übungen, darunter die Visualisierung von Tod und Wiedergeburt. In meiner täglichen Praxis kommen das Gottheiten-Mandala, der Gottheiten-Yoga und die Visualisierung von Tod, Wiedergeburt und Zwischenzustand achtmal vor. Achtmaliger Tod ist also achtmalige Wiedergeburt. Es ist meine Aufgabe, mich auf meinen Tod vorzubereiten. Ob mir das gelingt oder nicht, wenn der Tod tatsächlich eintritt, weiß ich nach wie vor nicht.

Ein weiterer Teil des Gebets besteht in der Anrufung des Buddha. Zwar sehen wir Buddha nicht als Schöpfer an. Aber wir betrachten ihn als ein höheres Wesen, das sich geläutert hat. Daher verfügt er über eine besondere Energie, über grenzenlose Kraft. In gewissem Sinn läßt sich die Anrufung des Buddha mit dem Beten zum göttlichen Schöpfer vergleichen.

Die zwölf Glieder des bedingten Entstehens

Anmerkung der Herausgeber: Bei der letzten Sitzung beantwortete Seine Heiligkeit zunächst die Fragen aus dem Auditorium, um dann das Shantideva-Seminar mit Darlegungen zu den zwölf Gliedern des bedingten Entstehens zu beschließen.

Fragen an den Dalai Lama

Frage: Muß man etwas selbst wirklich erfahren haben, um voll und ganz zu verstehen, was diese Erfahrung beinhaltet, und ihr mit Mitgefühl begegnen zu können? Viele Menschen in unseren Breiten haben ein Leben geführt, das weitgehend frei war von Armut und politischer Unterdrückung. Heißt das, daß wir über die Informationen aus unseren Fernsehgeräten und Zeitungen hinausgehen und versuchen sollten, uns der tatsächlichen Erfahrung dieser Dinge anzunähern? Könnte dies eine wirkungsvolle Möglichkeit sein, der Gleichgültigkeit etwas entgegenzusetzen?

Dalai Lama: Sind Sie mit Leidenssituationen konfrontiert, in denen Sie wirkliches Leid wahrnehmen, so werden Sie aufgrund dieses Eindrucks zunächst um so mehr Mitgefühl entwickeln. Es gibt jedoch verschiedene Möglichkeiten, über Leid nachzudenken. Zum Beispiel könnten Sie, wie gesagt, unmittelbar mit dem Anblick eines leidenden Menschen konfrontiert sein. So würden bei Ihnen Einfühlungsvermögen und Mitgefühl geweckt werden, obwohl Sie nicht bewußt ein konkretes Leid auf sich nehmen. Ferner könnte man denjenigen, die in negative oder schädliche Aktivitäten verwickelt sind, ebenfalls sein Mitgefühl zuteil werden lassen, indem man sich vergegenwärtigt, daß sie durch ihr Tun die Ursachen und Bedingungen ansammeln, die später unerwünschte Konsequenzen nach sich ziehen werden. Der Unterschied zwischen beiden Situationen ist nur eine Frage der Zeit. Im ersten Fall handelt es sich bereits um das Reifestadium, in dem das Ergebnis zutage tritt. Im zweiten Fall erfahren die Betreffenden noch nicht tatsächlich ihr Leid, sondern sie befinden sich auf der Stufe, auf der sie es verursachen, bereits auf das Leid hinarbeiten. Dafür können Sie also Mitgefühl aufbringen.

Auch gibt es, wie bereits angesprochen, unterschiedliche Ebenen von Leid. Wo wir zum Beispiel herkömmlicherweise von angenehmen Erfahrungen sprechen, handelt es sich in Wirklichkeit um das Leid der Veränderung. Dem liegt die fundamental unbefriedigende Natur des samsarischen Daseins zugrunde. Sobald Sie also Mitgefühl zu entwickeln beginnen, das auf solch tieferer Erkenntnis von Leid beruht, benötigen Sie keine unmittelbaren Leidenserfahrungen, um zu mitfühlendem Handeln motiviert zu werden.

Frage: Sie sagen, Mitgefühl bestehe darin, andere mit Nachsicht und Güte zu behandeln und ihnen kein Leid zuzufügen. Sollte Mitgefühl uns nicht dazu veranlassen, daß wir jene, die in Not sind, aktiv zu erreichen versuchen – etwa um das Leid derjenigen zu lindern, die krank sind, die in extremer Armut leben oder Opfer von Ungerechtigkeit sind? Dem Buddhismus hat man mitunter vorgeworfen, er schenke dem in der Gesellschaft vorhandenen Leid keine Beachtung. Bitte sagen Sie dazu etwas.

Dalai Lama: Ich denke, in gewissem Maß trifft dies zu. Wie bereits erwähnt, sollten sich buddhistische Mönche und Nonnen stärker gesellschaftlichen Aufgaben widmen, ähnlich wie es ihre christlichen Brüder und Schwestern tun. Bei meinem ersten Besuch in Thailand, ich glaube während der späten 60er Jahre, habe ich mit dem Patriarchen vor allem diesen Punkt erörtert. Er erklärte, den Vinaya-Sutras zufolge müßten Mönche und Nonnen von der Gesellschaft abgesondert bleiben. Das ist richtig, doch mein Standpunkt ist es ebenfalls. Also sagte ich: «Ja, im Hinblick auf die Vinaya-Sutras trifft das zu. Zugleich aber ist es das eigentliche Ziel unserer Praxis, anderen von Nutzen zu sein. Wenn wir daher auf einer praktischen Ebene mehr bewirken können, so lohnt es wirklich, uns darum zu bemühen.»

Man sollte nicht das grundlegende Prinzip der klösterlichen Lebensform aus den Augen verlieren: möglichst wenig mit den eigenen Interessen beschäftigt zu sein und möglichst wenig Aufhebens davon zu machen; hingegen möglichst großen Eifer an den Tag zu legen, wenn es darum geht, anderen von Nutzen zu sein.

Frage: Versuchen Buddhisten zu «missionieren»? Es herrscht ein solcher Hunger nach Spiritualität. Falls Sie dies nicht tun, gibt es dafür einen Grund?

Dalai Lama: Ich denke, zur Zeit von Ashoka* gab es einige buddhistische Missionsaktivitäten. Aber im Grunde legt man in der buddhistischen Überlieferung keinen Wert auf das Aussenden von Missionaren zwecks Bekehrung oder auf eine Bekehrungsbewegung – es sei denn, jemand hat den Wunsch, unterwiesen zu werden. Dann ist es selbstverständlich unsere Pflicht, die entsprechenden Erklärungen zu geben. In der Vergangenheit mag es anders gewesen sein, aber heutzutage ist die Welt viel kleiner geworden und eine auf Harmonie bedachte Haltung unerläßlich. Darum ist, glaube ich, der buddhistische Missionar kein Thema. Doch auch bezüglich der Missionstätigkeit anderer religiöser Überlieferungen habe ich immer noch einige Vorbehalte. Wenn eine Seite versucht, ihre Religion zu propagieren,

* Indischer Kaiser (ca. 272–236 v. Chr.).

und eine andere Seite das gleiche tut, dann resultiert daraus logischerweise die Gefahr eines Konflikts. Deshalb bin ich nicht der Auffassung, daß dies etwas Gutes ist.

Nach meiner Überzeugung gibt es unter fünf Milliarden Menschen nur wenige echte, ganz aufrichtige Gläubige. Selbstverständlich rechne ich diejenigen nicht mit, die sagen: «Ich bin Christ», weil ihr familiärer Hintergrund christlich ist. Denn im täglichen Leben werden sie wohl auf den christlichen Glauben nicht sonderlich viel Rücksicht nehmen. Solche Leute ausgenommen, bleibt vielleicht etwa eine Milliarde Menschen, die ihre Religion ernsthaft ausüben. Das heißt, daß vier Milliarden, die große Mehrheit der Menschen, Ungläubige sind. Wir müssen also einen Weg finden, um diese vier Milliarden Menschen zu erreichen – um sie zu guten Menschen, moralisch verantwortlichen Wesen ohne Religion zu machen. Das ist der springende Punkt. Im Mitgefühl und den damit zusammenhängenden Dingen sehe ich einfach gute menschliche Eigenschaften, nicht notwendigerweise religiöse Themen. Man kann ohne jeden religiösen Glauben leben und doch ein guter, empfindsamer Mensch sein, der Verantwortungsbewußtsein besitzt und sich für eine bessere, für eine glücklichere Welt engagiert. In dieser Hinsicht kommt, glaube ich, einer guten Erziehung und Ausbildung große Bedeutung zu. Und den Medien ebenfalls.

Frage: Ich bin von zwei Menschen hintergangen und sehr unfair behandelt worden. Dadurch ist mir ein großer finanzieller Verlust entstanden, und es fiel mir schwer, meine Familie zu ernähren. Analysiere ich die Situation, so erkenne ich, daß ich mit größerer Achtsamkeit den Verrat früher hätte erkennen, mich von den anderen trennen und vor dem Verlust hätte schützen können. Also trage ich selbst die Verantwortung dafür. Wie kann ich bloß aufhören, mich wegen dieses Verlustes zu hassen? Ich weiß, daß es nichts Gutes bringt, mich zu hassen; aber ich kann nicht damit aufhören.

Dalai Lama: Wenn man sich bereits in dieser Situation befindet, kann man nicht einfach dadurch aufhören, sich zu hassen, daß man sich ein- oder zweimal einen bestimmten Gedanken zu eigen macht. Während der letzten Tage haben wir verschiedene, für den Umgang mit solchen Situationen bedeutsame Techniken und Methoden erörtert. Durch einen Prozeß des Lernens, Sichübens und der Gewöhnung wird man fähig, mit diesen Schwierigkeiten umzugehen.

Frage: Ich habe in buddhistischen Büchern gelesen, es sei nicht korrekt, zu glauben, daß man innerhalb eines Lebens bestimmte Dinge hinzulernt. Doch ich empfinde das so, und es scheint auch mit der Lehre vom Karma in Einklang zu stehen. Was ist hier richtig?

Dalai Lama: Ich glaube, hier liegt ein Mißverständnis vor, vielleicht in bezug auf die buddhistische Wiedergeburtsvorstellung. Nach buddhistischer Auffassung gelangt man durch Lernen und Üben definitiv zu neuem Wissen, und außerdem gewinnt man viele neue Erfahrungen hinzu. Wenn wir uns zum Beispiel die buddhistische Theorie des Geistes anschauen, so gibt es laut einem Abhidharma-Text mit dem Titel «Leitfaden zur Erkenntnis» 51 Arten von Geistesfaktoren. Sie alle sind unterschiedliche Seinsweisen des Geistes innerhalb unseres gewöhnlichen menschlichen Daseins. Während wir mit Hilfe unserer Meditation und unserer Übungen auf dem Weg vorankommen, müssen wir uns viele andere Formen oder Seinsweisen des Geistes, die auf dieser Liste der 51 Faktoren nicht verzeichnet sind, ganz bewußt neu aneignen. Nehmen wir zum Beispiel die geistige Sammlung, die Einsgerichtetheit des Geistes: In der buddhistischen Literatur finden wir sehr viele Beschreibungen von unterschiedlichen Ebenen und Stufen der Sammlung und Einsgerichtetheit des Geistes; und sie alle muß man durch Übungen und Meditation neu entwickeln.

Frage: Wie meditiert man über Leerheit?

Dalai Lama: Darauf werde ich nach Abschluß des ersten Teils dieser Sitzung, in dem ich die Fragen der Seminarteilnehmer und -teilnehmerinnen beantworte, ausführlich eingehen.

Frage: Gibt es eine Möglichkeit, unseren Geist so zu schulen, daß wir wegen des überwältigenden Leids in der Welt nicht immerfort furchtbar traurig sind? Mit anderen Worten: Wie können wir angesichts von so viel Leid Freude empfinden?

Dalai Lama: Eine Transformation unserer Haltung und unserer Denkweise zu bewirken ist keine einfache Angelegenheit. Dazu muß man sehr viele verschiedene Faktoren ganz unterschiedlicher Zielrichtung nutzen. Gemäß buddhistischer Praxis betonen wir zum Beispiel die Vereinigung von Methode (oder hilfreichen Mitteln) und Weisheit. Sie sollten sich dies also nicht so vorstellen, als gebe es bloß ein einziges Geheimnis und als brauchten Sie nur dieses eine Geheimnis zu lüften, und dann wäre alles in Ordnung. So verhält es sich nicht.

In meinem Fall zum Beispiel ist es so: Wenn ich meine heutige Geisteshaltung, meine Geisteshaltung in dieser Situation, mit derjenigen vor zwanzig oder dreißig Jahren vergleiche, so besteht da ein großer Unterschied. Aber dieser Unterschied hat sich Schritt für Schritt eingestellt. Zwar habe ich im Alter von fünf oder sechs Jahren damit angefangen, mir das buddhistische Wissen anzueignen. Doch obwohl ich als die höchste Reinkarnation angesehen wurde, hatte ich zu jener Zeit kein wirkliches Interesse daran. Anders wurde dies erst, glaube ich, als ich etwa sechzehn Jahre alt war, und ich versuchte, wirklich ernsthaft zu praktizieren. Dann, mit über zwanzig Jahren, erhielt ich, obgleich ich in China war und es viele Schwierigkeiten gab, Unterweisungen von meinem Lehrer, wann immer die Möglichkeit dazu bestand. Ich unternahm jetzt wirklich eine innere Anstrengung. Dann – ich glaube, mit etwa fünfunddreißig – begann ich richtig über Shunyata, Leerheit, nachzudenken. Und als Ergebnis intensiver, auf ernstlichem Bemühen beruhender Meditation wurde mein Verständnis vom Aufhören des Leids etwas Reales. Ich konnte nun einen Sinn darin sehen: «Ja, da ist etwas, es gibt eine Möglichkeit.» Das hat mich wirklich stark inspiriert.

Trotzdem war Bodhichitta damals für mich sehr schwierig. Ich bewundere Bodhichitta. Es ist eine ganz wunderbare Geistesverfassung. Aber jenseits der Dreißig lag mir die Bodhichitta-Praxis noch sehr fern. Als ich dann über vierzig war, gelangte ich schließlich doch irgendwie zu manch einer Erfahrung von Bodhichitta. Hauptsächlich kam dies dadurch zustande, daß ich Shantidevas Text und ein paar andere Bücher studierte und das Gelesene in die Tat umzusetzen versuchte. Nach wie vor ist mein Geist in einem argen Zustand. Aber irgendwie habe ich jetzt die Überzeugung, daß ich, hätte ich genug Zeit und den nötigen Raum, Bodhichitta entwickeln könnte. Das hat bei mir vierzig Jahre gedauert.

Treffe ich also Menschen, die für sich in Anspruch nehmen, innerhalb kurzer Zeit hohe Verwirklichung erlangt zu haben, bringt mich das manchmal zum Lachen, auch wenn ich versuche, das nicht zu zeigen. Wissen Sie, letzten Endes braucht geistige Entwicklung Zeit. Wenn jemand sagt: «Nun, unter großen Mühen, über viele Jahre hinweg, wird sich schließlich etwas ändern», sehe ich, daß hier etwas im Gang ist. Wenn jemand sagt: «Oh, innerhalb kurzer Zeit, in zwei Jahren, hat sich eine große Veränderung eingestellt», so ist das unrealistisch.

Frage: Einer Beschreibung oder Definition zufolge, von der ich gehört habe, ist der Geist ein Behälter für die Gedanken. Hat die Meditation zum Ziel, das Gewirr der Gedanken aus dem Behälter des Geistes zu entfernen? Wird dies das Licht zum Leuchten bringen?

Dalai Lama: In der buddhistischen Terminologie verwendet man den Ausdruck «die Geistestrübungen beseitigen» statt «den Geist von Gedanken leer machen». Sprechen wir nämlich von «Gedanken», so beinhaltet das positive wie negative Gedanken. Das Ziel der Meditation besteht allerdings darin, jenen Zustand zu erreichen, den man als «Zustand der Nichtbegrifflichkeit» bezeichnet. Hierbei muß man wissen, daß der Ausdruck «nichtbegrifflich» je nach Kontext unterschiedliche Bedeutungen haben kann. Der «nichtbegriffliche Zustand» hat also bei der Erläuterung der Sutras eine ganz bestimmte Bedeutung, und in den verschiedenen Klassen des Tantra ist damit etwas anderes gemeint. Selbst innerhalb des höchsten Yoga-Tantra hat er in den sogenannten «Vater-Tantras» eine andere Bedeutung als in den sogenannten «Mutter-Tantras». Im Kontext der Dzogchen- und der Mahamudra-Belehrungen finden wir den Ausdruck «nichtbegrifflich» recht häufig. Und in diesen beiden Fällen wird damit wirklich das Verständnis aus der Sicht des höchsten Yoga-Tantra angesprochen.

In einem Mahamudra-Text, den der große Gelehrte und Praktizierende Dhagpo Tashi Namgyal verfaßt hat, macht der Autor geltend, der Mahamudra-Weg gehöre weder zum Sutra- noch zum Tantra-System. Er beschreibt ihn als einen einzigartigen Weg. Und er muß einige Gründe für diese Auffassung gehabt haben. Schaut man sich diese Aussage an, so ist die Vorstellung eines Weges, der weder zum Sutra noch zum Tantra gehört, ziemlich schwer verständlich. Jedenfalls handelt es sich dabei nicht um Buddhismus. Der Buddha hat lediglich das Sutrayana und das Tantrayana gelehrt. Hier ist aber etwas, das zu keinem von beiden gehört. Das heißt, es handelt sich dabei um etwas anderes.

Jedenfalls wird in der Mahamudra- und in der Dzogchen-Praxis vor allem die Verbindung von Shunyata und klarem Licht betont. Verwenden wir den Ausdruck «klares Licht», so können wieder zwei verschiedene Dinge gemeint sein. Einerseits kann es sich auf Leerheit als Objekt beziehen, und «Leerheit» läßt sich im Sinn von klarem Licht verstehen. Andererseits ist damit die subjektive Erfahrung dieser Leerheit gemeint. «Klares Licht» kann also eine subjektive wie auch eine objektive Bedeutung haben. Beide, der Dzogchen-Ansatz und der Mahamudra-Ansatz, legen großen Wert darauf, den subjektiven und den objektiven Aspekt des klaren Lichts miteinander zu vereinen. Allerdings sollte man hier beim Gebrauch der Worte «Subjekt» und «Objekt» nicht das mißliche Gefühl haben: «Oh, hier herrscht ja immer noch Dualität.» Denn es ist dabei nicht von der Phänomenologie der Erfahrung, dem Zustand des Meditierenden die Rede: Aus seiner oder ihrer Sicht besteht keine Dualität. Lediglich aus der Perspektive einer dritten Person oder bei rückblickender Untersuchung der Erfahrung nimmt man eine Art Subjekt und Objekt wahr. In der wirklichen Erfahrung hingegen gibt es keine Subjekt-Objekt-Dualität.

Wenn wir also darüber sprechen, wie man diesen Zustand der Nichtbegrifflichkeit erreicht, so ist festzuhalten, daß in jedem einzelnen Praktizierenden ein Potential vorhanden sein muß, das es ihm oder ihr erlaubt, den Zustand der Nichtbegrifflichkeit zu erlangen. Wir sollten jedoch nicht der Vorstellung anhängen, da das Ziel darin bestehe, einen nichtbegrifflichen Zustand zu erreichen, könne nichts, was begriffliche Denkprozesse beinhaltet, diesem Ziel zugute kommen. Dieser Punkt wird im zweiten Kapitel von Dharmakirtis «Darlegung der zuverlässigen Wege zur Erkenntnis» ausführlich erörtert. Dharmakirti zeigt dort mit Hilfe einer Vielzahl von logischen Beweisen und Schlußfolgerungen, wie begriffliche Denkprozesse – Überlegung, Betrachtung und solche Meditationen, die verstandesmäßige Denkprozesse mit einbeziehen – letzten Endes in einer Erfahrung der Nichtbegrifflichkeit gipfeln. Das sollte man sich gut einprägen.

Wir haben von den beiden grundlegenden Arten von Meditation gesprochen: Die eine ist analytisch, in ihr setzen Sie Ihre Fähigkeit zur zergliedernden Untersuchung ein; bei der anderen geht es mehr um den Versenkungsaspekt, hier ist Einsgerichtetheit von entscheidender Bedeutung. Da Analyse Gedanken und Denkprozesse beinhaltet, macht man im höchsten Yoga-Tantra zur Entwicklung der besonderen oder durchdringenden Einsicht keinen Gebrauch von ihr. Vielmehr geschieht dies mittels einer Technik, die die Einsgerichtetheit des Geistes betont. Methoden dieser Art finden Sie auch in Dzogchen und Mahamudra.

Frage: Würden Sie so liebenswürdig sein, uns eingehender zu erklären, wie es um die Möglichkeit steht, zwischen guten oder schlechten Handlungen zu wählen? Determinieren unsere früheren Handlungen unser Verhalten und unsere Sicht der Dinge?

Dalai Lama: Tatsächlich mag, worauf Sie hingewiesen haben, vieles von unserem Verhalten, unseren Denkmustern und unseren Ansichten durch unsere früheren Handlungen determiniert oder bestimmt sein. Sprechen wir darüber, welchen Einfluß unsere früheren Handlungen auf uns haben, so reden wir über den Einfluß von Konditionierungen. Man kann jedoch seinen Willen und seine Entscheidungsfreiheit aufbieten, um sich von den Auswirkungen dieser früheren Handlungen zu lösen und seinen Geist mit Möglichkeiten vertraut zu machen, die man früher nicht kannte. Diese Vertrautheit läßt sich bewußt entwickeln, und Sie können auf diese Weise versuchen, sich von dem Befangensein in früheren Handlungen freizumachen.

Sich von bestimmten biologischen Kräften zu befreien kann schwieriger sein. Tatsächlich ist nach buddhistischer Auffassung unser physischer Körper eine aus Unwissenheit und Täuschung hervorgegangene Anhäufung*. Er wird nicht nur als Grundlage unseres gegenwärtigen Daseinszustandes angesehen, der durch Begrenzungen und Leid gekennzeichnet ist, sondern auch als eine Art Sprungbrett für künftige Leidenserfahrungen. Etwas ganz und gar Biologisches in unserem Körper hält uns von dem Versuch ab, diese Fesseln abzulegen – gerade so, als sei da etwas fest eingebaut, eine gewisse Lethargie oder etwas, das den Körper schwer macht. Dies behindert auch unsere Geistesklarheit. Durch Geistesschulung und durch meditative Erfahrungen ist es aber möglich, die Kontrolle über die sehr subtilen Energieebenen in den Körperelementen zu erlangen – besonders im Tantra, wo wir, ganz allgemein gesagt, in unseren Körperelementen die grobstofflichen Ebenen, die feinstofflichen Ebenen und die sehr feinstofflichen Ebenen ausfindig machen können. Auf diese Weise ist man in der Lage, die Einflüsse auszugleichen, die man auf den grobstofflicheren Ebenen der Körperelemente verspürt. Diese Möglichkeit hat man also auch.

* Siehe dazu im Glossar das Stichwort «Fünf Anhäufungen».

Frage: Nach meinem Verständnis ist Erleuchtung in gewissem Sinn Freiheit von den Fesseln der Ursachen und Bedingungen. Wie kann es sein, daß man diesen Zustand erreicht und dennoch in dieser Welt bleibt, wo die Natur des Daseins relativ und durch Ursachen bedingt ist?

Dalai Lama: Die Beschränkungen durch Ursachen und Bedingungen sind allumfassend und reichen sogar bis zur Stufe der Buddhaschaft. Nehmen wir zum Beispiel den Fall von Buddhas allwissendem Geist, der vollkommen erleuchtet ist, aber in Wechselbeziehung zu Objekten handelt. Er ist vergänglich und ändert sich von Augenblick zu Augenblick, er ist ein Prozeß, daher ist er unbeständig. Sie sehen, selbst hier ist das Kausalitätsprinzip wirksam.

Manchmal allerdings wird Buddhaschaft als Zustand der Unsterblichkeit, der Unvergänglichkeit bezeichnet. Dies sollte man im gebührenden Zusammenhang verstehen – als unvergänglich bezeichnet man sie im Sinn eines Kontinuums. Und manchmal wird der Zustand der Buddhaschaft deshalb als unvergänglich bezeichnet, weil es unter den Verkörperungen des Buddha solche gibt, die vergänglich sind und den Ursachen und Bedingungen unterliegen, und solche, die unvergänglich sind.

Wenn wir nun von den Verkörperungen des Buddha sprechen, den *buddhakayas*, finden wir manche, die sich von Augenblick zu Augenblick wandeln, und manche, bei denen dies nicht der Fall ist. Da es also, wenn vom Buddhakaya oder den «Verkörperungen» des Buddha die Rede ist, zwei Aspekte gibt, sagt man verallgemeinernd, er sei wandellos und ewig.

Frage: Ihre Feststellung, es liege in der essentiellen Natur des Übeltäters, anderen Wesen Leid zuzufügen, und man solle ihm dies nicht vorwerfen, hat mich verwirrt. Ist nicht die Buddha-Natur unsere essentielle Natur?

Dalai Lama: Ich glaube, hier liegt ein kleines Mißverständnis vor. Shantideva hat dieses Argument in einem hypothetischen Sinn gebraucht. Es gab da einen konditionalen Nebensatz.

Die Strophe 39 lautet:

Selbst wenn es in der Natur der Törichten läge,
anderen Wesen Leid zuzufügen,
wäre es dennoch ebenso unangemessen, wütend auf sie
zu sein,
als verübelte man dem Feuer, daß es in seiner Natur liegt,
zu brennen.

Da war das konditionale «wenn».

Beim Gebrauch des Begriffs «essentielle Natur» müssen wir allerdings wiederum verstehen, daß er in verschiedenen Zusammenhängen sehr unterschiedliche Bedeutungen annehmen kann. Wenn wir sagen, der Geist der empfindenden Wesen sei in seiner essentiellen Natur makellos, sprechen wir über die Buddha-Natur, bei der es um eine ganz andere Ebene geht als bei der essentiellen Natur des Übeltäters. Wie in diesem Fall, so ist es auch bei der Lektüre von Texten, die sich mit der buddhistischen Philosophie der Leerheit befassen, notwendig, die subtilen Bedeutungen der verschiedenen Begriffe richtig einzuschätzen.

Ein für unser Verständnis des Begriffs Leerheit entscheidendes Wort aus dem Sanskrit ist *svabhava*, was man mit «innewohnendes Wesen» oder «Selbstnatur» oder einfach mit «Essenz» übersetzen kann. Es hat also in differierenden Zusammenhängen unterschiedliche Bedeutungen. Beim Lesen dieser Texte sollten Sie sorgsam darauf achten, in Ihrem Begriffsverständnis möglichst beweglich zu sein. Ein und derselbe Begriff kann von den Vertretern einer philosophischen Lehre, der Madhyamika-Schule zum Beispiel, in der einen Weise verwendet werden, und dann im Kontext einer anderen Lehrmeinung wieder auf ganz andere Weise. Es ist also wichtig, über Flexibilität zu verfügen und die Vielfalt der Bedeutungen in verschiedenen Zusammenhängen richtig einzuschätzen.

Frage: Können Sie uns etwas zu der Einweihung in die Praxis der Grünen Tara sagen, die am Mittwoch stattfindet? Welche Verpflichtung ist damit verbunden?

Dalai Lama: Bei der Zeremonie, die morgen in bezug auf die

Grüne Tara durchgeführt wird, handelt es sich um einen Segen, nicht um eine volle Einweihung. In Verbindung damit wird es eine Langlebens-Einweihung geben, deren Übertragungslinie auf den Fünften Dalai Lama zurückgeht. Es handelt sich also um eine Praxis, die allein mit der Linie der Dalai Lamas verbunden ist. Sie beinhaltet keine spezielle Verpflichtung. Ist das nicht schön? Sie erhalten den Segen, haben aber keine Verpflichtung!

Legen Sie hingegen am Vormittag die Bodhisattva-Gelübde ab, so bedeutet dies eine Verpflichtung. Bei den Gelübden handelt es sich in erster Linie um die 18 Grundgelübde und die 64 Zusatzgelübde oder -regeln eines Bodhisattva. Falls Sie hier zum ersten Mal mit buddhistischen Übungen in Berührung kommen, ist es, wie ich bereits heute vormittag sagte, vielleicht klüger, die Gelübde nicht abzulegen.

Frage: Welchen Ratschlag würden Sie einem Christen geben, der sich mit dem Buddhismus beschäftigt und ins Auge faßt, diese Woche die Bodhisattva-Gelübde abzulegen?

Dalai Lama: Das sollte in Ordnung sein.

Bis jetzt haben wir über das Sichüben in Geduld und Nachsicht gesprochen. Geduld oder Nachsicht gehört, worauf ich schon hingewiesen habe, zu den Sechs Befreienden Qualitäten, deren praktische Umsetzung die wichtigste Übung der Bodhisattvas ausmacht. Es gibt, wie bereits dargelegt, in der Hauptsache drei Arten von Geduld oder Nachsicht: Leid und Verletzungen hinzunehmen, die einem von anderen zugefügt werden; bereitwillig den Schmerz, die Leiden und Entbehrungen auf sich zu nehmen, die mit der Praxis verbunden sind; und die eigene Fähigkeit zu Geduld und Nachsicht zu entwickeln und zu steigern, indem man seine Wahrnehmungsfähigkeit in bezug auf die Natur der Wirklichkeit – zum Beispiel die Komplexität der Situationen – entwickelt. Dies könnte ebenfalls die Einsicht in die letztendliche Natur der Wirklichkeit, Leerheit, beinhalten.

Nicht deutlich gemacht habe ich, daß eine wahrhafte oder ideale Umsetzung jeder Befreienden Qualität vollständig zu sein hat. Sie muß sämtliche Aspekte der anderen fünf Befreienden Qualitäten mit umfassen. Nehmen wir zum Beispiel das Sichüben in Geduld: Ermutigen Sie, während Sie in Geduld verweilen, andere dazu, dies ebenfalls zu tun, so üben Sie sich im Geben, in Freigebigkeit. Der zweite Aspekt ist, daß Sie Ihre Übung in Geduld und Nachsicht auf Redlichkeit und Aufrichtigkeit gründen – Aspekte ethischer Disziplin, die in der Geduldsübung enthalten sind. Der dritte ist natürlich die Geduld selbst. Der vierte, freudige Ausdauer, betrifft all die Bemühungen, die damit verbunden sind, Geduld und Nachsicht zu wahren. Fünftens halten Sie, wenn Sie solch einer Übung nachgehen, die Einsgerichtetheit des Geistes aufrecht; die Fähigkeit, sich auf das zu konzentrieren, was Sie gerade tun, und einsgerichtet zu bleiben. Achtsamkeit kann hier ebenfalls mit einbezogen werden; sie ist der Aspekt der Konzentration und Einsgerichtetheit in Ihrer Geduldsübung. Weisheit üben Sie durch Ihre Fähigkeit aus, zu beurteilen, was in einer gegebenen Situation angemessen oder unangemssen beziehungsweise was erforderlich ist. All diese Gaben von Weisheit und Einsicht haben gleichzeitig Anteil an Ihrer Geduldsübung. Die Weisheit der Einsicht in die leere Natur der Erscheinungen könnte, sofern Sie über sie verfügen, ebenfalls mit einbezogen werden. – Dasselbe gilt für die Ausübung aller anderen Befreienden Qualitäten wie zum Beispiel Freigebigkeit: Innerhalb der Übung von Freigebigkeit müssen alle anderen Befreienden Qualitäten vollständig vertreten sein. Das gleiche gilt für die ethische Disziplin, und so weiter.

Die Sechs Befreienden Qualitäten – Freigebigkeit, ethische Disziplin, Geduld, Ausdauer, meditative Sammlung und Weisheit – kann man auch bei anderen Praktizierenden antreffen, die nicht den Bodhisattva-Weg gehen, sondern mehr auf ihre persönliche Befreiung hinarbeiten. Vervollkommnet wird die praktische Umsetzung dieser sechs Faktoren durch die damit einhergehende Motivation. Damit Ihre Geduldsübung eine Übung zur Vervollkommnung der Geduld ist, bedarf es der Motivation durch Bodhichitta. Sind Sie durch Bodhichitta, das Streben nach Erleuchtung zum Nutzen aller Wesen, dazu motiviert, sich in Geduld, Freigiebigkeit und so weiter zu üben, dann wird Ihre Praxis wirklich eine Vollendungspraxis.

Jegliche Übung zur praktischen Umsetzung der Sechs Befreienden Qualitäten zählt entweder zu jener Art von Praxis, die sich auf das Ansammeln von Verdiensten bezieht, oder zu der Art von Praxis, die sich in erster Linie auf das Ansammeln von Weisheit bezieht. Auf dem Weg unterscheidet man zwischen diesen beiden Grundkategorien, dem Methodenaspekt und dem Weisheitsaspekt, weil der daraus hervorgehende Zustand der Buddhaschaft durch die beiden Kayas des Buddha, die beiden Verkörperungen, gekennzeichnet ist. Die eine Verkörperung ist der Dharmakaya-Zustand; ihn kann man als den Zustand ansehen, in dem das Dasein des Buddha zu letztendlicher Verwirklichung, zu Selbstverwirklichung gelangt. Die andere wird *rupakaya* genannt, Formkörper. Diese beiden Kayas oder Verkörperungen erfüllen unterschiedliche Funktionen: Der Dharmakaya-Zustand kommt der Selbstverwirklichung des eigenen Vollendungszustands gleich. Den Rupakaya, den Formkörper, nimmt ein Buddha eigens an, damit er den anderen Wesen von Nutzen sein kann, damit er für die empfindenden Wesen besser erreichbar ist. Der Rupakaya dient als eine Art Medium, durch das der Dharmakaya zu den empfindenden Wesen in Beziehung treten und ihnen von Nutzen sein kann.

Hier haben Sie also die Grundstruktur des Mahayana-Weges gemäß dem Sutra-System. Ihre alleinige Motivation, um sich auf den spirituellen Weg zur Vollendung zu begeben, ist in diesem Rahmen die Bodhichitta-Motivation, das Streben nach voller Erleuchtung zum Nutzen aller Wesen. Von dieser Absicht motiviert, engagieren Sie sich auf einem Weg, dessen Kennzeichen die Praxis der Sechs Befreienden Qualitäten ist. Diese Qualitäten wiederum vereinen in sich Methode und Weisheit. Und über die zehn Stufen der Verwirklichung auf dem Bodhisattva-Weg gelangen Sie zu dem Zustand der Reife, der daraus erwächst. Auf dieser Stufe der Vollendung gibt es dann eine Verkörperung in Form des Dharmakaya und des Rupakaya. Soweit also die allgemeine Sicht des Mahayana-Weges gemäß dem Sutra-System.

Das Einzigartige am Ansatz des tantrischen Buddhismus und der Unterschied zum Ansatz des Mahayana-Sutra besteht hier: Im Tantra versteht man die Vereinigung von Methode und Weisheit auf einer innigeren, tiefgründigeren Ebene; und zwar deshalb, weil im Sutra-System die Vereinigung von Methode und Weisheit als Vereinigung von zwei verschiedenen Gebilden, von zwei vollkommen unterschiedlichen kognitiven Vorgängen verstanden wird. Zwar ergänzen Methode und Weisheit einander. Doch die Vereinigung wird im Sinn einer komplementären Ergänzung aufgefaßt: Eines komplettiert, unterstützt und bestärkt das andere. Im Tantra hingegen versteht man die Vereinigung auf einer viel tiefgründigeren Ebene; und zwar in der Weise, daß innerhalb eines Bewußtseinsvorgangs oder eines Geisteszustands die Methoden- und die Weisheitsaspekte vollständig vorhanden sind: nicht so, als gebe es zwei verschiedene Geisteszustände, von denen der eine den anderen vervollständigt. Eher handelt es sich um eine Art Assimilation von Methode und Weisheit innerhalb eines einzigen kognitiven Vorgangs. Dies bildet auf allen Stufen des Tantra die Grundlage.

Innerhalb des Tantra gibt es unterschiedliche Systeme oder Untergliederungen. Manchmal teilt man den tantrischen Weg in sechs Klassen ein, im allgemeinen jedoch in vier. Das Unterscheidungsmerkmal zwischen den ersten drei Klassen des Tantra und dem höchsten Yoga-Tantra besteht darin, daß im höchsten Yoga-Tantra die Praxis des klaren Lichts ausführlich dargelegt und in den Vordergrund gestellt wird. In den drei unteren Klassen des Tantra fehlt diese Praxis.

Um die Vorstellung vom klaren Licht angemessen verstehen zu können, muß man wissen, daß es möglich ist, Bewußtsein und die mit ihm einhergehenden Energien auf zahlreichen Ebenen von unterschiedlicher Subtilität wahrzunehmen. Aufgrund dessen finden wir in den Schriften des höchsten Yoga-Tantra an vielen Stellen Erklärungen zu den Chakras, den Energiekanälen, den Energien, die sie durchströmen, und den essentiellen Tropfen*, die sich an den wichtigsten Stellen des Körpers befinden: Sie alle nämlich sind unauflöslich mit der Vorstellung von unterschiedlichen Bewußtseins- und Energieebenen verknüpft. Genau aufgrund dieser Prinzipien finden Sie also in der Vorstellungswelt und Ikonographie des höchsten Yoga-Tantra entweder sehr zornvolle oder sehr erotische Darstellungen. Die verschiedenen Formen von Praxis im höchsten Yoga-Tantra beziehen sich zum großen Teil auf die Energiekanäle, die Chakras, die subtilen Energien und so weiter. Sie berücksichtigen bestimmte Grundbestandteile unseres körperlichen Daseins, etwa die sechs Elemente. Diese Elemente und Energien beeinflussen – je nachdem, wie sie im Körper fließen und wie stark ihre Bewegung und ihre Energie sind – unseren Geisteszustand und die Ebene unseres Bewußtseins. Zum Beispiel stellen wir fest, daß es gewisse Situationen in unserem Leben gibt, in denen wir einen flüchtigen Eindruck von dem gewinnen können, was man als die Erfahrung des subtilen Geistes bezeichnet. Das beschreibt Buddha-shrijnana in einem seiner Texte. Dort sagt er, daß unser gewöhnlicher Zustand uns gewisse Gelegenheiten eröffnet, einen spontanen Eindruck von der Erfahrung des subtilen Geistes zu erhalten – etwa im Tiefschlaf, auf dem sexuellen Höhepunkt, wenn wir ohnmächtig werden und zum Zeitpunkt des Todes. In diesen Phasen können wir spontan eine Form des subtilen Bewußtseins erfahren. Wenn also der Meditierende aus diesen vier spontan auftretenden Situationen heraus bestimmte meditative Techniken anwendet, kann er oder sie Gelegenheiten schaffen, um diesen Augenblick zu erfassen und bewußt die Erfahrung des subtilen klaren Lichts hervorzubringen: besonders zum Zeitpunkt des Todes und dann – in dieser Reihenfolge – während des Tiefschlafs und des sexuellen Höhepunkts.

Im Licht dieser Umstände muß man das *yab-yum*-Prinzip begreifen, die Vereinigung des Weiblichen mit dem Männlichen. Wenn wir dies richtig verstehen, stellen wir fest, daß jene Art

* Siehe dazu im Glossar das Stichwort «Bindu».

von Sexualakt, dem sich die männlichen und weiblichen Gottheiten hingeben, etwas ganz anderes ist als das, was wir gewöhnlich als Geschlechtsverkehr bezeichnen. Auf seiten derer, die an solch einem Yab-Yum-Akt teilhaben, erfordert dies die Fähigkeit, die Energie im Zaum zu halten und sie nicht verströmen zu lassen. Wenn ein Praktizierender des Tantra die Energie nicht im Zaum halten kann und sie verliert, wird das als großer Makel angesehen. Dem wird größte Bedeutung beigemessen, und man hält es für einen sehr schweren Fehler seitens des Praktizierenden, ganz besonders im Kalachakra-Tantra.

Wir müssen also verstehen, daß wir auf unserem Weg zur Erleuchtung um so wirkungs- und kraftvoller vorankommen, je größer und tiefgreifender die Vereinigung von Methode und Weisheit ist. Allerdings beruht die erfolgreiche Anwendung all dieser Prinzipien ganz entscheidend darauf, daß wir Bodhichitta entwickeln und verwirklichen. Ohne diese Grundvoraussetzung kann man unter gar keinen Umständen solch eine Praxis erfolgreich durchführen.

Damit es uns gelingt, Bodhichitta zu entwickeln, müssen wir unserer Verpflichtung gewahr sein und Verantwortungsgefühl haben – die Verantwortung auf uns nehmen, anderen zur Befreiung vom Leid zu verhelfen. Das ist die Vorbedingung, um Bodhichitta entwickeln zu können. Dies wiederum setzt voraus, daß wir allumfassendes Mitgefühl entwickelt haben.

In der Überlieferung finden wir in erster Linie zwei Techniken oder Methoden zur Entwicklung solch allumfassenden Mitgefühls: die «Geistesschulung in sieben Punkten» und den «Austausch und die Gleichsetzung von uns selbst und anderen». Dies sind die beiden wichtigsten Techniken oder Methoden, um Mitgefühl zu entwickeln. Die Technik des Austauschs und der Gleichsetzung von uns selbst und anderen finden Sie im achten Kapitel von Shantidevas «Eintritt in den Weg zum Erwachen».

Dies alles sind unterschiedliche Aspekte des Mahayana-Weges zur vollen Erleuchtung. Um jedoch wahrhaftes Mitgefühl entwickeln zu können – es nicht ertragen zu können, wenn man ein empfindendes Wesen leiden sieht –, ist es auf seiten des

Betreffenden zuallererst erforderlich, die Schwere oder Intensität des Leidens einschätzen zu können. Hier ist also Einsicht in die Leidensnatur notwendig.

Wenn wir jemanden zu sehen bekommen, der wirklich Schmerzen hat, empfinden wir gewöhnlich in der Weise Mitgefühl, daß wir uns spontan in die betreffende Person hineinversetzen. Wir denken: «Oh, wie schlimm, welch ein Jammer.» Begegnen Sie hingegen jemandem, der nach weltlichen Maßstäben Erfolg hat, so empfinden Sie kein Mitleid, sondern Neid und Eifersucht. Das ist ein törichtes Mitgefühl. So empfinden wir, weil wir die wahre Bedeutung von Leid nicht verstanden haben. Daher müssen wir uns, um wirklich einschätzen zu können, was Leid ist, in den Grundlagen des Weges schulen.

Bloße Einsicht in die Natur des Leids, die bloße Kenntnis seiner wirklichen Bedeutung, genügt nicht. Man sollte auch wissen, daß es eine Alternative gibt, die Befreiung von Leid. An diesem Punkt ist es wichtig, die Grundsätze der Vier Edlen Wahrheiten zu verstehen. Diesen Weg geht der Mahayana-Buddhismus genauso, wie es die Buddhisten tun, die nicht dem Mahayana folgen.

Bei den Vier Edlen Wahrheiten stellen wir fest, daß es im Hinblick auf Ursache und Wirkung zwei Gruppen gibt. Die eine Gruppe bezieht sich auf unsere Daseinserfahrung in Samsara: Leid ist das Resultat, und der Ursprung des Leids ist die Ursache. Die eine Gruppe von Ursachen und Wirkungen befaßt sich also damit, auf welche Weise wir im Daseinskreislauf verharren. Die andere Gruppe hat mit dem Prozeß zu tun, durch den wir uns aus den Fesseln lösen und Freiheit von Leid erlangen können: Hier ist das Aufhören des Leids das Resultat und der Weg, der zum Aufhören führt, die Ursache. Wenn wir diese beiden Gruppen von Ursachen und Wirkungen umfassender begreifen, haben wir die Grundsätze der zwölf Glieder des bedingten Entstehens im Blick. Mit anderen Worten: Die zwölf Glieder des bedingten Entstehens sind eine Ausarbeitung der Themen, die in den Vier Edlen Wahrheiten zusammengefaßt sind.

Die zwölf Glieder des bedingten Entstehens können gleichermaßen rückwärts angeordnet werden wie auch ihrer eigentlichen Abfolge entsprechend. Betrachtet man sie in ihrer eigentlichen Abfolge, sieht man, daß die Unwissenheit das erste Glied ist. Unwissenheit führt zu willensmäßigen Handlungen; diese führen zu Bewußtseinsprägungen; die wiederum führen zu Name und Form; und das alles gipfelt in Alter und Tod. Durch Besinnung auf diese Verkettung verstehen wir, auf welche Weise wir in den Kreislauf der Wiedergeburten geraten.

Wenn wir die Ordnung umkehren und über das Aufhören jedes dieser zwölf Glieder nachdenken, werden wir sehen, daß das Aufhören von Alter und Tod durch das Aufhören des Werdens bedingt ist; dessen Aufhören ist durch das Aufhören von Ergreifen und Festhalten bedingt, und so weiter. Bei umgekehrter Anordnung verstehen wir also den Prozeß, durch den man sich dieser Fesseln entledigen, durch den man sich aus Samsara befreien kann. All jene Übungen, die auf dem Verständnis der zwölf Glieder des bedingten Entstehens in ihrer eigentlichen Abfolge und in ihrer umgekehrten Anordnung beruhen, findet man in den sogenannten «Übungen zu den 37 Aspekten des Weges zur Erleuchtung», die mit dem Sichüben in der vierfachen Achtsamkeit beginnen. Die 37 Aspekte des Weges zur Erleuchtung sind mit anderen Worten Übungen, die sich auf die zwölf Glieder des bedingten Entstehens beziehen.

Der erste der 37 Aspekte des Weges zur Erleuchtung ist Achtsamkeit in bezug auf den Körper. Der nächste ist Achtsamkeit in bezug auf unsere Gefühle und Emotionen. Dann Achtsamkeit in bezug auf den Geist oder das Bewußtsein. Ferner Achtsamkeit in bezug auf die Erscheinungen.

Wenn man über Achtsamkeit in bezug auf den Körper meditiert, darüber nachdenkt, auf welche Weise der Körper ins Dasein tritt, und die Kausalbedingungen untersucht, wird man auch die Verunreinigungen des Körpers wahrnehmen. Aus dieser Perspektive wird man dann feststellen, daß auch diejenigen, die nach weltlichen Maßstäben Erfolg haben, in Wahrheit nicht zu beneiden sind. Sie sind immer noch dem Leid und der Unzufriedenheit unterworfen. Ja, wenn wir uns dies eingehender überlegen, kommen wir zu dem Schluß, daß das Seelenleben um so schwieriger zu sein scheint, je größer der weltliche Erfolg ist, dessen man sich erfreut. Denn da herrscht ein viel komplizierterer Zusammenhang von Hoffnungen und Befürchtungen, von Besorgnis und Hemmung.

Was Aryadeva in seinen «Vierhundert Strophen» sagt, scheint ganz richtig zu sein. Er stellt fest, daß diejenigen, die nach weltlichen Maßstäben erfolgreich und glücklich sind, von geistigen und emotionalen Schmerzen gepeinigt werden; und daß jene, die arm sind, von physischen Leiden und Schmerzen gepeinigt werden.

Daß das Leben aller empfindenden Wesen von Leid und Schmerz gekennzeichnet ist, liegt letztendlich daran, daß sie alle unter der Herrschaft oder dem Einfluß der Unwissenheit stehen. Man sollte ein Dringlichkeitsempfinden entwickeln, so, als sei man ein AIDS-Patient. Sobald man diese Krankheit hat, ist ein Dringlichkeitsempfinden da, weil die verbleibenden Tage gezählt sind. «Solange ich mich unter dem Einfluß oder in der Macht von Unwissenheit und irrigen Vorstellungen befinde, wird zwangsläufig früher oder später etwas passieren. Deshalb muß ich jetzt etwas unternehmen.» Dieses Dringlichkeitsempfinden muß man entwickeln.

Solange man unter dem Einfluß oder in der Macht der drei Geistesgifte bleibt, ist für wirkliches Glück kein Raum vorhanden. Wir sind also gleichsam Sklaven der drei Geistesgifte. Uns aber jetzt, da es eine Möglichkeit beziehungsweise eine Methode gibt, uns aus der Sklaverei zu befreien, nicht zu bemühen, diese Freiheit zu erlangen, ist doch ganz erbärmlich und töricht.

Meditiert man also dementsprechend und denkt darüber nach und spricht dann jemand die Worte «die drei Daseinsbereiche in Samsara», dann muß sich in der Tiefe unseres Herzens die Empfindung einstellen: «Oh, ich muß da herauskommen. Ich muß mich davon befreien.» In unserem Herzen entwickeln wir das Verlangen, uns aus der Knechtschaft dieser drei Geistesgifte zu befreien.

Um diese Befreiung zu erreichen, muß man jedoch über lange Zeit hinweg meditieren und praktizieren – in manchen Fällen auch mehrere Lebensspannen. In diesem Fall ist es dringlich, sicherzustellen, daß wir in Zukunft eine vorteilhafte Existenzform erlangen, damit wir die Möglichkeit erhalten, fortzufahren und uns diesem Ziel da, wo wir aufgehört haben, weiter zu widmen.

Obgleich also das letztendliche Ziel, das wir ins Auge fassen, die Befreiung ist, müssen wir als ersten Schritt, um dort hinzugelangen, sicherstellen, daß wir eine vorteilhafte Wiedergeburt haben. Und dazu bedarf es vor allem einer ethisch disziplinierten Lebensführung, bei der man sich der zehn negativen oder unheilvollen Handlungen enthält. Diese zehn unheilvollen Handlungen beinhalten drei Handlungen des Körpers (Töten, Stehlen und sexuelles Fehlverhalten); vier der Rede (Lügen, Zwietracht stiftendes Gerede, eine schroffe Sprechweise und sinnloses Geschwätz); und drei des Geistes (Begehrlichkeit, verderbliche Absichten und in die Irre gehende Ansichten). Um wirklichen Enthusiasmus für eine Lebensführung mit ethischer Disziplin aufzubringen, die durch die Unterlassung der zehn unheilvollen Handlungen gekennzeichnet ist, sollte man die Zusammenhänge von Karma, Ursache und Wirkung gründlich verstehen.

Was nun die Wirkungszusammenhänge hinter dem, was wir unter Karma verstehen, anbelangt, das Verhältnis von Handlungen und ihren Auswirkungen und die Frage, wie auf einer sehr subtilen Ebene das eine zum anderen führt – dies zu begreifen geht über die Reichweite unseres gewöhnlichen Verständnisses hinaus. In der Anfangsphase übersteigen die subtilsten Aspekte der Karma-Lehre unser Begriffsvermögen. Ein gewisser Glaube beziehungsweise Vertrauen in die Worte des Buddha bezüglich der Lehre vom Karma scheint daher notwendig zu sein. Aufgrund dessen steht die Beachtung der karmischen Gesetzmäßigkeit in sehr engem Zusammenhang mit der Zufluchtnahme. Ja, eine disziplinierte Lebensführung im Rahmen der karmischen Gesetzmäßigkeit wird als Voraussetzung für die Zufluchtnahme angesehen.

Um Zuflucht zu nehmen, unser Leben in Übereinstimmung mit dem Gesetz des Karma zu führen, eine durch Beachtung der zehn heilsamen Handlungen gekennzeichnete ethische Disziplin zu wahren, benötigen wir enorme Zuversicht, hierzu auch tatsächlich imstande zu sein. Damit diese Zuversicht und auch eine Art Begeisterung geweckt wird, finden wir in den Texten des Buddha eine Stelle, die uns die Kostbarkeit des menschlichen Körpers und des menschlichen Daseins vor Augen führt.

In dieser Phase sprechen wir niemals darüber, wie unrein der Körper und die Körpersubstanzen sind oder wie unvollkommen. Vielmehr sprechen wir darüber, wie gut er ist, welch große Bedeutung er hat, wie nützlich er ist, welches Potential in unserem Körper steckt, welch guten Zwecken er nutzbar gemacht werden kann und so weiter. Dadurch sollen uns Zuversicht und Mut vermittelt werden. Deshalb sollte man sich in dieser Phase nicht auf die negativen Aspekte des Körpers konzentrieren; vor allem dann nicht, wenn man Probleme mit geringem Selbstwertgefühl oder mit Selbsthaß hat. Spricht man zu solch einem Menschen über die Unvollkommenheiten des Körpers, Unreinheiten und so weiter, könnte dies das Problem verschärfen. In dieser Phase sprechen wir in erster Linie über die positiven Merkmale, den Nutzen und die Vorteile der menschlichen Daseinsform, damit wir nicht nur ein Dringlichkeitsempfinden dafür entwickeln, die unserem Körper innewohnenden Möglichkeiten zu verstehen, sondern auch eine Verpflichtung, ihn in positiver Weise zu nutzen.

Sodann wird der Praktizierende an die Vergänglichkeit und den Tod erinnert. Wenn wir hier über Vergänglichkeit sprechen, bedienen wir uns einer ganz gewöhnlichen Ausdrucksweise: Eines Tages werden wir nicht mehr dasein. Dieses Bewußtsein der Vergänglichkeit wird bestärkt, so daß es uns, gepaart mit dem Sinn für das enorme Potential des menschlichen Daseins, ein Dringlichkeitsempfinden vermittelt: «Ich muß mir jeden kostbaren Augenblick meines Lebens zunutze machen.» Diese Art von Enthusiasmus, Eifer und Zuversicht muß man entwickeln.

Um an diesen Punkt zu gelangen, bedarf es zunächst einiger Studien. Dromtönpa hat von sich gesagt, daß er beim Lernen und Studieren nicht die Kontemplations- und Meditationsübungen vergißt. Ebenso hat er bei der Kontemplation über ein bestimmtes Thema nicht die Bedeutung von Studium und Meditation vergessen. Und bei der Meditation vergißt er nicht die Wichtigkeit des Lernens und der Kontemplation. Mit anderen Worten, er kombiniert immer alle drei. Das ist ein konzertiertes, koordiniertes und kombiniertes Vorgehen. Dies trägt ganz entscheidend dazu bei, daß es nicht zu einem Ungleichgewicht von intellektuellem Lernen und praktischer Durchführung kommt. Andernfalls besteht die Gefahr einer zu großen Intellektualisierung. Diese würde die Praxis ersticken. Oder es besteht die Gefahr, daß man zu großen Wert auf die praktische Durchführung legt, ohne zu studieren. Dabei würde das Verständnis auf der Strecke bleiben. Es muß also ein Gleichgewicht herrschen.

Der hier gebotene Überblick, wie man den Weg, an der Spitze beginnend, in umgekehrter Reihenfolge verstehen kann, ist in Aryadevas «Vierhundert Strophen» zu finden, wo er den gesamten buddhistischen Weg zusammenfaßt. Er erklärt, daß es auf der ersten Stufe wichtig ist, die negativen und destruktiven Handlungen von Körper, Rede und Geist umzukehren. Darin also liegt die Bedeutung einer ethisch disziplinierten Lebensführung. Auf der zweiten Stufe sollte man versuchen, die trügerischen Zustände und die ihnen zugrundeliegende Unwissenheit zu überwinden, denen zufolge man die Dinge und Geschehnisse so wahrnimmt, als wohne ihnen wesensmäßige Existenz inne, als besäßen sie wesensmäßige Wirklichkeit und Identität. Auf der dritten Stufe sollen dann Prägungen aller Art, durch trügerische Zustände in die Psyche eingeprägte Tendenzen und Dispositionen, beseitigt werden. Auf unserem Evolutionsprozeß zur vollen Erleuchtung gibt es also drei deutlich voneinander abgesetzte Stufen.

Meditation

Wir wollen uns einen Augenblick Zeit nehmen für eine stille Meditation. Während der vergangenen Sitzungen haben Sie vielleicht bei den Diskussionen manches Angenehme, Freude oder Glück, empfunden. Einige von Ihnen mögen sich müde oder erschöpft gefühlt haben. Wir wollen nun also versuchen, uns darauf zu konzentrieren, und erforschen, was dieses «Ich» oder «Selbst» ist, das diese Freude oder diese Müdigkeit erfahren hat. Wir wollen unsere Aufmerksamkeit darauf richten und nach ihm suchen.

Sicher ist, daß es nicht unabhängig von unserem Körper und unserem Geist existiert. Und es ist klar, daß man den Körper nicht als dieses «Selbst» ansehen kann. Empfindungen sind ebensowenig das Selbst. Denn in unserem gewöhnlichen Selbstverständnis sagen wir, «ich empfinde», als seien da ein Handelnder, ein «Empfindender» und eine Empfindung. Das Empfinden kann also nicht die Person sein. Ebensowenig können Sie die Wahrnehmung mit dem Selbst gleichsetzen. Denn wiederum sagen wir: «Ich nehme wahr.» Und es scheint, als gebe es da einen Wahrnehmungsakt und jemanden, der wahrnimmt. Daher kann die Wahrnehmung nicht mit dem «Selbst» oder der Person gleichgesetzt werden.

Hätte man die Wahl, den eigenen Geist gegen einen Geist einzutauschen, der vollkommener, klarer und bewußter wäre, scheinen die meisten von uns gewillt zu sein, dies zu tun. Ebenso empfinden wir auch unserem Körper gegenüber: Wenn es eine Möglichkeit gäbe, ihn gegen einen attraktiveren einzutauschen … Zwar läßt es die medizinische Technik noch nicht zu, Gehirne auszutauschen, doch eine gewisse Bereitschaft dazu ist vorhanden. Wenn dies möglich wäre, würden wir es wollen.

Das zeigt: Wir nehmen uns gewöhnlich in der Weise wahr, unser Selbstverständnis entsteht in der Weise, daß so etwas wie eine handelnde Instanz – oder das Subjekt – vorhanden ist, die Erfahrungen macht und Wahrnehmungen hat. Demzufolge sind die Anhäufungen etwas, das in gewisser Weise dem «Selbst» gehört oder ein Teil des «Selbst» ist.

Ebenso gibt es, wenn Sie große Wut oder Haß empfinden, dieses starke Empfinden von «Ich»: «Ich bin wütend.» Wenn sich dann Ihr Haß und Ihre Wut gegen – sagen wir – Ihren Feind richten, haben Sie ihm oder ihr gegenüber gewissermaßen ein besitzergreifendes Empfinden: Sie haben eine Vorstellung von einer beständigen, konkreten Person, die hundertprozentig negativ oder hundertprozentig positiv ist, je nachdem, wie Sie sich fühlen. Falls also die Person, der Gegenstand unseres Hasses und unserer Wut, so existierte, wie wir sie wahrnehmen, müßte jegliche Eigenschaft, die wir auf sie projizieren, Bestandteil dieser Wirklichkeit sein. Das heißt, daß der Gegenstand unserer Wut und unseres Hasses zu hundert Prozent negativ sein und für Veränderung kein Raum bleiben würde. Dies ist aber nicht der Fall.

Unserem naiven, naturgegebenen Geist erscheint alles so, als habe es ein unabhängiges, beständiges, objektives Dasein – als besitze es eine eigenständige, unabhängige Existenz. Falls jedoch die Dinge und Geschehnisse in der Weise existieren würden, wie wir sie wahrnehmen, sollten sie um so klarer und eindeutiger werden, je mehr wir sie erforschen. Es zeigt sich jedoch, daß sie sich in dem Moment, da wir sie zu erforschen beginnen, gewissermaßen auflösen und verschwinden.

Die Physiker haben in ihrem Bestreben, die Natur der physischen Wirklichkeit zu begreifen, eine Stufe erreicht, auf der sie die Vorstellung von solider Materie aufgegeben haben. Sie wissen die wahre Identität der Materie nicht zu benennen. Daher beginnen sie die Dinge in einem ganzheitlichen Sinn zu sehen, in Form von Wechselbeziehungen anstelle von getrennten, unabhängigen, konkreten Objekten.

Wenn die Dinge und Geschehnisse so existieren würden, wie wir sie wahrnehmen, und sich eines Status als getrennte, konkrete Identitäten erfreuen würden, sollte, sobald wir auf das schauen, worauf die Begriffe verweisen, dieses zunehmend klarer werden. Das ist aber offenbar nicht der Fall. In dem Moment, da wir nach ihnen schauen, scheint unsere Vorstellung von ihnen nicht mehr vorhanden zu sein. Dem kann man nicht entnehmen, daß die Dinge und Geschehnisse nicht existieren. Ihre Existenz ist eine Tatsache und sehr real. Wir empfinden entweder Schmerz oder Vergnügen und Freude. Die Wirklichkeit der Erscheinungen ist von der Art, daß sie durch unsere Erfahrung bestätigt wird.

Daraus können wir den Schluß ziehen, daß ein Unterschied besteht zwischen der Art, wie wir die Dinge sehen, und ihrer tatsächlichen Beschaffenheit, zwischen unserer Wahrnehmung und der Wirklichkeit, mit anderen Worten: zwischen Anschein und Realität. Sobald wir diesen Unterschied, diese Ungleichheit auch nur ansatzweise verstehen, sollten wir, dies im Sinn behaltend, einfach beurteilen, wie wir uns normalerweise der Welt und anderen gegenüber verhalten – wie wir Menschen wahrnehmen, unsere Umgebung und uns selbst. Bei dieser Analyse erkennen wir bei uns die Neigung, uns der Welt, uns selbst und anderen gegenüber in einer Weise zu verhalten, die zum Ausdruck bringt, daß wir glauben, es gebe etwas Unabhängiges und Objektives. Dann wird uns klar, daß die Dinge nicht in dieser Weise existieren. Sie sind nicht, wie sie uns erscheinen. Richten Sie daraufhin einfach Ihr Augenmerk auf Ihre Schlußfolgerung, daß die Dinge nicht von sich aus oder wesensmäßig existieren und sich nicht jenes Unabhängigkeitsstatus erfreuen, den wir bei ihnen wahrzunehmen meinen.

Da sie existieren – in welcher Weise tun sie dies? Welchen Daseinsstatus haben sie? Wir sind zu dem Schluß gezwungen, daß wir ihre Existenz und Identität nur im Sinn von Wechselbeziehungen verstehen können: etwas, das aus der Wechselwirkung mit anderem und in Abhängigkeit von anderen Faktoren, Namen und Bezeichnungen, die wir der Wirklichkeit beilegen, entsteht. Lassen Sie dann einfach Ihren Geist auf dieser Schlußfolgerung ruhen, daß die Dinge nicht unabhängig, von sich aus existieren und sich nicht dieser wesensmäßigen Wirklichkeit oder Identität erfreuen. Das versteht man unter Meditation über Leerheit.

Wenn wir über Leerheit meditieren, denken wir nicht: «Oh, das ist Leerheit.» Wir denken auch nicht: «Die Dinge existieren nicht auf diese, sondern vielleicht auf eine andere Weise.» Da sollte es keinerlei Versuch geben, etwas zu bestätigen. Man sollte einfach den Geist auf dieser Schlußfolgerung ruhen lassen, daß es den Dingen und Geschehnissen an einer unabhängigen oder wesensmäßigen Wirklichkeit fehlt. Das ist nicht dasselbe, wie wenn man den Geist auf vollständiger Leere oder reinem Nichtvorhandensein ruhen läßt. Vielmehr läßt man den Geist darauf ruhen, daß keine unabhängige Existenz oder wesensmäßige Wirklichkeit vorhanden ist.

Dank

Finanzielle und anderweitige Unterstützung durch die «Arizona Friends of Tibet», insbesondere durch ihre Präsidentin Peggy Hitchcock, ermöglichte es unserer noch in den Kinderschuhen steckenden Organisation, das bevorstehende Ereignis, die Unterweisungen durch den Dalai Lama, anzukündigen – und mit den umfangreichen Vorbereitungen zu beginnen, die für den Besuch getroffen werden mußten. Um die meisten Einzelheiten kümmerten sich beinahe drei Dutzend Freiwillige unter der Leitung von Bonnie Cheney. Computerisierte Aufzeichnungssysteme wurden von Dan Crowell, G. Greg Bender und Richard Laue installiert.

Freiwillige Helfer sorgten auch für die Niederschrift der in diesem Buch vorgestellten mündlichen Belehrungen, die Seine Heiligkeit im Verlauf von insgesamt sechzehn Stunden gegeben hat: Besonderer Dank gilt hier Julie Jones, Karen Garland, Amy Zehra Conner und Julie Montgomery. Die Niederschrift wurde dann von Ken Bacher redaktionell überarbeitet. Ihre endgültige Form erhielt sie durch Kate Bloodgood und Susan Kyser von Snow Lion Publications unter maßgeblicher Mitarbeit von Geshe Thubten Jinpa. Einige kleinere Freiheiten beim Umgang mit der Niederschrift sollten einer wirkungsvolleren Präsentation des Textes in Buchform dienen. Die Herausgeber waren jedoch bestrebt, den Ton des Dalai Lama so weit wie möglich zu wahren.

Nichts von all dem wäre ohne die Mithilfe und Unterstützung von Kazur Tenzin Geyche Tethong, Privatsekretär des Dalai Lama, und seinen Mitarbeitern möglich gewesen; ebensowenig ohne die von Rinchen Dharlo vom Tibetbüro in New York und von Geshe Thubten Jinpa, der die Belehrungen des Dalai Lama ins Englische übersetzt hat.

Zu guter Letzt gilt unser ganz besonderer Dank Seiner Heiligkeit Tenzin Gyatso, dem Vierzehnten Dalai Lama, unserem Lehrer und Vorbild, für seine Güte, uns allen in Arizona und der ganzen Welt diese Belehrungen zu schenken. Die Art und Weise, wie Seine Heiligkeit sich persönlich in Geduld übt, ist für uns alle eine Inspiration. Möge er lange leben, um das Rad des Dharma für die Tibeter und für alle Menschen dieser Welt zu drehen, für die er in beispielhafter Weise erleuchtetes Mitgefühl und Güte in einer Welt verkörpert, in der es so viel Mißtrauen, Wut und Konflikte gibt.

Möge dies allen empfindenden Wesen von Nutzen sein.

Lopön Claude d'Estrée
Ken Bacher
Arizona Teachings, Inc.

Glossar

Die Erläuterungen in diesem Glossar sind größtenteils dem von der Orient Foundation zusammengestellten und von Graham Coleman herausgegebenen Werk *A Handbook of Tibetan Culture* (Shambhala, Boston 1994) entnommen.

Abhidarma (Skrt.): Einer der drei Teile des buddhistischen Kanons (Tripitaka, «Dreikorb»). Er beinhaltet Schriften, die sich mit Themen aus den Bereichen Phänomenologie, Psychologie, Erkenntnistheorie und Kosmologie befassen.

Acharya (Skrt.): Spiritueller Meister, dessen Wissen nicht bloß intellektueller Natur, sondern ein verwirklichtes, gelebtes Wissen ist.

Arhat (Skrt.): Ein Wesen, das sich durch Beseitigung der karmischen Tendenzen und störenden Emotionen, die zwangsläufig ein Dasein im Kreislauf von Geburt, Tod und Wiedergeburt nach sich ziehen, aus dem Daseinskreislauf befreit hat. Die Arhatschaft ist das von den Praktizierenden des Hinayana angestrebte Ziel.

Asura (Skrt.): Dämon, neidischer Gott; die Asuras bewohnen einen der Menschenwelt benachbarten Bereich im Samsara.

Aufhören des Leids: → *Vier Edle Wahrheiten*

Bhikshu/Bhikshuni (Skrt.): Ein voll ordinierter Mönch bzw. eine voll ordinierte Nonne in der klösterlichen Tradition des Buddhismus. Ein voll ordinierter Mönch hält 253 Gelübde, eine voll ordinierte Nonne 364.

Bindu (Skrt.; im Tibet.: *thigle*): Wörtlich «Tropfen»; bezieht sich auf die makellose Essenz der weißen/männlichen und roten/weiblichen Samen- bzw. Zeugungsflüssigkeit des Körpers. Wie die Energiekanäle und die *lungs* (tibet. für «Winde»), die durch diese Kanäle strömen, bilden sie nach den Lehren der buddhistischen Medizin und des buddhistischen Tantra einen wichtigen Aspekt der menschlichen Physiologie.

Bodhichitta (Skrt.): Das selbstlose Streben, zum Wohl aller Wesen erleuchtet zu werden.

Bodhisattva (Skrt.): Ein Praktizierender, der die selbstlose Gesinnung des Bodhichitta entwickelt hat und sich auf dem Weg zu vollständiger Erleuchtung befindet. Ein Leben ganz zum Wohl aller Wesen führend, geloben Bodhisattvas, im Daseinskreislauf zu bleiben, um den Wesen zu helfen, statt nur nach persönlicher Befreiung zu streben.

Chakra (Skrt.): Wörtlich «Rad» oder «Kreis»; im tantrischen Kontext die Bezeichnung für die Energiezentren im menschlichen Körper. Die wichtigsten Chakras sollen auf dem Scheitelpunkt des Kopfes, in Höhe des Kehlkopfes, des Herzens, des Nabels und des Geschlechtsorgans liegen.

Chandrakirti: Buddhistischer Gelehrter, der im sechsten Jahrhundert in Indien gelebt und Nagarjunas Darstellung der Madhyamika-Philosophie (Philosophie des «Mittleren Weges») erläutert hat.

Chittamatra (Skrt.): Eine der vier großen Schulrichtungen der buddhistischen Philosophie im alten Indien, die im vierten Jahrhundert von dem indischen Heiligen und Gelehrten Asanga begründet wurde. Ihrem wichtigsten Lehrsatz zufolge sind sämtliche Phänomene entweder rein geistige Vorgänge oder eine Ausweitung des Geistes. Häufig mit «Nur-Geist-Schule» übersetzt.

Dharma (Skrt.): Ein Begriff mit einer Fülle von Bedeutungen. Vor allem aber bezeichnet er die Lehre des Buddha: Dharma meint dann sowohl den Zustand des Aufhörens von Leid wie auch die Wege, die zu diesem Aufhören hinführen; ferner die Übertragung maßgeblicher Texte und die Übertragungslinien der mündlichen Kommentare dazu, die den Weg zur Buddhaschaft darlegen.

Dharmakaya (Skrt.): → *Drei Kayas*

Dharmakirti (Skrt.): Indischer Philosoph und Logiker des sechsten/siebten Jahrhunderts. Seine Werke bilden die Grundlage für das Studium der Logik und Erkenntnislehre in der Überlieferung des tibetischen Buddhismus.

drei Geistesgifte: → *trügerische Vorstellungen*

Drei Juwelen: Der Buddha – Ausdruck der letztendlichen Natur; der Dharma – der wahre Weg und die Freiheit, zu der er führt; und die Sangha – die ideale spirituelle Gemeinschaft. Diese drei werden als die vollkommenen Objekte angesehen, bei denen man angesichts der unbefriedigenden Natur des Lebens im Daseinskreislauf Zuflucht suchen kann.

Drei Kayas: Die «drei Körper» eines Buddha; in diesem Kontext geht es nicht allein um den physischen Körper eines Buddha, sondern auch um die anderen «Dimensionen», in denen sich die voll erleuchteten Merkmale eines Buddha manifestieren, «verkörpern». Die Drei Kayas sind der Dharmakaya (Wahrheitskörper), der Samboghakaya (Körper der vollkommenen Freude) und der Nirmanakaya (Emanations- oder Ausstrahlungskörper).

Dzogchen (tib.): Wörtlich «Große Vollendung» oder «Große Vollkommenheit»; die höchste Form der Praxis innerhalb der Nyingma-Überlieferung des tibetischen Buddhismus.

Fünf Anhäufungen (Skrt.: *skandha*): Die fünf Grundbestandteile eines empfindenden Wesens: Form; Empfindung; Wahrnehmung/Unterscheidung; Konditionierung/die Motivation betreffende Faktoren; und Bewußtsein.

Hinayana: Wörtlich das «Kleine Fahrzeug»; so genannt aufgrund der hauptsächlichen Motivation des Praktizierenden, die auf die individuelle Befreiung aus dem Daseinskreislauf abzielt; wohingegen die Motivation im «Großen Fahrzeug» darin besteht, alle empfindenden Wesen zu befreien. → *Mahayana, Theravada*.

höchstes Yoga-Tantra (Skrt.: *anuttarayogatantra*): Die höchste der vier Klassen des Tantra, die sich darin unterscheiden, welchen Wert man jeweils auf die äußere Praxis, die Visualisation, die inneren Yogaübungen und die Techniken zur Manifestation der *Drei Kayas* legt.

Jatakas: Geschichten über die vergangenen Leben des Buddha; diese machen einen der zwölf traditionellen Teile der Darlegungen des Buddha aus. Sie veranschaulichen, wie der Buddha in früheren Lebensspannen das Leben eines Bodhisattva geführt hat.

Kadampa (tibet.): Anhänger der Kadam-Schule des tibetischen Buddhismus, die von dem im elften Jahrhundert lebenden indischen Heiligen und Gelehrten Atisha und seinem tibetischen Schüler Dromtönpa begründet wurde. Diese Schule ist besonders dafür bekannt, daß sie großen Wert auf die praktische Umsetzung der Bodhisattva-Ideale legt; ihr verdanken wir die Entstehung einer Sammlung von Schriften und Übungen, die als «Lodjong» bekannt sind – «Geistesschulung» oder «Transformation des Denkens».

Karma (Skrt.): Wörtlich «Handlungen»; physische, verbale und geistige Handlungen und die im Geist durch solche Handlungen hervorgerufenen psychischen Prägungen und Tendenzen, die über aufeinanderfolgende Wiedergeburten hinweg im Geisteskontinuum fortbestehen. Solch ein karmisches Potential wird später aktiviert, wenn es auf die entsprechenden Umstände und Bedingungen trifft. Zwei Punkte sind an der Lehre vom Karma besonders hervorzuheben: 1. Man erfährt niemals die Auswirkung einer Handlung, die man nicht selbst ausgeführt hat. 2. Ist eine Handlung erst einmal vollführt, geht ihr Potential niemals verloren; es sei denn, man neutralisiert es durch spezifische Gegenmittel.

Leerheit: → *Shunyata*

Madhyamika (Skrt.): Anhänger der einflußreichsten unter den vier großen philosophischen Schulen des indischen Buddhismus, der Schule des «Mittleren Weges». Sie vermeiden es, in irgendein Extrem zu verfallen; insbesondere gilt dies für diese beiden Extreme: entweder an die vollständige Nichtexistenz der Phänomene oder aber an ihre wirkliche, unabhängige und dauerhafte Existenz zu glauben. Prasangika-Madhyamika ist eine der beiden Hauptrichtungen der Madhyamika-Schulen.

Mahamudra (Skrt.): Wörtlich «Großes Siegel»; wird im *Sutrayana* und im *Tantrayana* unterschiedlich definiert. Indem sie sich *Shamatha* wie auch *Vipashyana* zunutze macht, richtet sich die Mahamudra-Meditation auf die Natur des eigenen Geistes. Die Mahamudra-Meditation wird in der Kagyü- wie auch in der Gelug-Schule des tibetischen Buddhismus praktiziert.

Mahayana (Skrt.): Neben dem *Hinayana* eines der beiden «Fahrzeuge», der großen Lehrsysteme, im Buddhismus. Sein Kennzeichen ist die selbstlose Motivation des Bodhichitta, sein Ziel die Befreiung sämtlicher Wesen. Daher wird es das «Große Fahrzeug» genannt.

Maitreya: Einer von Buddha Shakyamunis acht Bodhisattva-Schülern; ihm werden fünf große Werke zugeschrieben, die für die *Chittamatra*-Schule der indischen Philosophie von grundlegender Bedeutung sind.

Mutter-Tantras: Eine Gruppe von Tantras innerhalb des höchsten Yoga-Tantra; hier wird größeres Gewicht auf jene Yogas gelegt, die dazu beitragen, den Geisteszustand des klaren Lichts zu erreichen.

Nagarjuna: Er hat im zweiten Jahrhundert die *Madhyamika*-Schule begründet.

Nirvana (Skrt.): Der «Zustand jenseits des Kummers» – bezieht sich auf das dauerhafte Aufhören allen Leids und jener disharmonischen Emotionen, die das Leid verursachen und aufrechterhalten.

Nyingma (tibet.): Die älteste Schule im tibetischen Buddhismus, die auf jene Lehrüberlieferungen und Texte zurückgeht, die im achten und neunten Jahrhundert nach Tibet gelangt sind.

Prasangika-Madhyamika: → *Madhyamika*

Pratyekabuddha (Skrt.): *Arhat* des *Hinayana*; jemand, der den Zustand der Erleuchtung erreicht, ohne sich auf mündliche Unterweisungen zu stützen. Hierbei handelt es sich allerdings noch nicht um die vollständige Erleuchtung eines Buddha. → *Shravaka*

Rendawa (tibet.: *red mda'ba*): Ein großer Lehrer der Sakya-Schule des tibetischen Buddhismus aus dem 15. Jahrhundert. Er war einer der Hauptlehrer von Tsongkhapa, dem Begründer der Gelug-Schule.

Rupakaya (Skrt.): «Formkörper»; dieser Ausdruck kann im Mahayana-Buddhismus den Samboghakaya (Körper der vollkommenen Freude) wie auch den Nirmanakaya (Emanations- oder Ausstrahlungskörper) bezeichnen. → *Drei Kayas*

Sakya Pandita Kunga Gyaltsen (1182–1251): Einer der fünf Hauptbegründer der Sakya-Schule im tibetischen Buddhismus.

Samsara (Skrt.): «Daseinskreislauf»; ein von karmischen Tendenzen und Prägungen durch frühere Handlungen – immer wieder auftretende gewohnheitsmäßige Muster – bedingter Daseinszustand, der durch den Kreislauf von Leben und Tod und durch Leid gekennzeichnet ist.

Sangha (Skrt.): Bezeichnet die Gemeinschaft all derer, die den buddhistischen Weg zur Erleuchtung gehen; oder die Gemeinschaft der ordinierten Mönche und Nonnen; oder als Zuflucht im Kontext der *Drei Juwelen* jene, die direkte Einsicht in die wahre Natur der Wirklichkeit, Leerheit, gewonnen haben; diese erhabene Gemeinschaft hochverwirklichter Wesen wird von der klösterlichen Gemeinschaft verkörpert.

Shamatha (Skrt.): Ein gefestigter meditativer Zustand, u. a. dadurch gekennzeichnet, daß man von äußeren Gegenständen nicht abgelenkt wird und der Geist in hohem Maß einsgerichtet auf dem Meditationsgegenstand verweilt; wird auch «ruhiges Verweilen» genannt.

Shravaka (Skrt.): «Hörer»; in den buddhistischen Schriften, die auf dem Sutra beruhen, bezeichnet dieser Ausdruck eine der drei

Gruppen von spirituell Praktizierenden. Die beiden anderen sind die *Pratyekabuddhas* und die *Bodhisattvas*. In ihrem Streben nach persönlicher Befreiung aus dem Daseinskreislauf bedürfen Shravakas in hohem Maß der mündlichen Unterweisung. In ihrer Praxis konzentrieren sie sich darauf, den Irrglauben an eine wahre persönliche Identität zu überwinden.

Shunyata (Skrt.): Mit «Leerheit» ins Deutsche übersetzt; bezieht sich auf die letztendliche Natur der Wirklichkeit. Diese besteht darin, daß sämtliche Erscheinungen ohne Ausnahme über keinerlei eigenständige Existenz oder wahre Identität verfügen. Die genaue Bedeutung von Shunyata variiert, je nachdem, welche philosophische Schulrichtung den Begriff verwendet.

Sechs Befreiende Qualitäten: Die Grundlage für die Lebensführung eines Bodhisattva: 1. Freigebigkeit, 2. ethische Disziplin, 3. Geduld, 4. Ausdauer bzw. freudiges Bemühen, 5. meditative Versenkung, 6. unterscheidendes Gewahrsein bzw. Weisheit.

Sutra (Skrt.): Die Darlegungen des historischen Buddha Shakyamuni in seinen öffentlichen Lehrreden.

Sutrayana (Skrt.): Im *Mahayana*-Buddhismus wird der gesamte Weg zur Erleuchtung im Rahmen zweier großer Systeme oder «Fahrzeuge» dargelegt, dem Sutrayana und dem *Tantrayana*. Das Sutrayana umfaßt jene Lehren und Übungen, die auf den Sutras beruhen.

Tantra (Skrt.): Wörtlich «Kontinuum». Der Begriff Tantra hat im Buddhismus zwei Bedeutungen: Er bezieht sich einerseits auf die tantrische Praxis, andererseits auf die Literatur, die diese tantrische Praxis in ihrer ganzen Vielfalt darlegt und erläutert. Die tantrische Praxis beinhaltet höchst subtile und differenzierte Techniken, mit deren Hilfe der Praktizierende disharmonische Emotionen in Glückszustände der Verwirklichung umwandeln kann. Es heißt, Buddha Shakyamuni habe diese Lehren erteilt, indem er die Gestalt von esoterischen Meditationsgottheiten angenommen habe.

Tantrayana (Skrt.): Der auf den tantrischen Texten beruhende Teil des *Mahayana*-Buddhismus. Statt von Tantrayana spricht man auch von Vajrayana und Mantrayana.

Tathagata (Skrt.): Ein in den Sutras häufig gebrauchtes Synonym für Buddha. *Tatha* bedeutet wörtlich «so», *gata* «gegangen» oder «fortgegangen». Der Ausdruck wird entsprechend den verschiedenen Klassen der Mahayana-Sutras und -Tantras unterschiedlich ausgelegt.

Theravada (Skrt.): Der «von den Ältesten dargelegte Weg»; die bis heute fortbestehende Schule des altehrwürdigen indischen *Hinayana*-Buddhismus, die in erster Linie in Thailand, Burma, Kambodscha und Sri Lanka vertreten ist. Ihr vollständig erhaltener Kanon ist in Pali abgefaßt.

Tong-len (tibet.: *gtong len*): «Geben und Nehmen»; eine Mahayana-Übung, in der man visualisiert, daß man anderen sein Glück schenkt und das Leid, das Unglück und die Mißgeschicke anderer auf sich nimmt. Diese Übung ist darauf ausgerichtet, Herzensgüte und Mitgefühl zu entwickeln.

trügerische Vorstellungen (Skrt.: *klesha;* tibet.: nyon mongs): Psychische Gebrechen, die den Geist stören und verhindern, daß seine essentiell makellose Natur zum Vorschein kommt. Die drei hauptsächlichen Gebrechen, die «drei Geistesgifte», sind: Gier bzw. Anhaftung; Haß bzw. Ablehnung; Befangenheit in Irrtum und Täuschung bzw. grundlegende Unwissenheit, woraus eine irrige Auffassung von der Natur der Wirklichkeit hervorgeht. Die Geistesgifte können auch weiter gefaßt sein. Von den «fünf Geistesgiften» bzw. von den «sechs Geistesgiften» ist die Rede, wenn man Stolz und Eifersucht bzw. Zweifel mit einbezieht.

Vaibhashika-Schule: Eine der vier großen Schulen buddhistischer Philosophie im alten Indien.

Vater-Tantras: Eine Gruppe von Tantras innerhalb des höchsten Yoga-Tantra; hier wird größeres Gewicht auf jene Yogas gelegt, die sich auf hilfreiche Mittel beziehen und dazu dienen, den illusionären Körper zu erlangen.

Vier Edle Wahrheiten: Die Wahrheit vom Leid; die Wahrheit von den Ursprüngen des Leids; die Wahrheit vom Aufhören des Leids; und die Wahrheit von dem Weg, der dazu führt, daß das Leid aufhört. Die Unterweisung über die Vier Edlen Wahrheiten war die Grundlage der ersten öffentlichen Lehrrede von Buddha Shakyamuni nach seiner Erleuchtung.

Vinaya (Skrt.): Wörtlich «Disziplin»; bezieht sich zum einen auf den allgemeinen ethischen Verhaltenskodex, der das Leben der ordinierten Mönche und Nonnen regelt, zum anderen auf den Teil des buddhistischen Kanons, der Buddhas Lehrreden über Disziplin enthält.

Vipashyana (Skrt.): «Besondere Klarsicht», «durchdringende Einsicht»; ein Zustand analytischer Meditation, der die Natur, die Kennzeichen und die Funktion des gewählten Meditationsgegenstands erfaßt und aufgrund von *Shamata* erreicht wird.

Yogachara (Skrt.): Im hier gegebenen Kontext ein Synonym für *Chittamatra.*

Zwei Wahrheiten: Die konventionelle oder relative Wahrheit (Erscheinungen) und die letztendliche Wahrheit (Leerheit). Alle buddhistischen Schulen formulieren ihre metaphysischen Lehren im Rahmen dieser beiden Wahrheiten. Allerdings werden die beiden Wahrheiten je nach erkenntnistheoretischem Standpunkt unterschiedlich aufgefaßt.

Dalai Lama

Die Vier Edlen Wahrheiten

Die Grundlage buddhistischer Praxis

Aus dem Englischen von Marion B. Kroh

Band 14973

In seiner ersten Lehrrede hat Buddha die »Vier Edlen Wahrheiten« formuliert. Sie bilden die Grundlage für alle Formen des Buddhismus, angefangen vom Ur-Buddhismus des Theravada bis hin zum tibetischen und Zen-Buddhismus. Im eigentlichen Sinne sind sie Beschreibungen der Wirklichkeit, sie stellen fest, daß es in der Natur des Lebens liegt, daß alle Lebewesen leiden, d.h., daß das Leben schwierig, unbefriedigend, frustrierend ist. Von diesem Leid kann man sich jedoch durch ein von ethischen Grundsätzen geleitetes Leben befreien, um so zu einem erfüllten und innerlich freien Leben zu gelangen.

Tenzin Gyatso, der XIV. Dalai Lama, erläutert in diesem Buch in allgemeinverständlicher Form die Bedeutung der »Vier Edlen Wahrheiten« für den Buddhismus und deren Anwendung im heutigen Westen. Und er läßt keinen Zweifel daran, daß die »Vier Edlen Wahrheiten« das A und O jeder Auseinandersetzung mit dem Buddhismus sind: »Wer die »Vier Edlen Wahrheiten« nicht versteht und die Wahrheit dieser Lehre persönlich nicht erfahren hat, der kann unmöglich den Buddha-Dharma (die buddhistische Lehre) praktizieren.«

Fischer Taschenbuch Verlag

fi 14973 / 1